山东省社会科学规划研究重点项目(项目编号:16BJYJ02)阶段性研究成果

日本经济界的对华认识研究

(1972—2012)

管秀兰　著

山东大学出版社
SHANDONG UNIVERSITY PRESS
·济南·

图书在版编目(CIP)数据

日本经济界的对华认识研究:1972—2012/管秀兰著.—济南:山东大学出版社,2021.9
ISBN 978-7-5607-7134-2

Ⅰ.①日… Ⅱ.①管… Ⅲ.①中国经济—研究—1972—2012 Ⅳ.①F12

中国版本图书馆 CIP 数据核字(2021)第 186663 号

策划编辑 徐 翔
责任编辑 楚洋洋
封面设计 王秋忆

RIBEN JINGJIJIE DE DUIHUA RENSHI YANJIU(1972-2012)
日本经济界的对华认识研究(1972—2012)

出版发行 山东大学出版社
社　　址 山东省济南市山大南路 20 号
邮政编码 250100
发行热线 (0531)88363008
经　　销 新华书店
印　　刷 山东蓝海文化科技有限公司
规　　格 720 毫米×1000 毫米 1/16
　　　　 12.25 印张 310 千字
版　　次 2021 年 9 月第 1 版
印　　次 2021 年 9 月第 1 次印刷
定　　价 62.00 元

前　言

“日本对华认识”，在本研究领域也常以日本的“中国观”“中国印象”“中国形象”等方式被表述。本书认为“日本对华认识”是一个内涵复杂的概念，应该在有明确定义的前提下展开研究。中国当前该领域的成果以宏观的综合性研究和代表性人物的个别研究为主，近年出现的一些比较踏实的研究也主要围绕政界典型人物展开，对日本经济界中国认识的研究尚处于起步阶段。

本书的主要目的是通过对从中日邦交正常化到十八大召开40年间日本经济界对华认识的信息来源、对华认识文本及影响力发展变迁的研究，探讨该时期作为中日政治经济关系的一个非常具备典型特点的阶段，日本经济界对华认识的变化对日本政府涉华政策和日本社会各阶层对华认识影响的过程和机制。

笔者通过多学科综合理论的应用和具体的文本分析，发现不同群体日本人对华认识的信息来源渠道、表现方式、对外交流方式和影响力都各有不同，提出在对日本对华认识进行概念定义的前提下，对作为认识主体的日本人进行分类研究的思路，并进一步结合前人的研究，确定了依据整个社会对华认识生成的影响力大小，对日本人初步按照政界、经济界、学界和民界的分类展开研究的方法。

本书提出，经济活动是该时期中日关系的最重要内容。在这个阶段，日本经济界的对华认识在整个日本对华认识的形成过程中起着承上启下的重要作用，是日本社会仅次于政界的最重要的影响力量。本书主要根据不同阶段中日经济合作的特点，从日本经济界观察中国的视角，沿着其对华认识内容形成、发展和影响力的变化轨迹，把邦交正常化40年来日本经济界的对华认识分为三个大的阶段展开研究：1972—1992年是以中日双边贸易为中心的第一阶段，中国在日本经济界的认识定位为“贸易对象”。以邦交正常化这一政治背景及相关经贸协议的签订为前提，中日双边贸易额在这个时期实现了大幅增长。1992年到2001年中国加入WTO之前是第二阶段。这个时期经济界的对华认识定位特点为"投资、贸易对象"。该时期中日关系较前一个时期有了明显变化，由"崇尚友好"转为"注重合作"，政治方面也出现了偶尔的摩擦，但并未对经济合作大局造成明显影响。2001年中国加入WTO以后到党的十八大召开属于第三个阶段。这个阶段日本经济界对中国的认识定位为"合作与竞争伙伴""潜力巨大的消费者市场"。中日在全球的经济地位在这个时期(2010年)发生逆转，探索双赢的新发展模式成为中日经济合作过程中需要解决的问题。政治方面的摩擦对经济的负面影响在本时期后段逐渐表现出来。日本经济界一方面加强面向双方政府的影响工作，另一方面呼吁民界人士建立不依靠政府的民间交流与合作。在日本经济界的积极推动下，日本政府出于激活本国经济、加强安全保障的考虑，表现出改善中日关系的积极态度。本书就是在邦交正常化以来这三个大的纵向分期内，对每个时期日本经济界的涉华言论、行动及对华研究文本的内容、特点、影响力展开横向研究与分析。

本书的研究结果揭示，中日邦交正常化到十八大召开40年间，日本经济界对华认识内容的发展变化与中日经济合作的状况密切相关，很大程度上影响着日本的对华经济政策。当中日经济发展水平差距较大时，双方比较容易建立安定的互补性经济合作关系。反之，当一方的发展打破这种平衡，中日就会出现摩擦。就21世纪以来双方摩擦的根本原因来说，可以归结为原来在中日经济合作中明显占主导地位的日本不能适应中日经济合作关系由双边互补转变为全球市场环境下的竞争性合作。但是，日本经济界在长期的对华经济合作中不断积累经验，加之中国作为全球性市场的巨大潜力成为日本经济界的共识，其在变化的对华经济合作中提高管理能力，正确面对在中国存在的市场风险，对华认识越来越走向理性和成熟。就中日双方政治和经济的关系来说，21世纪之前，中日经济合作的稳定性对政治关系的依赖性很强，双方很多合作项目都是在政府层次的协议前提下展开的。随着中国加入WTO和社会主义市场经济体制的完善，市场在两国经济合作中的作用越来越大。

管秀兰
2021年8月
于山东青年政治学院

目　录

绪　论

经济活动是邦交正常化以来中日关系的重要内容，日本经济界的对华认识在日本对华认识的形成中发挥着重要作用。

第一节　问题的提出及其意义

一、问题的提出

中国和日本是亚洲最具影响力的两个国家，分别是全球第二大、第三大经济体，对于两国之间相互认识的研究，越来越成为中日关系研究领域的重要课题。尤其是当前，中日关系从20世纪80年代的“蜜月”时期逐步走向紧张阶段，日本对华认识的变化是否影响了日本政府的对华政策？如果答案是肯定的，那么具体的过程和机制又是怎样的？这些问题的思考对于寻求中日关系僵局的突破无疑具有重要参考价值。

对日本的中国认识的研究，在我国由来已久。近年随着软实力理论的流行，这方面的研究越来越得到重视。首先是文学界流行起了“西方的中国形象”研究（海外汉学研究热），日本的中国形象是其中的一个重要组成部分，主要的代表论著有吴光辉的《日本的中国形象》（人民出版社2010年版）一书。中国日本史学界近年也展开了大规模的日本中国认识研究，其中主要的成果是杨栋梁主编的六卷本《近代以来日本的中国观》（江苏人民出版社2012年版）。国际问题学界尤其是中日关系研究界也当仁不让地投入了此类研究，代表性的论著有蒋立峰主编的论文集《中日两国的相互认识》（世界知识出版社2003年版）等。

在国外，较早关注日本的中国认识的是美国学者福格尔（Joshua A.

Fogel),他的代表作是《日本人的游记:重新认识中国(1862—1945)》(斯坦福大学出版社1996年版)。在他的带动下,日本学者也开展了一系列的日本对华认识研究,近年的主要成果是小岛晋治主编的资料集《幕末明治中国见闻录集成》(ゆまに书房1997年版)、《大正时期中国见闻录集成》(ゆまに书房1991年版)和野村浩一的专著《近代日本的中国认识》(研文出版1981年版)。

从本书收集到的国内外对日本的中国认识的研究成果中,可以看到有这样一些特点。首先,研究对象的时间靠前。无论是论文还是著作,古代和近代的中国认识研究占主导地位,现当代的中国认识研究相对偏少。其次,方法单一。大多数研究者仍旧采用传统的文学或史学的研究方法,以单一的文本分析代替结构分析,以某个人或某几个人象征整体的日本人来描述日本的中国认识,不仅对中国某种"形象"或"观"的概念和代表性缺乏清晰界定,对内部结构和生成渠道、社会功能也很少分析。国外学者的研究也不例外(福格尔、小岛和野村的研究均属此类)。国际问题研究界的研究则主要集中在舆论媒体的研究方向,虽导入了一定的数量分析,如代表性媒体一定期间的抽样分析,但仍属个案研究。最后,很少有学者研究日本对华认识的影响和后果。除了个别论文,尚未看到系统地把日本的对华认识和外交政策结合在一起的研究项目。虽然国际问题研究界已经兴起了智库研究的热点,但具体到日本的外交政策研究领域,尚未出现系统的认识和决策互动方面的研究成果。从这层意义上说,本课题依然是思想史和国际关系史研究的重要课题。

如上所述,对于日本对华认识的研究,显然已经不能仅仅停留在笼统的宏观历史分析或简单的个别研究层次。全面、翔实、客观的日本对华认识研究不仅是学术界的需求,也是发展现实中日关系的必要工作。鉴于本研究课题的复杂性和庞大性,对不同时期、不同层次日本人的对华认识,完成综合而全面的研究不可能靠一部专著全部实现。因此,本书设计完成的对华认识研究工作包括两个层次:第一层次,在对当前日本对华认识研究现状进行综合评述的基础上,完成对于日本对华认识的概念定义,确定该研究所需的研究理论、研究方法,依据在日本社会认识生成过程的影响力不同对认识主体(日本人)进行分层。在实际研究过程中,本书具体把日本人分为政界、经济界、学界和民界四个层次展开研究。这是宏观方面的任务。第二层次,确定一个本书能够在一定期间里完成的具体研究对象。日本政界对华认识的影响力是不言而喻的,近年也出现了一些很有价值的研究成果。与政界的研究相比,针对经济界对华认识的研究却要薄弱得多。审视迄今为止的研究成果,尚无一部以经济界对华认识为专门研究对象的著作，明确以日本经济界的对华认识为研究对象的学术论文也只有1篇。[①]“经济界人士的对华交往不可小视，他们是中日关系中极其重要的一部分，经济界人士的对华认识和行动选择在一定程度上左右或影响着日本政府的决策走向”[②]，“如果说政府是国家权力的主体，那么财界就是国家经济的主体”[③]。日本经济界在日本社会的影响力绝非限于经济，“财界需要政府的支持，反之，如果没有财界的支持，政权也无以为继”[④]。因此，本书选定以中日邦交正常化到中共十八大召开40年间经济交流关系占据两国关系主要内容、中国从改革开放到一步步站到世界舞台中央这个逐步“富起来”的发展时期为研究时段，从该时期内不同阶段日本经济界对华认识信息来源、认识文本和认识的影响之变迁展开研究，分析日本经济界与日本社会其他阶层之间对华认识的交流与互动。

二、本书的研究意义

本书的研究意义包括学术意义和社会意义两个方面。

（一）本书的学术意义

本书的完成将作为全面、科学、客观的日本对华认识研究的起步，具有重要的学术意义。本书的学术价值主要体现为以下两点。

1.研究方法的系统性和科学性

第一，在理论认识方面，一定程度上弥补了我国日本学研究界在本领域研究的不足。邦交正常化以来，我国的日本对华认识研究工作出现了一些较有深度的成果，但大多是在概念缺乏情况下的宏观研究。以点代面、以偏概全是这类研究的特点。日本国内的情况则是注重微观研究，研究对象往往是某个团体或者是某个人的对华认识。采用宏观和微观相结合的方法，对各个时期、不同层次日本人的对华认识进行综合性研究的成果，则尚未见推出。本书在对日本社会对华认识进行概念定义的前提下，分析其形成的社会、政治、经济、文化因素（宏观方面），然后以经济界（微观方面）的对华认识研究为落脚点，关注其与政界、学界对华认识特点、相互交流与影响的比较，研讨不同阶层日本人对华认

① 参见程永明：《复交以来日本经济界的对华认识》，《东北亚学刊》2013年第1期。
② 程永明：《复交以来日本经济界的对华认识》，《东北亚学刊》2013年第1期。
③ 李廷江：『日本財界と近代革命——辛亥革命を中心に』、御茶の水書房、2003年、16頁。
④ 李廷江：『日本財界と近代革命——辛亥革命を中心に』、御茶の水書房、2003年、16頁。

识的形成、发展和反映的社会原因及社会影响，属于日本对华认识系统性研究的尝试。

第二，重新思考日本对华认识研究过程中的主体对象分类和文本选择问题。日本人作为本书的研究对象主体，每个个体的社会性和社会影响力并不是完全相同的，因此本书设计了把日本人分为政界、经济界、学界和民界四个层次展开研究的思路。同时，在文本选取方面，本书主要以经济界内不同层次代表性团体的对华言论、行动及研究资料作为分析样本，结合学界、政界对华认识研究，分析在日本社会对华认识形成过程中不同群体对华认识的来源变化、表现形式、影响范围及交流渠道。以上工作是实现日本对华认识研究科学性的基本前提。

2.通过专门研究填补空白

通过对国内外相关研究内容的整理，结合日本经济界在中日关系和日本对华政策制定过程中的地位分析，本书认为：全面、翔实的日本对华认识研究势在必行，而以日本经济界对华认识为对象的专门研究是当前本课题中最重要、研究最为薄弱的环节。针对该层次人们对华认识的研究具有学术方面的迫切需求，是有重要意义的研究突破点。

（二）本书的社会意义

中日两国人民之间的相互认识正确与否，是中日关系发展的重要因素。而掌握了历史和现实的日本中国认识，尤其是掌握了这种认识的产生和变动机制，对于消除两国人民的误解，发展中日两国关系，具有重要的现实意义。本书的社会意义可以总结为以下两点：

1.作为中国制定外交政策的参考资料

首先，理论贡献方面。在对日本对华认识概念进行定义的前提下，本书结合对社会学、国际关系学知识的理解与应用，把日本社会的中国认识分成不同的社会集团意识，从其生成的渠道、传达的路径和各自交互影响的过程，探讨不同时期日本社会各阶层对华认识形成的机制及其惯常采用的举措，从而揭示日本政府外交政策制定和推行的秘密。这些努力可望为相关部门把握此方面的信息提供意见参考。

其次，本书以日本经济界的对华认识研究为基点，注意从经济界对华认识信息的来源变化、对华认识文本的内容、对华认识的影响等不同维度展开研究。在这个过程中所选取的大量资料可以为相关部门的政策制定提供研究材料方面的支撑。

最后,本书通过对日本经济界对华认识的研究,能够阐明日本经济界对外交政策影响的渠道,完成对日本对华认识的产生、发展和交互影响机制的探索,为相关部门制定外交对策提供参考。

2.为发展中日经济关系提供参考资料

中日邦交正常化以来,经贸交流是中日关系中最核心、最重要的合作内容。40 年来,中日经济合作的成果卓著,中国自 2007 年以来一直是日本最大的贸易对象国;1993—2003 年,日本一直是中国的第一大贸易伙伴,近年来其在中国贸易对象国中的排名虽有下滑,但对华贸易额和投资额总体保持上升趋势。中日经济合作现状用“你中有我,我中有你”来描述再贴切不过。本书对能够反映出日本经济界对华认识的各类数据信息的整合和分析,可为今后发展从政府到民间的中日经济合作关系提供重要的参考资料。

第二节　文献综述

本书的研究重心是邦交正常化以来日本经济界的对华认识,属日本对华认识研究的重要组成部分,对日本对华认识研究史脉络的系统把握是研究经济界对华认识的重要前提。因此,本书的研究成果整理工作不仅涉及日本经济界对华认识研究,还涉及第二次世界大战结束之后,特别是新中国成立以来的日本对华认识研究。其主要关注点包括研究队伍、研究成果和研究方法。在相关研究者中,国内部分包括台湾学者和海外的中国留学生、华人学者;日本留学生在华的研究成果归于日本研究部分,中日两国研究者之外的研究在“其他国家的研究”内统一进行分析。资料搜集使用的关键词为“中国认识”“中国形象”“中国印象”“中国观”。成果形式包括著作、研究报告、博士论文、硕士论文,以及公开发表的政府公文、学术论文、学术报告等。结合以上资料搜集原则,笔者对北京外国语大学图书馆、中国国家图书馆,以及日本立命馆大学图书馆、日本国立国会图书馆的相关著作、报告和论文进行了搜集、统计和整理,并结合中国知网、CiNii[①] 的统计结果,按照中国的日本对华认识研究、日本的对华认识研究的

① CiNii 是由日本国立情报学研究所(National Institute of Informatics,简称 NII)开发的日本学术期刊数据库,是目前世界上最大的日文学术期刊网,收录了日本各学术机构及团体的期刊论文及大学学报论文,并可通过检索获取日本国立国会图书馆“日文期刊索引数据库”所收录的论文。该数据库收录文献多,并含有相当数量的全文文献,可显示论文之间引用与被引用的情况。

结构分别整理，独辟一节对日本经济界的对华认识研究进行专题分析。

一、中国的日本对华认识研究

本部分主要针对邦交正常化以来在中国的日本对华认识研究，从研究队伍、研究成果概述和研究内容解读三个方面展开探讨。

（一）研究队伍

“国内对日本对华认识的研究，主要来自于国内的日本史研究者和中国近代史研究者。……另一方面，国内日本研究界的日本文化研究者，近来也日益关注该类研究。”[①]根据从中国知网所获得的学者单位信息可以发现，这些学者主要来自大学或其附属的日本研究机构，如中国社会科学院日本研究所、各省市社科院的日本研究所、北京外国语大学日本学研究中心等。20 世纪 90 年代初，中国领导人提出并逐步确认“支持留学，鼓励回国，来去自由”的出国留学新政策，赴日留学生和国内日语专业的学生逐渐成为新生的研究力量。近年来随着台湾地区学者与大陆学者之间交流的加强，台湾地区的研究者逐渐成为本研究领域的重要研究人员。

（二）研究成果概述

1.著作方面

邦交正常化以来，中国以日本对华认识为研究对象的专题性论著尚少，相关研究成果常以中日关系方面著作部分章节的形式呈现，如黄大慧《日本大国化趋势与中日关系》（社会科学文献出版社 2008 年版）、史桂芳《近代日本人的中国观与中日关系》（社会科学文献出版社 2009 年版）、《“大国”日本与中日关系》（上海人民出版社 2010 年版）的相关章节。虽然这些研究从一定意义上推动了中国学术界对日本人对华认识的关注，但是其作为著作部分章节出现的地位导致其缺乏必要的系统性。在这一点上，杨栋梁主编的六卷本《近代以来日本的中国观》（江苏人民出版社 2012 年版）的出版，应该说填补了国内研究的空白。另外，2009—2011 年，台湾大学政治学系中国大陆暨两岸关系教学与研究中心发行了“中国学的知识社群研究系列”成果，其中包括黄佳甯、石之瑜的《不是东方：日本中国认识中的自我与欧洲性》，陈绮龄、邵轩磊的《加加美光行的中国认识及其学思历程》，张芝瑾的《石原莞尔的中国认识与亚洲性》，李佳徽的

① 周维宏：《近代以来日本对华认识研究现状分析》，《日本研究》2009 年第 3 期。

《知己？异己？港台知识人——李万居与李南雄父子的中国认识》。

2.学术论文方面

依据本书的统计资料，中国直到1986年才出现第一篇正式发表的以“战后日本人中国观”为主题的学术论文，这也是20世纪90年代之前的唯一一篇。[①]此后，20世纪90年代有7篇，2001—2013年共计32篇。40篇论文中，以政治家和历史人物（福泽谕吉、大平正芳、吉田茂、田中角荣、藤山爱一郎、古井喜实、松村谦三、津田左右吉）为研究对象的有10篇，其中研究福泽谕吉的有3篇；以某一类人（高中生、漂流民、国学家）或某一方面（政界、经贸关系、中央公论）为研究对象的有6篇。值得注意的是，多达20篇论文以“日本人的中国观”或“近代日本人的中国观”作为题目或其主要部分。另外，有4篇论文使用了“中国认识”“对华认识”“中日相互认识”的说法，其中周维宏和崔世广的论文对今后中日相互认识的研究方向和课题分别从不同角度提出了非常有指导性的意见。[②]

3.学位论文方面

以“日本对华认识”为研究对象的博士学位论文不多，比较有代表性的有两篇：一篇是日本中央大学大学院法学研究科王宗瑜2008年的博士学位论文《日本人的中国认识与行动——以村田省藏、有田八郎、风见章为中心》，另一篇是南开大学日本研究院田庆立2009年的博士学位论文《中日复交后日本政界中国观的演变（1972—2006年）》。两篇论文都围绕典型人物的中国认识展开了非常认真的史料分析，反映出研究者认真踏实的研究作风和以小见大的研究特点。但美中不足的是，细读研究内容，总给人以内容没达到研究题目高度的意犹未尽之感。究其原因，研究概念的定义缺失应该是首要问题点。硕士学位论文中直接以日本对华认识为研究对象的有4篇，分别是孙立春《芥川龙之介的中国认识》（中国海洋大学，2005年）、马薇《池田大作的中国观研究》（陕西师范大学，2011年）、李乐《近代日本文学中的中国形象》（山东师范大学，2013年）、张丽《冷战后日本人中国观及其影响因素研究》（华东师范大学，2013年）。这些论文在研究对象的选定和研究方法的使用方面与一般学术论文有相同特点，表现为以在中国有一定影响力和知名度的个案研究为主，对文学作品中中国形象

① 参见江小蕙：《日本高中生的中国观与鲁迅观》，《鲁迅研究动态》1986年第8期。

② 参见周维宏：《近代以来日本对华认识研究现状分析》，《日本研究》2009年第3期；崔世广：《中日相互认识的现状、特征与课题》，《日本学刊》2011年第6期；李玉：《中日邦交正常化40年来相互认识的变化——以中日关系舆论调查为例》，《中国中日关系史研究》2012年第2期；吴怀中：《“文明史观”在近代日本对华认识及关系中的影响——从思想史与国际关系的接点出发》，《日本学刊》1998年第5期。

的研究表现出受到日本研究方法影响的特点。

4.研究方法方面

改革开放初期中国在该领域的研究论文主要可分为三类:一是宏观的理论性研究文章,这类论文主要出现在20世纪90年代对日本研究的起步阶段。如郝秉键《日本人中国观的一次转换》[《阴山学刊》(社会科学版)1994年第4期]、李子平《日本人的"中国情结"》(《海内与海外》1996年第10期)、雷慧英《日本的中国观变化及其原因》(福建省外国语文学会年会论文,2001年)、王屏《论日本人"中国观"的历史变迁》(《日本学刊》2003年第2期)、高尔平《日本人的"中国观"》(《华声月报》1998年第5期)、徐志成和刘宁《日本人的"中国观"》(《东疆学刊》2008年第1期)、王卓宇《浅议日本人中国观的变迁及其原因》(《陇东学院学报》2009年第3期)等。二是日本学者关于中国文学和中国典籍的研究,这类研究与日本早期的中国研究内容呈现一致性,是日本中国研究的重要部分之一。其中以日本人对鲁迅、毛泽东的研究和对中国古典文学研究中所间接流露出的中国认识有一定的价值。江小蕙《日本高中生的中国观与鲁迅观》(《鲁迅研究动态》1986年第8期)是其中比较典型的代表,该文通过对日本高中历史教师教学实践个案的介绍,阐述了鲁迅研究对学生中国观的影响。三是以单一人物中国观的研究来间接说明日本社会的中国认识。围绕单一人物的研究比单一事件为主的研究局限性更加明显,但因为客观上研究材料比较容易获得、研究内容相对易于把握,是中国的日本研究界在初期学术论文写作中常用到的研究方法。屈亚娟《福泽谕吉的中国观》(《解放军外国语学院学报》2003年第3期)、张跃斌《文化上的敌对——一个日本主流史学家的中国观》(《世界博览》2005年第8期)、翟新《日本政治家藤山爱一郎的对华认识及其实践》[《深圳大学学报》(人文社会科学版)2009年第4期]、翟新《日本政治家古井喜实对华友好观及其活动》[《郑州大学学报》(哲学社会科学版)2010年第1期]、田庆立《大平正芳的中国观及外交实践》[《北华大学学报》(社会科学版)2010年第3期]、张耀武《吉田茂的"中国观"》[《内蒙古师范大学学报》(哲学社会科学版)2010年第1期]均属此类。

(三)研究内容解读

以上人员的研究成果,为在中国的日本对华认识研究开辟了道路。他们通过具体的实践探索,为后来该领域的研究提供了宝贵的经验,积累了最基础的研究资料。这些人员中不乏本领域的佼佼者,对他们研究背景、成果内容、研究方法等的剖析,可为我们下一步的具体研究积累经验。

1.严绍璗的自身体验型研究

战后日本对华认识的专论性文章经常把"中国观"作为题目或者切入点使用,以严绍璗的研究为代表。严绍璗是东亚文化研究、中日文化关系、日本学研究方面的专家,其在日本对华认识方面的代表性论文有《20 世纪日本人的中国观》①和《战后 60 年日本人的中国观》②。

在《20 世纪日本人的中国观》中,作者对 20 世纪日本占主流的"中国观"依时代递进,分解为六种形态,即"脱亚论中国观""亚细亚中国观""大东亚中国观""反省与原罪中国观""'文革'与非'文革'中国观",以及当前以"新民族主义"和"和平主义"为主体的"多元中国观"。该文的资料选取方式为史料与自身经验相结合,从思想史的视角描绘了"知识分子和官僚绅士"的中国观,认为 20 世纪日本成败兴亡的"决定性举措",都与他们的"中国观"密切相关。

在《战后 60 年日本人的中国观》中,作者把日本对中国观的变迁以"文革"开始(1966 年)、"文革"结束(1976 年)为分割点分为三段,从文化语境的角度来说明日本人"中国观"形成的影响因素,并具体列出了六项指标:(1)取决于日本国内自身的政治经济和文化状态;(2)取决于日本在东亚地区的生存地位;(3)取决于日本在整个世界上的地位和作用关系;(4)取决于他们所判断的中国国家状态;(5)取决于他们对中国在国际关系中的地位和关系的理解;(6)取决于日本与中国在政治、经济和文化各个层面中的利益关系。③ 材料选取方面,作者在文中自己做了说明:"我只是站在一个比较文化研究者的立场上谈论我个人所能接触到的日本,我所体验到的日本和观察到的日本,当然也有我在多种文献上著作中所读到的日本,从中归纳出日本社会主流层面对于中国的'认知观念'。"④

从严氏两篇论文内容上看,虽然研究阶段和表达方式有差异,但在材料选择上,均以研究者"本人所观察到的"日本知识界、政界的对华态度为主,即利用本人的体验、感受和经历,结合对中日关系发展状况的认识来表现日本人的中国观。不过前者主要是从思想史的角度描述,后者是从比较文化的角度分析,讨论了对不同时段日本"主流层面"(以知识界和政界为主)中国观的理解。严

① 严绍璗:《20 世纪日本人的中国观》,《岱宗学刊》1999 年第 2 期。

② 严绍璗:《战后 60 年日本人的中国观》,《粤海风》2006 年第 5 期。

③ 参见严绍璗:《战后 60 年日本人的中国观》,《粤海风》2006 年第 5 期。

④ 严绍璗:《战后 60 年日本人的中国观》,《粤海风》2006 年第 5 期。

绍鎏是较早对“日本对华认识研究”这一课题展开思考的学者,他的论文对引导研究界对该课题的关注有重要意义。作为先行者,严氏文章有很多值得借鉴的地方:第一,严氏对“中国观”先分析定义,后展开研究的做法为今后的研究提供了方法论方面的参考;第二,作者分阶段研究各个时期日本人中国观的做法,可促使后来研究者从历史变迁的角度梳理日本人中国观的整体变化;第三,把日本的“中国观”与各个时期的“决定性举措”(对华政策)相联系展开研究,有利于发现中日关系变迁的推动力。比较遗憾的是,由于过于强调政治观念(民族主义)为主,严氏忽略了日本社会人员构成的复杂性、不同群体的能动性及他们之间的相互影响,对来自国外方面因素的影响也没有提及。同时,如竹内实先生的研究理念所述,“观”应该是一些非常系统的概念。单独某一个日本人眼中的中国与整个日本社会的中国认识相去甚远,即便他是日本人中的佼佼者。同样道理,某一个中国人所接触到的日本人,必然是特定时期内、特定领域内非常有限的一部分人,以此来作为审视日本人中国观的材料显得过于单薄,说服力方面显得较弱。

2.田庆立的综合性研究

田庆立、程永明的合著《近代以来日本的中国观:第六卷(1972—2010)》[①]是国内首部以邦交正常化以来“日本的中国观”为研究对象的专著。该书以时间为轴,分别论述政界、经济界和日本国民的代表性中国认识,并在结尾谈到了日本各界对华认识的互动与整合。

从研究方式看,该书把1972年以来“日本的中国观”作为研究对象的做法,改变了一直以来该专题仅仅作为中日关系史研究附属部分的地位,是研究理念的一大进步;研究方法方面,该书从政界、经济界和日本民众分类的角度切入研究,较之以往或者笼统或者片面的中国观研究又是一大进步。同时,该书注意到日本各界中国观之间的相互影响问题,并进行了一定程度的思考,值得后来者借鉴。但是由于缺乏对研究对象的基础概念定义,该书对日本人中国观论证的资料选取缺乏整体性规划,不得不说是一个非常遗憾的地方。

从研究者经历看,田庆立的博士学位论文为《中日复交后日本政界中国观的演变(1972—2006年)》,田氏在该论文完成前后还发表过一些以日本政界人物中国观为研究对象的论文,如《二战后日本政界的中国观》[②]、《大平正芳的中

① 田庆立、程永明:《近代以来日本的中国观:第六卷(1972—2010)》,江苏人民出版社2012年版。

② 田庆立:《二战后日本政界的中国观》,《日本问题研究》2009年第4期。

国观及外交实践》[①]，能够看出该研究者长期关注这一课题。这种坚持的态度是促使研究界对"日本对华认识"问题深度思考的基础力量。

3.王屏的历史变迁研究

中国社会科学院日本研究所王屏《论日本人"中国观"的历史变迁》[②]，是从学术角度思考这一课题的代表性文章。该文沿着两千年来中日关系发展史，回顾了日本人"中国观"发生的三次大变迁，同时结合当时中日关系的现状，对小泉内阁"对外关系课题组"出台的报告书《21 世纪日本外交的基本战略——新时代、新理念、新外交》做了联系时事的分析。文章主要通过对中日关系交往中历史事件的梳理，即通过中日关系史上的一些典型的、广为认可的资料来阐述日本社会上层人物所记载的中国观，所以虽然该文无论在观点还是实用性上都具有重要的参考价值，但是其中国观的代表性有待商榷。

4.张雅晶的专题事件研究

张雅晶的论文《日本人的中国观——以"文化大革命"时期为中心》[③]，从《朝日新闻》取材，以"文化大革命"这个中外瞩目的事件作为关注点，针对在该事件发展过程中日本知识分子中国认识的发展变化展开研究。作者认为，日本知识分子的中国观由于立场和观点的不同而复杂多样。张氏对"文化大革命"这样一个事件的研究，注意到以《朝日新闻》为中心的群体观念的对比与联系，对日本社会的关注是其独特之处。在该文结尾，作者总结道："考察日本人的'文革'论，可概括为两个特色。第一，先入为主，感情色彩浓厚。第二，研究结论简单化。"张氏同时分析说，"《朝日新闻》之所以对'文革'进行偏向报道，情绪上和政治上的倾向，无疑是重要原因之一"，"'文革'期间，日本媒体与知识分子之所以对'文革'始终未能作出正确的理解和诠释，除了资讯的匮乏以外，最主要的原因还在于对中国缺乏了解"。在作者看来，《朝日新闻》的报道倾向和中日信息渠道的不畅通，是导致其对"文化大革命"无法做出正确理解和诠释的根本原因。由于媒体报道倾向和信息来源渠道的堵滞，出自《朝日新闻》的中国信息产生偏差，在媒体与知识界之间产生了偏离正确方向的互动。张氏的这个观点对我们研究日本对华认识时，时刻注意反省所采用信息的可靠性与客观性，是非常重要的警示，也是该文在研究方法方面的重要贡献。

---

① 田庆立：《大平正芳的中国观及外交实践》，《北华大学学报》(社会科学版)2010 年第 3 期。

② 王屏：《论日本人"中国观"的历史变迁》，《日本学刊》2003 年第 2 期。

③ 张雅晶：《日本人的中国观——以"文化大革命"时期为中心》，《辅仁历史学报》2001 年第 12 期。

张氏的这一围绕专题事件、利用特定范围内的研究资料展开对某一时期日本人中国观研究的思路，因其具体研究过程的易于操作性，在当前仍然是本研究领域的研究者比较喜欢采用的研究方法。

当然，由于研究规模等的限制，该文对于“日本人的中国观”这个命题的研究缺乏对认识主体和研究概念的深入思考，研究材料又局限于个别媒体的报道，导致难以取得对“日本人的中国观”比较深入的研究成果。

综上所述，迄今为止在中国的日本对华认识研究，改革开放之前因为信息来源渠道的闭塞，加上当时中国国内客观政治环境的限制，长期处于缺失状态。改革开放之后，中日之间相互了解的信息渠道逐步走向畅通，伴随中日之间以经济交往为中心所开展的文化交流、民间交流的增多，自 20 世纪 90 年代开始，中国对日本的研究力量开始加强。但从研究成果看，在宏观的理论性与扎实的基础性论述方面难以达到两全。从宏观视角而言，当今中国学者在本领域的研究主要包括两个特点。一是关注处于中日关系史范畴之下，以中日两国政治关系为轴心的政界高层人士的对华行动，借以侧面研读其对华认识。这类研究从政界的综合研究到政界人士的个体研究都取得了一定成果，如田庆立①、翟新②的研究。二是研究者对日本研究界的关注较少，研究成果方面与日本研究者之间的互动也不是很充分，缺乏与国际中国研究界的有效沟通。近年虽然通过举行中日之间以青年研究者为主的研讨会得以实现了部分交流③，但是理想的系统性研究成果的出现尚需研究者们的共同努力。

在研究理论和研究方法的思考方面，朱建荣、田庆立、石晓君、周维宏是当前本领域的开拓者，这几位学者在研究理论方面的探讨为本书研究理论、研究方法的确定提供了重要参考。这些将留待研究理论探讨时进行较为详细的分析。

---

① 田庆立：《大平正芳的中国观及外交实践》，《北华大学学报》（社会科学版）2010 年第 3 期；田庆立：《二战后日本政界的中国观》，《日本问题研究》2009 年第 4 期。

② 翟新：《日本政治家古井喜实对华友好观及其活动》，《郑州大学学报》（哲学社会科学版）2010 年第 1 期；翟新：《战后日本“亲华”保守政治家的对华政策观——以自民党顾问松村谦三众议员为例》，《淮阴师范学院学报》（哲学社会科学版）2010 年第 1 期。

③ 参见蒋立峰主编：《中日两国的相互认识》，世界知识出版社 2003 年版。该书作为第四届日本研究青年论坛论文集，收录有中国关于日本对华认识的论文。

二、日本的对华认识研究

邦交正常化以来日本的对华认识研究在研究队伍、研究成果形式方面比中国更加复杂，代表性研究成果也具有与中国不同的特色。

（一）研究队伍

日本的对华认识研究队伍在邦交正常化前后有明显区别。邦交正常化之前的20世纪五六十年代，因为第二次世界大战及意识形态的影响，来自中国的信息渠道不畅通，这个时期中国研究的主力是一些优秀的汉学家和对中国有着特殊感情的中国学家，代表性人物是竹内好、安藤彦太郎、野村浩一、竹内实等。邦交正常化以来，随着两国关系的发展，中日政治、经济关系的研究越来越受到重视，沟口雄三、中岛领雄、毛里和子、加加美光行、天儿慧、国分良成、田中修、加藤弘之等逐渐成为中国研究的主力。日本的代表性中国研究学者情况如表0-1所示。

表0-1　日本的代表性中国研究学者

学者姓名	生卒年	研究领域	现任或曾任职务	所属学术团体	学位
竹内好	1910—1977	中国文学、日中关系、日本文学、鲁迅研究	东京都立大学人文学部教授，创办《中国》杂志	—	—
安藤彦太郎	1917—2009	日中关系史	早稻田大学名誉教授	现代中国学会干事	—
竹内实	1923—2013	中国文学、现代中国社会、毛泽东研究	京都大学名誉教授、立命馆大学国际关系学部教授	1987—1994年任日本现代中国学会会长	—
野村浩一	1930—	政治思想史、中国近现代政治思想史	立教大学法学部教授，至1995年退休；2000年任专修大学法学部教授	1992—1994年任日本现代中国学会理事长	—
沟口雄三	1932—2010	中国思想史	埼玉大学教养学部教授；一桥大学社会学部教授；1981年任东京大学文学部中国哲学科教授；1993年退休后任大东文化大学文学部教授、东京大学名誉教授	—	博士

续表

学者姓名	生卒年	研究领域	现任或曾任职务	所属学术团体	学位
中岛领雄	1936—2013	现代中国政治	东京外国语大学校长、名誉校长，国际教养大学校长、理事长	亚洲太平洋大学交流机构（UMAP）国际事务总长	博士
毛里和子	1940—	中国政治和外交、东亚国际关系	曾任静冈县立大学国际关系学部教授、横滨市立大学国际文化学部教授，现为早稻田大学政治经济学部教授	日本国际问题研究所研究员，2004—2006 年任日本现代中国学会理事长	博士
加加美光行	1944—	"文化大革命"研究和民族问题研究	爱知大学现代中国学部教授	1988—2010 年任日本现代中国学会理事	—
天儿慧	1947—	现代中国政治、东亚国际关系	早稻田大学国际学术院、大学院亚洲太平洋研究科教授	1999—2001 年任亚洲政经学会理事长	博士
国分良成	1953—	现代中国政治	庆应义塾大学教授，防卫大学校长	2005—2007 年任亚洲政经学会理事长，2006—2008 年任日本国际政治学会理事长；日本比较政治学会理事，日本现代中国学会理事	博士
加藤弘之	1955—	中国经济	神户大学大学院经济学研究科教授	日本现代中国学会干事，亚洲政经学会理事，常务理事、理事长，NPO 法人日本亚洲中国经济战略论坛理事长	博士

资料来源：笔者根据官网信息整理。

人员组成方面。除了日本本土的研究人员,有中国研究的基础又在日本长期生活的华裔学者在日本的中国研究领域的影响越来越突出。其中,石晓军①、王文亮②、朱建荣③和王敏④的研究比较有代表性。这些学者的研究领域广泛,研究内容涉及中国的文学、政治、社会、文化,以及中日关系、中日比较等多个方面。他们往往兼收中日两国的先进研究理念、方法,又往往具备了解中日两国研究动态的便利,随着在日华裔研究者的增多,他们的研究成果应该得到足够的重视。

以上信息表明,从研究素质方面看,日本的对华认识研究学者具备以下特点:在中国学研究或者是中日关系研究领域具有相当水平的专业技能、专业知识和独到见解;治学态度严谨,持续发表中国学研究或者中日关系研究领域的论文、专著;身份为大学或者中日关系研究领域国家级学术团体具有教授或者副教授以上职称的研究人员;年轻一代学者均具有博士学位。

(二)研究成果概述

著作方面。在邦交正常化之前,由于中日之间信息交流渠道不通畅,日本学者了解中国的途径很少,到手的研究资料也只有少量公开文献。这是 20 世纪五六十年代的中国研究以文学作品为主的重要原因。代表性成果有竹内好的鲁迅研究及中国文学作品翻译,竹内实的毛泽东研究及中国文化研究。随着中日邦交正常化的实现,在"以史为鉴,面向未来"思想的指引下,中日关系史、思想史方面的研究首先引起了学者的兴趣,比较有代表性的成果有安藤彦太郎的《日本人的中国观》(劲草书房 1971 年版)、《日中关系的视点》(龟溪书社 1975 年版),野村浩一的《中国革命的思想》(岩波书店 1971 年版)、《近代日本的中国认识》(研文出版 1981 年版)、《近代中国的思想世界》(岩波书店 1990 年版)等,中岛领雄的《现代中国论——意识形态与政治考察》(青木书店 1971 年版)、《中国——历史、社会、国际关系》(中央公论新社 1982 年版)、《中苏战略与

---

① 石晓军,文学博士,1990 年留学日本并定居,日本姬路独协大学外国语学部教授。研究领域为古代东亚交流史、中日关系史。

② 王文亮,1963 年生,文学博士。主要在日本活动的中国研究者,金城学院大学教授。研究领域为中国社会问题、社会保障及中日比较研究。

③ 朱建荣,1957 年生,政治学博士,东洋学园大学人文学部教授。研究领域为中国政治外交史。

④ 王敏,1954 年生,御茶水女子大学人文博士。研究领域为日本书学研究,中日关系、中日文学比较研究。曾任东京成德大学教授,2003 年起任法政大学国际日本学研究所教授,日中关系史学会会员,东亚文化交流学会评论员。

日本的选择》(PHP 研究社 1988 年版),沟口雄三的《作为方法的中国》(东京大学出版会 1989 年版)、《中国的公与私》(研文出版 1995 年版)。到了 20 世纪 90 年代以后,毛里和子的《解读现代中国政治》(山川出版社 1999 年版)、《日中关系——从战后走到新时代》(岩波书店 2006 年版),加加美光行的《镜子中的中国和日本》(日本评论社 2007 年版)、《中国的民族问题》(岩波书店 2008 年版),国分良成的《现代中国的政治与官僚制》(庆应义塾大学出版社 2003 年版)、《中国的统治能力》(庆应义塾大学出版社 2006 年版),马场公彦《日本人的中国像》(新曜社 2010 年版),天儿慧《日本人眼里的中国》(日本放送出版协会 2003 年版)、《等身大的中国》(劲草书房 2003 年版)等中国政治研究著作逐渐成为主流;同时,田中修的《2011—2015 年的中国经济》(苍苍社 2011 年版)、《中国的宏观经济政策》(日本经济新闻出版社 2007 年版)、《中国经济的变化——改革开放以来的经济制度与政策评价》(国际书院 2014 年版),加藤弘之的《中国的经济发展和市场化》(名古屋大学出版社 1997 年版)、《进化的中国资本主义》(岩波书店 2009 年版)等中国经济研究著作也层出不穷。

学术论文方面。比较有代表性的论文有马场公彦的《战后日本论坛的中国观变迁——从〈世界〉杂志的相关报道中所看到的》、川崎高志的《日本学生的中国观和周恩来观——以创价大学的调查为例》、藤田昌志的《日本的中国观——最近在日本出版中国关联书籍报告》①等。

学位论文方面。三位在中国大学毕业的日本留学生的学位论文比较有代表性。他们分别是日籍华裔学生吴健一的《中日邦交正常化以来的中日关系及日本人的中国观》、小桥优梨的《日本民众对中国的认识差距——以 2005 年中国涉日游行为例》、松崎范子的《国民直接交流与日本人的中国观》。三篇论文均以普通国民的中国观为主要研究对象,试图以此来折射出日本人的中国观以及中国观与中日关系的联系。

从对研究中国的方法论思考方面看,日本在 1947 年就有了对"中国研究"中对华认识进行分析与说明的文章。② 在该文中,作者藤原定指出当时在日本的中国研究者的困境是:缺乏全面性的思考,且以知识途径而言,只接受了中国上层知识阶层意识形态与观点。作者指出研究者必须将视野投放到实际的中

---

① 藤田昌志自 2005 年起,每年都对前一个年度 9 月到本年度 8 月之间在日本出版的中国关联书籍进行整理、分类和评价,从中梳理"日本人的中国观"。到 2013 年度,已经发表了 8 篇题为《日本人的中国观——最近在日本出版中国关联书籍报告》的论文。

② 藤原定:「中国研究の課題性と大衆の思想」、『中国研究』1947 年第 1 期。

国社会，战时满铁与东亚研究所做的惯行调查资料将会是研究中国的很珍贵的素材，应对其加以整理，作为将来研究中国的重要文献。该文虽然发表于1947年，但在今天看来，其理念依然相当先进。村松祐次指出，在研究中应该对中国进行历史性、全面性考察，呼吁研究界的研究视点要扩展到中国的底层社会。[①] 村松祐次反对强调个案主义的实证研究，认为必须从身边、从生活经验开始进行有“目的”的研究。山根幸夫把战后日本的中国研究以1958年为界分为两期。他认为前期现代中国研究者“通常都隶属于旧满铁调查部与旧东亚研究所，包括直接、间接与这个机构有关系的人”[②]。在山根幸夫看来，受在中国的实际经验和己身同中国之间的复杂情怀影响，这一部分人长于利用战时中国研究的原始资料展开研究。而1958年之后，随着日本经济的腾飞，中日民间经济方面的交往通道打开，关于当代中国的信息逐渐随着邦交正常化的推进及实现得以收集。因此，山根幸夫的中国研究类文章能够结合对时事的叙述进行讨论，具备一些与之前研究者不同的角度，如“战前与战后研究的联结性”“美日学术结构”“亚细亚・福特基金会事件”“日中共产党分裂与学术”等都是把学术与现实结合起来的典型论文。中日邦交正常化的实现，特别是20世纪90年代以后，随着国际政治的变迁、史料的公开与中日学术交流形势的改变，不同研究主题、研究角度和研究方法在日本的中国研究中逐步展现，日本的对华研究迎来了多元化的繁荣阶段。1999年，国分良成将50年来在日本的中国研究做了整理与回顾。他从区域研究的视角指出中国面积辽阔，各地方的风土民情又差异甚大，中国认识是很困难的。[③] 因此，日本的研究者常常注重中国的特殊性，而忽略了“比较”或理论化的视点。他认为当前的中国研究陷入了文献至上主义，而忽略了国际关系论的视点。[④]

综上所述，日本对中国研究的学术进程一般可分为四期：战后初期以战争反省为主要思考模式的“革命史观”，研究资料主要利用战时在中国调查所得资料；从20世纪60年代开始，建立在日本经济复苏的基础之上，研究者自我意识开始觉醒和成长，对研究者伦理与研究的主体性产生思辨；在“文化大革命”的影响下，日本社会出现了学术与社会互动的高峰，意识形态与价值观的论争达

① 村松祐次：「戦後の近代中国研究の新動向」、『一橋論叢』1950年第1期。

② 山根幸夫：「現代：戦後の日中交流と我が国中国現代史研究の背景」、山根幸夫编：『中国史研究入門』、山川出版社、1983年、498頁。

③ 国分良成：「建国五十年——中国研究と中国近代史の再検討」、『北大法学論集』2000年第4期。

④ 国分良成：「建国五十年——中国研究と中国近代史の再検討」、『北大法学論集』2000年第4期。

到高峰；随着中日关系正常化与中国改革开放之后研究条件的改变，日本的中国研究形成了研究方法多元化的思潮。日本的中国研究及中国认识，虽然在不同时期具有不同的特点，但是理论性与现实性、学术性与社会性的互动贯穿始终，从而形成区别于中国及世界的中国认识。

（三）研究内容解读

本书拟从前述研究中选取能够反映出各个时期、不同领域中国研究学者认识的代表性成果，对其中国认识研究的内容、背景加以剖析，并总结出本书研究的需借鉴之处。

1.竹内实的文学作品研究

竹内实1923年出生于中国山东，后随母亲移居到中国东北的长春，亲身经历了日本从“满蒙开拓”到逐渐走向战败的过程。这段经历使其对中国文化、中日战争等有着比一般中国研究学者更加深切的感受，对中日关系的发展与走向也有着比常人更加敏锐的洞察力。他对中日关系有“友好容易，理解难”的名言。

竹内实的中国研究以对“文革”、毛泽东及中国文学的研究见长。他被称作“现代中国研究第一人”，是战后在日本的中国研究开拓者之一。他的著作《日本的中国像》（春秋社1966年版）是较早对日本人的中国认识进行思考的代表性作品，该书在1992年8月被重新整理出版。这是一部以第二次世界大战前后日本的文学作品、日记和纪实文学中的中国形象为研究对象，结合竹内实本人在中国的体验完成的论文集。新版在对1966年版整理的基础上，还添加了竹内实20世纪70年代发表在《新日本文学》上的《啊，大东亚共荣圈》《建国的思想》《宣抚的思想》三篇文章。这三篇文章是作者分别在1970年、1971年和1972年日本的终战纪念日开始提笔，以日本实行“满洲建国”开始，到“满蒙开拓团”败走过程中日本人的相关记录为原本，揭示了在“大东亚共荣圈”鼓动下日本对中国东北侵略的实质。文章利用大量日记中的原文，探寻当时以日本“开拓团”为代表的日本人与中国人之间不可能实现“平等”“共荣”的根源。他还以第二次世界大战之前、战争中和战争后三个时期的昭和文学作品为研究对象，总结出各个时期中国认识的特色，即战前以描写中国反帝运动为特点的“革命的中国像”、战争中以纪实文学为载体的“空白的中国像”，以及战后以武田泰淳《审判》为代表的“带有赎罪意识的中国像”。

研究方法方面，用竹内实自己的话描述就是：人们一般习惯使用“中国观”

的说法，但“观”是一个非常系统的体系性概念。“而我所做的毋宁是些不成体系的、片段性的东西，几乎都是不知不觉地对某些（作品）产生兴趣（而进行研究），因此，我使用了‘中国像’这个说法。”[①]诚然，该著作在形式上看是由看起来相对独立的研究论文构成的论文集，但“形散而神不散”，所有的选材都服务于对日本中国像的表现这一中心。这对以文学作品为载体研究日本对华认识来说是一个文本选取方面值得借鉴的范例。

《日本的中国像》这部著作除了在研究内容和方法方面的贡献，在对历史上日本文学作品内中国形象的研究方面所表现出的对中日关系的思考也值得借鉴。特别是对日本不同时期中国像变迁的影响因素之思考，使该研究在学术意义之外增添了重要的现实意义。

竹内实是日本有名的左派，在1972年中日恢复邦交之前，已致力于日中友好运动。他认为，日中关系取决于日本对历史问题的认识，这种观点贯穿于其著作。他认为中国方面已经很好地负起了自己的民族责任，但是“可以说，日本人民对中国人民还没有完全负起自己的民族责任。第一，政府方面还没有对战争有个终结；第二，尚未建立一个完全消除战争危险的政权。前一个属于战争责任问题，后一个属于战后责任问题”[②]。这段话，即便到今天，对解释日本政府对历史问题的暧昧、矛盾的态度，仍旧有非常重要的意义。作者思考的已经不是二战前后中国像自身的问题，还包括通过日本的中国像研究日本人自己。这和我们当今研究日本中国认识的深层目的——更好地了解日本，为发展中日关系提供借鉴是一致的。

在《日本的中国像》中，作者通过看似信手拈来的文学作品研读其中的中国像，表达其对日本人心目中中国像的理解，即“现实是充满复杂和矛盾的。（日本）人心目中的中国像不断被创造、被改变，在细节方面也越来越充实。这种不断变化的中国像，同时也是一面镜子，反映出作为认识主体的日本人的思想、生活和政治经济的变化”[③]。竹内实对中国像认识主体与客体在相互影响中变化的思考也是今后研究日本对华认识的学者需要借鉴的地方。

但是，通过文学作品发掘潜于其中的中国认识，仅仅是研究日本对华认识信息来源的多条途径之一，只能是文学作品中形象与学者个人中国认识产生碰

① 竹内実：『日本人にとっての中国像』、岩波書店、1992年、276頁。
② 竹内実：『日本人にとっての中国像』、岩波書店、1992年、227頁。
③ 竹内実：『日本人にとっての中国像』、岩波書店、1992年、130頁。

撞的结果，是整个日本社会各阶层对华认识组成中的极小部分。这种研究方式显然不能满足全面了解日本社会对华认识特点及变迁的需要。

2.野村浩一的系统研究

野村浩一是日本著名的中国近代政治思想史家，《近代日本的中国认识》(研文出版1981年版)是其多年对中日关系研究成果的合集。野村浩一对中国认识研究最著名的一句话就是："近代日本的历史，就是一部中国认识失败的历史。"①

野村浩一在对现有研究进行批判的基础上，针对中日关系的不同时期采取了不同的研究方法。对1972年中日邦交正常化之前的中国认识研究，立足于对中日两国大环境的综合性描述，其中格外关注当时该研究领域的缺失部分——日本对中国的侵略和对中国革命的认识，即以具体事件为中心展开对日本对华认识的补充研究。对1972年之后的中国认识，则是立足于中日关系背景下对中日关系发展发挥了决定性作用的代表性人物的对华认识研究，即以代表性人物的言论、行动所表现出的对华认识为对象展开研究。对自己的这一做法，野村浩一解释道：不想仅通过单一的如政治学的、社会学的渠道进行判断，希望在中国研究及广泛的中国认识研究领域进行整理和分析。野村浩一的研究目标虽然是日本国家的对华认识(作者在文中称为"国家认识")，但从研究内容来看，是以具有影响力的人物作为研究对象开展研究，属于不同历史时期"有影响力的日本人"中国认识研究的集合。

野村浩一的中国认识研究，在方法方面的先进性表现为特别关注研究对象(事件或人物)所处的中日关系历史背景。换言之，他认为中日关系发展状况是对日本对华认识框架起重要作用的因素。本书也借鉴了野村浩一的这种研究意识，在研究日本经济界对华认识的阶段选择及划分中，均以中日关系的发展过程为重要参考因素。

野村浩一认为，一般来说，"国民使命""国民传统""国民利益"是构成国家主义意识形态的三大要素。"传统"把国家与过去联结，"利益"把国家与现在联结，"使命"把国家与未来联结。"使命"通过强调某个国家在世界上的存在理由和将来的行动目标，对国民的思想、行动施加很多有形、无形的巨大影响。② 野村浩一这种对"国家利益"与"国家使命"的解释，对本书研究日本经济界的对华

---

① 野村浩一:『近代日本の中国認識——アジアへの航跡』、研文出版、1981年、47頁。

② 野村浩一:『近代日本の中国認識——アジアへの航跡』、研文出版、1981年、3頁。

认识、对华行动，以及解析对华研究内容具有重要的指导作用：在推动邦交正常化实现的过程中，日本经济界的对华言论、行动等表现出“国家主义意识形态”三大要素的综合。其中“中日友好”之说法就是基于中日历史上友好与交流的“传统”；发展对华贸易就是为实现其“能源进口渠道多元化”和“市场多元化”设计的当前的“国家利益”；日本对华官方发展援助（ODA）贷款活动，则具有典型的“国家使命”特点——通过对华ODA贷款的限制性使用条款，促使中国推进有利于中日经济贸易发展的基础设施建设，扶助能够创造日本对华成套设备贸易机会的建设项目。

3.天儿慧的“脱学术式”研究

天儿慧是日本早稻田大学教授，日本著名的中国问题专家。他的《日本人眼里的中国》是一本研究“怎样认识中国、如何定位国际社会中的中日关系、如何与中国打交道”[①]的著作。

天儿慧非常关注中日关系的变化。他指出，“（中日邦交正常化以来）经济交流是实际支撑两国关系的支柱。在政治关系出现动荡时，经济关系起到了维护两国关系平衡的作用”，“中日两国之间重视‘全局性的安定’的想法也越来越重要。在这个问题上，政界和商界负责人的作用非常重要”。他在书中提出了“国之利益”的概念，指出其为国家利益、国民利益和国际利益三者相互作用、相互协调的广义概念。“如果在历史问题上双方从感情出发而产生对立的话，对经济合作这一国家利益，对友好交流这一国民利益，对地区安全保障这一国际利益都只会带来不利影响，应该坚决避免。”在终章，天儿慧指出，“中日间最大的问题是互相误解”，并提出与中国打交道的“新三原则”，即“减少相互之间的误解”，“建设理性的关系”，“创造共同利益与意识”。[②]

从表达方式上来看，天儿慧的这部著作与严绍璗的《战后60年日本人的中国观》（《粤海风》2006年第5期）有很多相似之处。特别突出的一点，就是利用本人的体验、感受和经历，结合中日关系的发展状况，引出日本人对中国的社会变迁、国家政策、文化生活、历史认识及中日关系的看法。这部著作写作方面的重要特点就是通过作者经历的具体事例引出讨论，继而整理观点，表达方式较少使用学术语言，是近年日本“脱学术式”中国认识研究的范例。

---

① ［日］天儿慧：《日本人眼里的中国》，范力译，社会科学文献出版社2006年版，第7页。

② ［日］天儿慧：《日本人眼里的中国》，范力译，社会科学文献出版社2006年版，第35、50、52、252页。

三、中日对日本经济界对华认识的研究

国与国之间的关系，没有经济交流是无法想象的，战后初期，时任首相吉田茂曾经对外务省官员说“今后的外交就是经济”，“外交就是经济”。① 就邦交正常化以来的中日关系来说，“经济交流是实际上支撑两国关系的支柱”②。同样，研究日本的对华认识，最重要的当属日本经济界的认识研究。在这种认识前提下，本部分拟对在此方面做出贡献的中日研究成果进行讨论。

(一)李廷江对日本财界与中日关系的研究

李廷江是近代中日关系史、东亚国际关系和日本政治外交研究方面的知名专家，其著作《日本财界与辛亥革命》(中国社会科学出版社 1994 年版)在中日两国研究界都引起很大反响。

在著作中，李廷江透过日本财界在辛亥革命前后对华政策问题上的言论和行动，阐明日本财界与政府、军部共同构成了战前日本多元化外交中的一极。作者还较为详细地分析了具有代表性的财界“大陆经纶”理论——大仓喜八郎的“经济亚洲主义”、涩泽荣一的“论语与算盘主义”、阪谷芳郎的“经济参谋本部论”等文本，从而挖掘出了日本对华政策的深层根源在于“经济”。李廷江在总结日本经济界的行动方式对中日关系的作用时指出，“财界作为日本对外经济活动的主体，在日本推行‘大陆政策’的过程中，同军部赤裸裸的高压政策，大陆浪人的策划于密室、点火于基层的行动方式相比，更注重经济问题，实行中间政策，谋取经济利益，不拘泥于形式，三者相互作用，构成了近代中日关系的多元性和复杂性”③。

对财界参与政治的缘起和方式，李廷江认为，财界与政界的勾结，不用说是通过金钱。财界之所以愿意提供大额政治献金，当然是为了其自身的经济利益和政治利益。财界通过政治献金，加强其政治方面的发言力，从而更容易获取更大的政治利益。如果说政府是国家权力的主体，那么财界就是国家经济的主体。

李廷江毕业于清华大学，同时又是新中国成立以来获得东京大学文科博士学位的首位中国大陆学者。这种学术经历使他既具有中国学者宏观把握大局

① 牛場信彦・原康:『日本経済外交の系譜　新たな世界的展望を求めて:対談』、朝日イブニングニュース社、1979 年、13 頁。

② [日]天儿慧:《日本人眼里的中国》，范力译，社会科学文献出版社 2006 年版，第 35 页。

③ 李廷江:《日本财界与辛亥革命》，中国社会科学出版社 1994 年版，第 326 页。

的能力，又能够充分吸收日本学者擅长实证研究的长处，这是其在研究素质方面的巨大优势，他的研究成果引起国内外研究界在研究方法方面的思考。他通过对日本财界参与政府政策制定的缘起、方式和在对华外交中的具体行动，揭开了日本财界的政治面纱，点明了他们在日本社会的重大影响力：大量事实表明，日本财界不仅在日本政治、经济和社会生活中发挥着重要作用，而且在对外政策方面也有着重大影响，参与决策。李廷江认为财界人参与政治具有多元化特点，这与财界组织的多样化特点有关。因此，他对财界的历史发展过程、财界的组织及财界概念等进行了详细论述。他总结道：以中日甲午战争为界线，此前它更多地具有政治压力团体的性质，从外部施加压力影响政府政策；此后由于实力大增，作为经济团体的财界，开始正式参与政府的经济政策制定过程，直接参与决策。他概括了日本财界在对外经济活动中的三大倾向——“国益志向”“对外志向”“亚洲主义志向”。

李廷江在研究理论、研究方法，特别是对日本财界在对华政策制定和执行过程中所发挥作用的研究，对于本领域针对日本经济界在中日关系和日本社会对华认识发展中影响力的研究，具有重要指导作用。

（二）李恩民对中日民间经济外交的研究

李恩民在1996年取得南开大学历史学博士学位，后又于1999年取得日本一桥大学社会学博士学位，现在樱美林大学任教。中日经济关系研究一直是李恩民重要的研究课题，其两篇博士学位论文的题目分别是《中日民间经济外交研究：1945—1972》《转换期的中日关系研究：基于政府与民间、政府与商务的视点》。后者是前者研究的继续，以1972年中日实现邦交正常化为起点，1978年中国实行改革开放政策为终点。文章从政府与民间、政府与商务的联动，探讨了邦交正常化之“实质化”过程。此外，他还发表了学术论文《论日本经济界与中日邦交正常化》，专门论述日本经济界在中日实现邦交正常化过程中的促进作用。李恩民对20世纪70年代日本经济界在中日关系发展进程中的作用、经济界对华认识与行动的研究在学界颇有影响。

研究方法方面，李恩民在关注政府层面的政治外交史的同时，提出了“民间经济外交”的概念，指出民间人士和民间团体的动向是战后中日关系研究进程中不可忽略的重要部分。在对“民间经济外交”发展过程中政府推动作用的研究中，总结出战后日本外交的经济中心特征。他认为，（战后日本的外交代表团中）既有经济界精英参加政府外交代表团的例子，也有政府官员加入财界外交代表团的情况，“战后经济是日本外交的重要通道”，财界是日本“另一个无形的政府”，要综合把握战后的中日关系，必须搞明白“财界的外交参与对中日政治关系与经济关系的发展的影响”。李恩民对战后日本经济外交情况的研究，对此后处理中日关系和研究中日关系史都具有实践方面的意义。

研究内容方面，李恩民主要利用四个方面的实证材料，展示日本经济界的对华认识与活动在中日关系中的重要地位：中日邦交正常化以来日本经济界参与航空、电信、中日长期贸易协定等实务性协定签订的过程；日本经济界为促进《中日和平友好条约》签订所进行的努力；日本经济界在实现其国家能源外交政策中的地位与作用；中国改革开放为日本企业提供的商机，以及日本经济界在中国改革开放进程中的具体参与。

文本分析方面，李恩民除了对与该时期“民间经济外交”密切相关联的中日政府外交政策、两国所面临的国际环境进行认真探讨，更从经济界团体的行动、活跃在经济外交第一线的经济界人士的言行、中日友好运动的开展等多个方面展开考察。他指出，该时期具有新旧更替“转换期”特有的复杂性，展现了用“民间经济外交”这么一个统筹性的框架把政治与经济、政府与民间的对华认识和行动进行整合研究的思路，在中日关系史研究领域具有方法论方面的重要意义。

李恩民通过把“转换期”的“民间经济外交”与邦交正常化之前的情况进行对比，指出：“转换期”是中日关系史上少有的和谐期，这个时期中日各类摩擦很少出现。这种结果绝非仅靠政府之间关系的强化就能实现，作为民间经济外交旗手的经济界人士的不懈努力、民界人士的强力支持是此结果出现的根本原因。他呼吁今后应该加强对民间经济外交的研究。

李恩民研究的贡献在于摆脱了一直以来中日关系研究“以政治为中心”的惯性思路，利用翔实的实证材料验证了战后中日关系“民间经济外交”的主体地位；其对1972—1978年经济界在中日经济合作中所发挥作用的实证研究，丰富了本阶段的实证材料；其对中日“民间经济外交”的定义及加强研究的呼吁，能够推动学界从各个角度研究经济界在中日关系中发挥的作用。笔者对日本经济界对华认识的研究也属于对该呼吁的回应。

（三）程永明对日本经济界对华认识的研究

程永明是国内日本历史及中日经济关系史方面的知名专家，其在日本经济研究方面的代表性著作有《当代日本企业经营理念研究》（天津社会科学院出版社 2010 年版)、《中日经贸关系六十年(1945—2005)》(与石其宝合著,天津社会科学院出版社 2005 年版)等。

《复交以来日本经济界的对华认识》①是国内首篇明确以日本经济界的对华认识为研究对象的学术论文。在该文中,程氏在对"经济界"概念加以界定的前提下,按照四个时期的划分研究中日恢复邦交以来日本经济界的对华认识:中日复交初期,日本经济界人士已认识到两国不同的政治体制,并加强理解,主张积极推动经贸关系的发展和缔结和平友好条约;崇尚"友好"时期,日本经济界的对华认识受到中国内外形势的影响,并较快地做出对华认识的调整和行动选择;冷战结束后,日本经济界积极为中国的经济发展支招,"中国威胁论"开始出现并蔓延;21 世纪以来,随着中日关系的起伏,日本经济界的对华认识逐渐趋于理性,对中国经济的认识经历了悲观论、乐观论到威胁论再到机遇论的过程。在日本总体保守化倾向日趋加强的同时,日本经济界人士的历史观也发生了很大变化。文章指出,日本经济界的对华认识及其具体的行动选择,不仅能够在一定程度上影响日本政府的决策走向,更能够对中日经贸关系乃至中日关系的整体发展产生重要的影响。

程氏研究的贡献可以归纳为以下几点:第一,在长期日本历史研究与中日经济关系史研究的扎实基础上,发现日本经济界对华认识在发展中日关系方面的重要性,能够引起学术界的共鸣,对现实方面解决中日关系的矛盾也具有参考作用;第二,对经济界对华认识的专门研究,实践了日本对华认识的分层研究工作,为之后更加详尽和扎实的研究开拓了道路;第三,结合历史发展进程的变迁,对日本经济界的对华认识进行分段总结,从宏观方面把握其发展规律,是非常重要的前期工作,为今后从微观角度开展更有针对性的研究奠定了基础。

程氏研究的不足之处在于忽略了经济界对华认识与其他层次之间的信息互动,这种互动包括三个方面:一是日本经济界内部之间各层次的互动,二是日本社会各层次之间的对华认识信息互动,三是与中国及全球对华认识研究之间的信息互动。在经济全球化的今天,对中日经济关系和日本对华认识的思考已经不能仅局限于两国之间。对日本经济界对华认识的研究,一旦忽略了地区经济环境和全球经济环境的影响,必然导致研究结果的不健全。

综合以上研究成果,可以发现中日两国针对日本经济界对华认识的先行研究成果虽然数量不多,但李廷江、李恩民、程永明都是具备长期中日关系研究和

① 程永明:《复交以来日本经济界的对华认识》,《东北亚学刊》2013 年第 1 期。

日本经济研究积累的学者。他们扎实而富有说服力的研究，证实了日本经济界在邦交正常化以来中日关系中的绝对重要地位，促使研究界把日本经济界的对华认识研究的工作提上日程，具有非常重要的学术意义和现实意义。

以上对中日两国日本对华认识的研究队伍、研究成果现状进行了综合评述，在此基础上又分别选取代表性研究成果进行了解读，目的是从不同学者的研究脉络中整理研究经验，为自己进行具体研究提供借鉴。从以上先行研究的进展看，"日本中国认识"这个课题的研究已经有了一定的研究基础，到了实现综合性研究与专题性研究相结合的阶段。从先行研究的经验和不足看，实现理想的"日本对华认识"研究，需要完成以下任务：第一，日本对华认识是形形色色的日本人所构成的不同阶层日本人认识的集合，不能等同于某个人或某一部分人的认识。因此，要有建立在一定研究基础之上的，对"日本对华认识"研究概念的准确定义，这个定义的完成过程也是对认识主体"日本人"进行分层的过程。第二，要有对日本社会各阶层对华认识影响力的基本把握，以便从最需要的层次展开研究。如天儿慧所言，"经济交流是实际支撑两国关系的支柱"，日本经济界对华认识与中日关系、日本对华政策的关联非常密切，对其开展研究最具学术意义和现实意义。第三，从先行研究中较多被采用的研究方法看，在历史学与国际关系学方法结合的基础上，沿纵向的历史变迁完成对研究阶段的确定和内部分期，是比较行之有效的宏观研究方法。第四，要有科学的研究理论和正确的研究方法。除了完成以上工作，对"日本经济界"的定义，对不同时期日本经济界对华认识的信息来源渠道、涉华研究文本、对华行动内容的分析，是开展经济界对华认识研究的具体工作内容。接下来，笔者拟在对以上经验进行整合的基础上，结合本书的研究思考，确定日本经济界对华认识的研究概念、研究理论和研究方法。

第三节　概念界定、研究理论与研究方法

一、概念定义的分析与归纳

概念界定是研究工作的基础和出发点，研究理论和研究方法是研究工作的基本工具和路线。在进入具体的日本经济界对华认识研究之前，本书首先需要完成最基本的理论思考：第一，完成对基本研究概念如"日本对华认识""经济界""日本经济界对华认识"等的剖析与定义；第二，确定本书的研究理论和研究

方法;第三,选择适合日本经济界对华认识研究的具体方法。以上三点从宏观角度来说都属于理论研究范畴的任务,这些工作的完成,将为接下来对日本经济界对华认识的具体研究提供理论和方法指导。

(一)对先行研究中"日本对华认识"概念的剖析

对先行研究的学习和借鉴,是促使研究走向深入,避免错误重复出现的重要途径。本部分的任务就是以此为目标,完成对"日本对华认识"先行研究概念的剖析。

1.先行研究中的"日本对华认识"概念

现有"日本对华认识"的研究,依照其对该概念的处理方式,基本可分为以下三类。

第一,"日本人对华认识"就是日本某一部分人的对华认识。即作者认为某一能代表日本的对华认识,如日本政府的对华认识、知识分子的对华认识、新闻媒体的对华认识、某个人的对华认识等,即可理解为"日本的对华认识"。这是目前该研究中对定义进行思考的部分学者的倾向,表达方式多为"日本(人)的中国观"。

1999 年,严绍璗在其论文《20 世纪日本人的中国观》中指出:"所谓日本人的'中国观',指的是在一定的历史阶段中,日本社会占主导地位的对中国的一种相对稳定的社会意识——即一种观察中国的隐含于内的心理形态,一种对中国实际事件的内在的判定,一种对中国付诸某种行动的冲动动机。"①在进行定义之后,严氏进一步解释道:"一般说来,日本人的中国观的内涵与形态,其根本的是取决于三方面的条件,此即取决于日本人对自身的政治、经济、文化和社会诸方面的估计;取决于它对中国社会诸方面现实与发展的可能性的估计;也取决于它对中日两国在亚洲及世界所处的地位及其变化的估计。"②

2006 年,严氏又在《战后 60 年日本人的中国观》中对"中国观"进行了定义和说明:"所谓日本人的'中国观',主要指日本人在特定的生存状态中,即在一定的'文化语境'中形成的对中国的一种'认知状态'。"③在该文中,严氏又进一步指出,日本的中国观可以分为三个层面:第一层面,在一般的情况下,这种"认知状态"主要是散布在人的"心理层面"上;第二层面,它可以提升作为"意识形

① 严绍璗:《20 世纪日本人的中国观》,《岱宗学刊》1999 年第 2 期。

② 严绍璗:《20 世纪日本人的中国观》,《岱宗学刊》1999 年第 2 期。

③ 严绍璗:《战后 60 年日本人的中国观》,《粤海风》2006 年第 5 期。

态”的内容；第三层面，在上述社会共同的意识形态发展到一定程度，在社会意识形态中聚合的“能量”发生“强弱势态”的变化中，它可以转化成“行动激情”。严氏在文中讲了把握“中国观”定义的必要性：“假如我们要关注日中的关系，要研究东亚的局势和世界的走向，就要把住‘日本人的中国观’这个‘脉’。不真切地把握有关层面的‘中国观’，我们就会瞎子摸象，以‘自我感觉’替代‘事实真相’，以‘激情’替代‘理性’，以‘一个群体的局部’替代‘整个国家和民族的根本利益’。”①

严氏的贡献在于指出了“日本人中国观”研究的紧迫性和需要注意的问题，点明对“日本人中国观”进行定义的必要性并践行了这一思考，这也是本书需要实践的工作之一。但是，严氏的定义明显存在两个问题：一是缺乏对认识主体的分类思考；二是把“日本人（社会）的中国观”等同于“日本社会占主导地位的对中国的一种相对稳定的社会意识”，属于以偏概全。

此外，郝秉键在其论文《日本人中国观的一次转换》中指出，“所谓日本人的中国观，是指在一定的历史发展阶段中，日本社会占主导地位的一种对华认识”②，并被其他研究者认可和借用。③ 这也表现出本研究领域的一种倾向，即“‘日本的中国观（中国认识）’＝‘日本主流的中国观（中国）’”，显然这种“以偏代全”的研究倾向是需要得到纠正的。

第二，泛指的“日本对华认识”，即涵盖整个历史时期的日本所有国民的对华认识。这类研究在文字表达方面也经常和“中国观”交替使用。从现状看，虽然此类研究大多数缺乏明确的概念定义，但也不乏对概念内容的认真思考。

徐志成、刘宁在其论文《日本人的“中国观”》中，利用对日本人中国观的三次变迁——在大唐衰落后发生的第一次变迁、在大明鼎盛期发生的第二次变迁、在甲午之战中国失败后发生的第三次变迁——的研究，指出：

> 日本对于中国的观念，并不是由于中国自身的变化而变化，而是基于日本本国国情的需要，在不同的时期发生不同的变化，其宗旨是为日本的国家利益服务的，日本人“中国观”的变迁也正是在这种国家价值观的基础上形成的。

① 严绍璗：《战后60年日本人的中国观》，《粤海风》2006年第5期。

② 郝秉键：《日本人中国观的一次转换》，《阴山学刊》（社会科学版）1994年第4期。

③ 王卓宇在其论文《浅议日本人中国观的变迁及其原因》（《陇东学院学报》2009年第3期）中，直接借用了郝秉键对“中国观”的定义并展开研究。

> 纵观日本人“中国观”的变迁史，其规律为：每当中国处于鼎盛之时，日本人就向认同中国的方向发展；每当中国处于衰落之时，日本人就向蔑视中国的方向发展，显示出明显的“实用主义”特征，以及对“国家利益优先”原则的追求。
>
> 从历史上看，中国过于衰弱，日本就会面临危机。中国过于强大，日本似乎又有一种失落感。所以，在日本国内往往会出现一种自相矛盾的“中国观”。其中，既有对中国强大后市场需求的渴望，也存在着“中国威胁论”的论调。①

该文通过对“中国观”的解释，力图阐明两点内容：其一，日本人的中国观就是“日本对于中国的观念”；其二，“中国观”实际上是一种“国家价值观”，与中日关系变化息息相关。这里明显存在两个缺陷：其一，缺乏对“中国观”定义的认真分析；其二，从资料的运用可以看出，支撑该文“中国观”之为“国家价值观”的史料，实际上是政界或者国家政策层面的官方记载。所以，该文观点即可解释为“‘日本的中国观（中国认识）’=‘日本政界的中国观（中国认识）’=‘日本的国家价值观’”，这显然存在把上位概念等同于下位概念的明显问题，也会导致研究结果以偏概全。当然，该文指出了“中国观”与“中日关系”之间的关联，是值得后来研究借鉴的。

第三，针对某个人或某几个人的对华认识研究。目前针对个人中国认识的相关研究数量较多，但几乎都是在对“中国观（中国认识）”定义缺乏探讨的情况下展开。这些研究的显著特色是直接从相关人物的言论、行动和研究展开论述，在把其“中国（观）认识”与“涉华行动”相结合进行研究方面，有很多可圈可点之处，是本书在研究方法上需要加以借鉴的地方。

2.先行研究中“日本对华认识”概念的问题

前述先行研究中针对日本对华认识概念的思考和实践，包括经验和教训两个方面。值得借鉴的经验是：第一，日本对华认识研究过程中的概念剖析非常必要。第二，日本对华认识与中日关系密切相关，该概念的界定应该包括日本社会各阶层对中国国情、中国体制与中日关系的思考。先行研究的教训是：缺乏对研究概念内容剖析的日本对华认识研究，很容易陷入“以部分认识代替整体认识”的模式，导致研究成果的客观性和全面性欠缺。

① 徐志成、刘宁：《日本人的“中国观”》，《东疆学刊》2008年第1期。

(1)认识的概念表述问题。总体说来,现有日本对华认识研究的首要问题就是普遍缺乏对研究概念的明确定义。从现有研究成果看,大多数研究避开给"日本对华认识"下学理性的定义,有的学者则认为这个问题不言而喻,直接进行论述而对此不做理论界定。另外,既有的一些相邻定义则过于简单,缺乏对研究内容本质的分析。从研究概念的使用情况来看,"日本对华认识"也常以日本的"中国观""中国印象""中国形象"的表述方式被使用。从现有研究的题目、内容与研究者的关系考察,可以发现研究者因自身经历、研究领域不同,所关注的重心也会有很大差异:文学研究者所利用的素材常是文学作品,观察角度倾向于感情、文化和心理,在表达方式上喜欢使用"中国像""中国形象";历史学家和思想史学家擅长从历史变迁或中日交往的史料中收集素材,"中国观""中国认识"是他们常用的表达方式;政治学者、中日关系学者的研究则具有明显的现实性和实用性目的,更加关注对两国关系发展的现实影响,对中国的政治、经济、社会的研究都表现出很大关注,用词选择方面也更加宽泛。

在本书中,笔者统一使用"中国认识"来展开研究,除了参考以上内容,还主要基于以下思考:从对"认识"概念的理解看,"认识"是指人的头脑对客观世界的反映,"认识和照镜子、摄影有相类似的地方,但又有着根本的不同"[①]。使用"认识"更能表达本书力图展现客观、真实日本(人)对中国意识的努力。同时,日本人的对华认识与中日关系、日本对华政策的决策密切相关,使用"认识"更能够体现本书对日本对华认识与其对华行动、对华政策关联的思考。

(2)认识的分层问题。本书的基本观点是:"日本的对华认识"是一种针对中国的日本社会意识,不是简单的某个人或某类人的思想。因此需要把日本社会的"对华认识"分成不同的社会集团意识,并从其生成的渠道、传达的路径和各自交互影响的过程中,探讨各时期日本政府或社会主流群体对华认识形成的机制,及其惯常采用的举措,进而运用政治系统的观点,考察各社会意识对于日本对华政策的贡献,从而揭示日本政府对华政策制定和推行的秘密。本书使用"日本对华认识",希望能够表达出本书首先把日本人按照社会学的理论分类(群)研究,在此基础上逐步走向对日本整体对华认识研究的综合,而非简单针对某个人、某类人或某些作品、报道的研究思路。

(3)认识内容的分类。日本对华认识的内容包括对中国国情(硬件)的认识、对中国体制(软件)的认识和对中日双方关系的认识,这三类认识的生成和

① 《艾思奇全书》第7卷,人民出版社2006年版,第690页。

变化均各有其规律。因此，在文本选择方面需要依照此标准分类展开。

在以上认识框架之下，本书首先根据界别，按照传统方法收集文本，并将文本按三大历史时期，即中日邦交正常化(1972 年)到中国全面实行社会主义市场经济体制(1992 年)、1992 年到中国加入 WTO(2001 年)和 2001 年之后的新时期分别进行考察。对收集到的各个时期日本对华认识的代表性文本进行分类和计量分析，并进一步对各类型文本的生成、变迁和社会影响进行考察，然后结合各个时期日本重大对华外交政策的制定过程，探讨各类文本的交互影响，进而在综合各个时期研究的基础上，试图发现日本对华认识的生成机制、传播途径以及对华政策影响的后果，并对其规律进行总结。

(二)先行研究对“日本经济界”的概念界定

“经济界”在日本经常被称为“财界”，是指大企业经营者及实业家构成的社会集团，在日本国家政策制定和中日关系发展过程中发挥着非常重要的作用。在对日本经济界中国认识的先行研究中，不乏对该研究概念的认真思考。

1.先行研究中的“经济界”概念

(1)李廷江的研究。李廷江在其著作《日本财界与辛亥革命》(中国社会科学出版社 1994 年版)、《日本財界と近代革命——辛亥革命を中心に》(御茶の水書房 2003 年版)中对“财界”的定义、财界人的资格、财界的影响力都有阐述。关于日本财界的构成，作者认为主要包括经济界、实业界、金融界的领袖和三大财阀的巨头，政界元老中相当于“财界总理”之类的人物以及特殊银行系统的首脑和大藏省局长、次官等高级官僚[①]，作者将这些人均划入了“财界人”的范畴。“财界是总资本的代表或者是实业界、经济界、金融界利益的代表。同时，财界应该具备解决个别资本与金融界、实业界之间矛盾的机能”，“对政治家来说，财界的理解和协作是其政权维持和政局安定的保障”。[②] 对“财界人”的资格问题，李廷江指出，“财界人的资格，一是组织力，二是财力，三是政治力。对财界人的素质要求，最重要的是具备良好的问题处理能力，能够综合考虑企业、财界、国家之间的关系平衡。具备这些条件的财界领袖，自然能够利用其实力和影响力，对社会产生大的影响”[③]。对经济界在日本的影响力，李廷江有如下描述：

> 作为大资本家团体的日本财界，它包括政治和经济两个方面，是日本

① 参见李廷江：《日本财界与辛亥革命》，中国社会科学出版社 1994 年版，第 3 页。

② 李廷江：『日本財界と近代革命——辛亥革命を中心に』、御茶の水書房、2003 年、5・15 頁。

③ 李廷江：『日本財界と近代革命——辛亥革命を中心に』、御茶の水書房、2003 年、11 頁。

政治生活中十分重要的政治集团，它“代表社会产业资本的总体利益，直接指导日本资本主义的经济建设，不仅对日本经济，同时对日本政治具有巨大的影响力”。[①]

财界人的作用，主要由经济和政治两个方面构成。日本经济界不仅通过策划经济政策来指导经济界的活动，还通过陈述政治方面的政策建议，对政界施加压力。财界影响政策的程序是：先把个人的意见反映给经济界的相关组织，然后以组织建议的形式传达给政界。但是值得注意的是：经济组织并不只是传达个人意见的传话筒。个人意见只有反映给组织，在组织内部经过反复讨论、衡量，形成共识之后才能以组织或团体综合意志的形式传达到外部，继而作为财界的意见对政府政策产生影响。财界的此类意见往往包含一定的政治色彩。与一般的建议与陈情相比，政界也更加重视此类财界的意见，当然也不得不认真对待。并且，日本政治还有一些心照不宣的方式，如“应酬”“事前工作”“幕后操纵”等。同时他们还通过“接待”“请愿”等形式给政府以压力。[②]

(2)程永明在其研究日本经济界对华认识的论文中，对“经济界”概念的界定为：“日本经济界包括日本相关经济团体、产业界和企业界人士、从事经济研究的学者以及与经济相关省厅的工作人员等。”[③]

(3)李恩民在其发表的中文学术论文和日文学术报告中均谈到对“财界”的界定：“在日常生活中，媒体所报道的‘财界’广义上与经济界、实业界、产业界为同义语，但狭义上只指经济团体联合会(经团联)、日本工商联合会(日商)、日本经营者团体联盟(日经联)、经济同友会(同友会)这四大团体。特别是经团联，其会员几乎覆盖所有行业的主要企业，影响力和影响范围均很大，被称为‘财界总本山’。”[④]

(4)中村隆英等指出，“财界”具备两个侧面：一个是经济面的财界，这个财界掌握着一国经济命脉；另一个是对国际政策具备深层影响力的财界。这两个

---

① 李廷江：《日本财界与辛亥革命》，中国社会科学出版社 1994 年版，第 3 页。

② 李廷江：『日本財界と近代革命——辛亥革命を中心に』、御茶の水書房、2003 年、12 頁。

③ 程永明：《复交以来日本经济界的对华认识》，《东北亚学刊》2013 年第 1 期。

④ 李恩民：《从经济战到石油外交——20 世纪 70 年底日本对中国大陆的石油贸易》，《上海师范大学学报》(哲学社会科学版)2005 年第 6 期；李恩民：《日本の経済安全保障を求めて——1970 年代における経团連の对中国資源外交》，第 43 届国际东方学者会议报告，1998 年。2002 年，经济团体联合会(经团联)和日本经营者团体联盟(日经联)合并为“日本经济团体联合会”，经济界“四大团体”变为“三大团体”。

侧面使财界既能够控制一国经济，同时还兼有影响政策制定的力量，至少拥有影响国家经济政策的巨大能力。“财界”通过提供政治资金参与国家政治，对国家政策施加影响。[①]

2.先行研究对“经济界”定义所存在的问题

以上对日本“财界”概念的界定及财界在日本社会影响力的描述，可帮助我们把握日本经济界的本质特点：日本经济界由实业界集团构成，代表性组织是日本经济团体联合会（经团联）、日本工商联合会（日商）、经济同友会（同友会）三大团体，他们不仅掌握日本的经济命脉，同时以组织意见的形式，对日本国内外经济关联政策的制定施加影响。

但是，从前述对“财界”的定义和研究内容的考察看，部分定义范围过大，从而导致研究内容的针对性欠缺。从社会学的角度来说，“从事经济研究的学者”应该属于“学界”，只不过他们的研究涉及经济现象；“与经济相关省厅的工作人员”应该属于“政界”，他们的认识、研究和行动服务于国家的宏观经济政策，其与经济界之间的交流是为了实现国家的经济管理。把他们全部归于“经济界”，这种处理方法还是欠妥的。与此相对，仅把“财界领袖”划归经济界，在研究材料的范围界定方面的确比较便利，但是会导致对经济界内部不同层次认识研究的不均衡，最后的结果又必然是以部分代整体，以偏概全。

（三）本书对“日本经济界对华认识”研究概念的界定

综合先行研究对“日本对华认识”概念和“经济界”概念界定的经验，结合笔者对该研究概念的思考，接下来在本部分将完成对“日本对华认识”“日本经济界”“日本经济界对华认识”概念的定义。

1.本书的“日本对华认识”概念

周维宏在其论文《日本近代以来对华认识研究现状分析》中对“日本对华认识”的剖析，是具体指导本书对“日本对华认识”概念界定的重要理论，他在该论文开篇指出：

> 什么是“日本对华认识”？我们认为，如果泛指的话，即所有日本人的对华认识，实际是某一个或某一类日本人的“对华认识”。如果特指的话，即某一能代表日本的，比如统治阶级的对华认识。当然，即便日本政府的

① 中村隆英・伊藤隆：『近代日本研究入門』、東京大学出版会、1985年、171－172頁。

认识,也还有多个层次可分:总理、天皇、外务省、军部等等。[①]

在周氏理论指导下,借鉴前述先行研究成果的经验,同时结合对社会学理论的应用,本书对"日本对华认识"概念的初步理解如下:"日本对华认识"是个特定概念,应该包含三方面内容。一是作为认识主体的"日本(人)",二是作为认识客体的"中国",三是作为意识表现形式的"认识",即认识主体(日本人)对认识客体(中国)的意识表现形式。首先看一下认识主体,根据周维宏的观点,如果泛指的话,"日本(人)"是指所有的日本人,则所有日本人的对华认识都属于"日本对华认识"之一,那么也许根本就不存在一个统一的所谓"日本对华认识",实际存在的是某一个日本人或某一类日本人的"对华认识",而且很有可能这些"对华认识"是形形色色、千差万别的。这样的话"日本对华认识"研究就必须指向所有的日本人,并将其整理分类。而如果"日本对华认识"是特指的话,则可以指某一能代表日本的对华认识,比如统治阶级的对华认识,如政府的对华认识,事情就会简单得多,我们只要研究日本政府各个时期的对华认识及行动即可。当然,即便日本政府的认识,也还有多个层次可分:总理的认识,天皇的认识,外务省的认识,军部的认识,等等。

本书认为,在"日本对华认识"这个课题的研究中,"日本(人)"不应该单指某一个或某一类日本人,它应该是包含全体日本人在内的一个整体概念。但是,研究日本对华认识,很难对各个时期每一个日本人进行个别研究后再综合叙述(这当然是最理想也是最客观的),因此需要对日本人首先做一个合理的分类。在这方面社会学的社会分层理论和社会信息交流理论给予了很多启示。根据这两个理论,日本对华认识实际上是日本社会不同阶层的人们对华认识共同合力的结果,因此,对日本社会如何进行科学分层成为对研究概念定义的前提。本书汲取了先行研究中的先进理念,同时以社会学、国际政治经济理论做指导,根据日本人对中国国情、中国体制和中日关系的认识内容及认识影响力的不同,把日本人分成政界、经济界、学界、民界四个层次展开研究。不同阶层日本人对华认识的内容存在较大差异,其载体即为他们各个时期的对华言论、涉华研究文本及在认识指导下的行动。其次,日本对华认识与认识客体中国的发展程度密切相关。中国不同时期的经济发展水平(中国国情)、国家发展的对内对外政策调整(中国体制)、对中日关系的发展定位等,都是影响日本人对华

① 周维宏:《近代以来日本对华认识研究现状分析》,《日本研究》2009 年第 3 期。

认识内容变化的因素。因此,研究日本对华认识,需要对研究客体“中国”不同时期的发展特点有所把握。中日邦交正常化的实现、中国的改革开放政策和全面社会主义市场经济体制的实施、中国加入 WTO 等,都属于这类要素。最后,是对“认识”研究内容的把握。研究日本的中国认识,信息来源渠道的变化、对中国研究的发展程度及在该认识指导下的对华行动,都是需要认真考量的因素。1972 年中日实现邦交正常化以后,两国各个阶层的交往逐渐走向深入,信息交流渠道日益通畅,不同层次日本人对于日本对华认识的研究力度不断加大,这些都是衡量日本对华认识变迁的具体指标,需要有翔实的资料加以印证。1972 年以来日本各界对华认识的发展和演变,与当前中日关系最为密切,值得花大气力展开研究,也是笔者最为关注的。

综合以上内容,笔者对“日本人对华认识”概念做出如下界定:“日本对华认识”这一概念,应该理解为包括各个阶层的日本人(认识主体)在不同历史时期,从自身立场或需求出发并不断受到其他集团认识影响后所形成的各有侧重的对中国(认识客体)的认识,这些认识不断通过集团内部各层次和集团之间的信息交流生成日本对华认识的全貌,并反过来影响各个层次日本人对华认识在下一个阶段的形成和转变。[①]

2.本书的“日本经济界”概念

本书对“日本经济界”概念的界定主要参考前述先行研究对财界特点、本质的描述形成。广义的“日本经济界”,是指承担日本社会生产、经营、贸易、服务等经济活动的社会阶层;狭义的“日本经济界”,又称为“财界”,由实业界、金融界和各大财阀组成。日本经济界,特别是“财界”,不仅控制着国家的经济命脉,还对日本的国家经济政策制定具有深层影响力。他们对日本国家政策的影响主要通过经济界三大团体以政治献金和直接参与的方式实现。按照本书分层研究日本社会各阶层对华认识的思路,结合对日本经济界不同形式团体对华认识的内容、表现形式、影响力途径等的考察,大致将其分成财界、业界、中小企业团体三个层次。

经济界最高层次的组织被称作“财界”。财界在名义上代表经济界的整体利益,它由三个团体构成,即“日本经济团体联合会”(简称“经团联”)、日本工商联合会(简称“日商”)、“经济同友会”(简称“同友会”)。其中,经团联和同友会

① 参见管秀兰:《战后日本对华认识现状分析》,“中国与日本:其自画像与他画像”国际学术研讨会论文,北京,2012 年。

是在日本对华政策制定方面具有主要影响力的组织。财界主要从整个经济界的立场提出符合其发展规划的宏观利益要求,如缓和世界经济摩擦以及国际产业的协调、地域开发以及税制改革、经济结构调整以及企业生产环境的稳定、行政财政改革以及农业政策、进出口与能源问题、金融市场自由化与新技术开发等。财界三大团体的首脑、产业界和金融界的精英通过直接与日本政界人物接触,影响或者参与日本对华经济政策制定,他们是日本经济界对华认识观点的主要制定者、推广者和执行情况的监督者,是经济界对华认识的风向标。经济界中间层次的组织被称作"业界",其成员多为各种行业团体。例如日本汽车工业会、日本矿业协会、全国建筑业协会、日本造船工业会、日本钢铁联盟、日本石油联盟、全国银行协会联合会、日本纤维产业联盟等。业界团体关心的大多是具体的生产领域和有关金融政策等,他们往往通过在相关经济政策领域的发言权实现其团体利益,主要通过执政党的决策部门、国会中有关常设委员会以及有关政府省厅对政治过程施加影响。经济界的基层组织是数量众多的中小企业团体,这些团体看似松散且在影响力方面大大低于前两个层次,但有一个重要的背景就是中小企业团体大多根据政府的相关政策组建。例如在 1957 年,日本根据《中小企业团体法》建立了中小企业团体中央会,根据《环境卫生法》建立了环境卫生同行组合联合会;1962 年又根据《商店街振兴组合法》建立了商店街组合联合会。这种自上而下的组织方式决定了中小企业团体与行政机构联系紧密,又因其数量众多,在不断变化的政局中,成为日本各个政党为争取选票所积极拉拢的对象。在实现与中国的经济合作过程中,特别是日本对华经济政策,包括部分政治政策的制定方面,经济界这三个层次的组织各自通过代表性人物的公开言论、针对性的对华政策提案或者直接参与政策制定、对华活动的方式,实现对日本政府政策制定的影响,是日本社会影响日本对华政策发展变化的最主要力量。日本经济界的对华认识,也主要通过这些团体的涉华言行、文本的发布等得到传播。其中,对日本人对华认识影响最大的经济界团体当属经团联、同友会和日中经济协会。

经团联是日本经济界最高层次的组织之一,是财界的核心团体,代表整个工商业界的利益展开行动。截至 2013 年 7 月 1 日,经团联的成员包括日本企业 1300 家、各类行业团体 121 个、地方经济团体 47 个。[①] 日本各大企业、商社的董事长或总经理几乎都参加经团联的活动并担任各种领导职务。经团联在

① 参见经团联网站公开资料:http://www.keidanren.or.jp/profile/pro001.html。

财界三团体中的作用最大，被称为“日本经济内阁”，直接左右着日本的经济政策和发展方向，担当了“准政府”的角色，而经团联会长也被称为“财界总理”。因此，经团联会长的对华态度经常被看作中日经济关系的风向标。经团联口号是“凝聚经济界的总意志，动员经济界的总智慧，左右政府的内外政策，贯彻经济界的总要求”。其工作内容包括：整合经济界对于国内外重大问题的意见，促进意见的落实和实施；推动政治、行政、工会、市民间的相互对话；通过监督会员遵守“企业行动宪章”，提高社会对于企业的信任度；通过与各国政府、经济团体及国际机构的对话，解决国际纷争，密切与各国之间的经济合作。从表面上看，该团体代表了整个工商业界的利益，某些现象也反映了经团联拥有这种整合能力，但实际上经团联的工作重心主要是实现大企业的利益。

同友会成立于 1946 年，是日本经济界三大团体之一，是以日本各行各业的企业领袖为会员的组织，被称为“财界智囊”。该组织的会员不仅在各自公司担任重要职务，同时在日本政治、经济和社会事务中扮演重要角色。其活动目标是以负责任的态度关注、研究国内外各行各业的发展，影响并推动政府良好经济决策的制定与实施，实现日本社会的经济发展，提高日本国民的生活质量。同友会非常重视与中国之间的经济往来，多年来为促进对华投资和经济技术合作，为发展两国友好关系做了许多有益的工作。其对华工作的内容包括：通过撰写政策提言报告影响政府的对华政策，为中日经济合作创造良好的政治环境；通过向中国派出考察团加强与中国经济界的沟通；通过与中国政府部门的直接沟通实现经济领域的项目合作等。

日中经济协会成立于 1972 年 11 月 22 日，是经当时日本通商产业大臣批准成立的一般财团法人。其成立背景是：随着 1972 年 9 月 29 日中日邦交正常化的实现，在这之前一直承担中日准外交机关职能的廖承志 · 高碕达之助事务所完成使命。日本业界意识到为促进中日之间的经济交流，应该有一个在邦交正常化之后继续发挥作用的民界法人团体组织。为适应此需求，由经济团体联合会牵头，以产业界和经济界为中心，在日本政府的支持下成立了公益法人日中经济协会。[①] 这个信息透露出日中经济协会自成立之初就具有政府支持的性质，反映了日本社会“政经难分”的特点。日中经济协会的成立还透露出日本社会政经两界对华认识方面的两点共识：一是日本经济界和政府对中日经济之间

① 参见日中经济协会网站公开资料：http://www.jc-web.or.jp/JCCont.aspx? SNO＝001&b＝001&s＝007&k＝104。

合作和交流非常重视，希望在邦交正常化之后两国从政府到民间的交流、合作都顺利进行；二是日本政经两界对中日之间存在的问题有一定认识，意识到这些问题导致两国之间政治冲突的可能性仍存在。同时，中日邦交正常化实现的经验使他们看到了经济界对中日政治关系之强大影响力。因此，在政府的支持下成立日中经济协会可以视为日本政经两界对华认识与研究结果的实践行动之一。同时，笔者在查阅资料时发现，2011 年 11 月 7 日《读卖新闻》刊登一则报道，报道内容为日中经济协会在过去 5 年间，通过伪造文件等手段，从日本经济产业省骗领了至少 1500 万日元补贴金。[①] 通过对此报道及相关报道的研究很容易就能发现，日中经济协会的对华活动是在获得政府的高额资助下进行的，"日中经济协会每年派遣人员赴中国出差进行经济交流，其住宿费用和出差津贴等半数由国家补贴"。这种政府方面的资助政策，在政治态度上表现出对日中经济协会对华活动的认可、支持甚至期待。因此，日中经济协会的对华活动，不仅仅是经济团体单纯的对华经济活动，更包含有日本政治方面的对华政策走向的意味。

3.本书的"日本经济界对华认识"概念

本书研究的日本经济界对华认识的实践者主要包括以下几类人：在中日经济关系建构的不同时期，发挥了重要作用的经济界各团体精英；长期驻扎中国的日本经济界工作人员；短期的商务访华人员；日本经济界各团体内部的专业对华研究人士。"日本经济界对华认识"可以理解为：日本经济界各个阶层，包括财界、业界、中小企业团体在内的日本人，以实现其经济利益（包括短期利益和长期规划利益）、服务日本经济发展为目标的对华认识。这些认识通过经济界不同层次的团体组织或者个人的涉华言论、涉华研究、研究报告等各类文本表现出来，内容包括对中国国情的认识、对中国体制的认识和对中日关系的认识三个方面，从而对日本社会的对华认识走向、对华政策制定和中日经济关系的发展产生不同程度的影响。

二、研究理论整理

本研究课题，主要通过吸收社会学的社会分层理论，用于诠释日本社会各

① 原文为：日本と中国との経済交流などを進める財団法人「日中経済協会」が、虚偽の書類を作成するなどして、少なくとも過去 5 年の間、経済産業省から約 1500 万円の補助金を不正に受け取っていたことが、会計検査院が公表した2010 年度決算検査報告書で分かった。

阶层对华认识的差异,并完成对日本社会各阶层的分类;利用国际政治理论对国际关系特别是政治与经济关系的解释,阐明日本经济界对华认识的重要性,并分析日本经济界对华认识对国家外交政策和对华关系的影响;通过应用历史学理论,完成对中日关系不同时期日本对华认识变迁的梳理。

(一)社会意识和社会分层理论

在本领域比较有学术价值的先行研究中,也有一些是明确地谈到或实践了社会分层理论的专著或文章,对本书研究理论和研究方法的确定有重要指导作用。

1.田庆立、程永明对社会分层理论的实践

田庆立、程永明在《近代以来日本的中国观:第六卷(1972—2010)》(江苏人民出版社 2012 年版)中,虽然没有明确地提出分层的依据,但在实际论述中,把日本人的对华认识按照政界、经济界、国民三个层次分别加以研究,并在最后一章中谈到了“日本各界对华认识的互动与整合”:

> 具体说来,日本各个阶层的对华认识在影响对华决策的形成及付诸实施方面,各个阶层所发挥的作用各不相同。从这一角度而言,在 20 世纪七八十年代的冷战时代,日本政界、日本经济界、大众传媒、日本国民的对华认识和行动选择的关系属于“层级递进式”的“同心圆状态”。
>
> 日本各界的对华认识牵涉到各个阶层和诸多领域,因此极难把握,基于这种考虑,在论述中日复交后日本各界的对华认识与行动选择之间的关系时,一方面侧重考察不同时期日本居于主流的对华认识,以期廓清当时认知主体——日本如何综合各方面因素审视和观察认知客体——中国的情况,从而相应地作出或竞争或合作的战略抉择;另一方面注重探讨处于日本对华决策中枢地位的日本政界的对华认知的演变,如何影响对华决策和中日关系的发展,同时也通过考察日本经济界和日本国民在不同时期对华认识的特点,以期厘清日本各界对华认识及行动选择之间所具有的内在联系。①

他们在实践研究中指出,日本政界、经济界、大众传媒、日本学界和日本国民在对华认知和最终形成对华决策方面的作用上是逐级递减的,并试图厘清各

① 田庆立、程永明:《近代以来日本的中国观:第六卷(1972—2010)》,江苏人民出版社 2012 年版,第368 页。

界对华认识及行动选择的内在联系。

2.石晓军的社会分层研究思考

日本姬路独协大学石晓军教授2000年在“中日文化交流暨传播国际学术研讨会”上谈到自己的日本中国认识相关著作时提到了概念分层的问题。他认为：

> 考察一个国家对于另一个国家的认识和了解，可以分为若干个层面来考察。大而言之，既有出自官方的认识，又有民间的认识。若细分起来，其分别又可以进一步划分为更多的层次。每个层面的认识相互关联，既有一致性，又因角度不同而各有差异。古今中外，莫不如此。但是另一方面，考察某种认识，特别是历史上的某种认识时，所能凭借的主要是凝固化了的东西——例如文字记录等成文资料。然而在历史上，尤其在中日两国前近代的历史上，文字著述基本上是上层统治阶级的专利，流传至今的文献史料也大都是代表了官方的意向，民间的声音很少得到反映。因此在这个意义上，我们下面所勾画的实际上主要是官方（或者说半官方）认识的某些特征及构造。但是，考虑到历史上官方认识在很大程度上其实代表了当时的一种总体看法，因而我以为仍然可以藉此来略窥其一般倾向。①

石晓军在论述中明确指出了研究一个国家的对华认识时进行分层研究的重要性，并列出了进行分层的理由：历史上认识研究所依据的文字记录等成文材料属于“官方的意志”，难于反映出“民间的声音”。不过，从作者的论述来看，他最后又放弃了这种努力，仍然将官方认识作为代表性的认识进行研究。

3.周维宏的社会分层研究理论分析

比较清楚地指出日本对华认识研究理论、方法方面的不足，并提出相应研究对策的，当属北京外国语大学日本学研究中心周维宏教授在《日本近代以来对华认识研究现状分析》中所阐述的研究观点：

> 根据社会学的社会分层和社会意识生成、社会信息交流理论，我们认为，日本不存在单一的中国认识，研究日本的对华认识，需要把日本社会的中国认识分成不同的社会集团意识，从其生成的管道、传达的路径和各自交互影响的过程，探讨各历史时期日本政府或社会主流群体对华认识形成

① 石晓军：《中日相互认识差异及芥蒂形成的若干历史性原因——从相互认识变迁史角度的一个观察》，中日文化交流暨传播国际学术研讨会论文，北京，2000年。

的机制及其惯常采用的普及手腕，从而解明日本政府外交政策的制定和推行的秘密。具体可划分：政界（政治家，政府部门，军队）层面；学界（学者，思想家，舆论媒体）层面；民界（社会团体，经济界，大众意识）层面。[①]

以上几位学者的共通之处在于均认识到把日本社会的对华认识分成多个层面进行研究的重要性与必要性，或虽然没有明确指出，但在研究中进行了相应实践。总结几位对日本社会各界成员对华认识进行分类研究实践的做法，可以发现政界对华认识总是被放在所有阶层的首要位置进行重点研究，经济界次之，民间人士居于最后。这与政界认识在社会生活中的影响力和认识表达方式方面的独特优势有关，也同迄今为止中日两国该领域其他先行研究的倾向一致——以政界层面或政界的某个、某些代表性人物的对华认识为中心展开研究。

（二）国际关系中经济关系地位理论

本书之所以聚焦于研究日本经济界的对华认识，主要在于沿用国际关系理论对政治与经济相互关系的诠释，并借此指导本书对日本经济界对华认识生成和影响的分析。当前国与国之间最主要的关系包括政治关系、经济关系和文化关系三个方面，而经济关系是国际关系中公认的最具备稳定性、持久性和独立性的关系。对国与国之间政治和经济的相互关系问题，国际关系理论研究者给出了很多颇有说服力的观点。

1.国际关系理论中的经济决定论

关于国际关系理论对政治和经济二者关系的研究，以政治经济学理论为代表的探讨已经非常深入，并出现了一些非常有代表性的学科体系。最早提出“政治经济学”概念的是法国重商主义者孟克列钦。[②] 重商主义者除了较为系统地阐述政治与经济之间的相互关系，同时指出“政治与经济的结合是以政治的支配地位为前提的”。该观点受到英国古典政治经济学和自由主义国际政治经济学的代表人物亚当·斯密和大卫·李嘉图的挑战，他们认为：国家之间由于地域差异和不同产品生产成本差异而形成国际分工，进行国际贸易，获取贸易利益，进而提高生产力，增加国家的财富。因此，在经济生活中，起决定作用的不是国家的政治权力，而是市场这只“看不见的手”。[③] 与此同时，当代自由主义

① 周维宏：《日本近代以来对华认识研究现状分析》，《日本研究》2009年第3期。

② 参见宋新宁、陈岳：《国际政治经济学概论》，中国人民大学出版社1999年版，第2页。

③ 参见刘江永：《中国与日本：变化中的“政冷经热”关系》，人民出版社2007年版，第9页。

国际政治经济学派也强调市场相对独立于政治权力结构的主导作用。其中以美国学者罗伯特·基欧汉和约瑟夫·奈的“跨国政治经济关系论”“国际合作机制论”为代表。“跨国政治经济关系论”认为：以主权国家为中心的传统现实主义理论已经过时。大量非国家实体(国际经济组织和跨国公司)的出现，使国际关系体系发生了重大变化。非国家因素在协调国家间关系中的作用在增强，这种调节更多地通过非政治的手段，特别是经济或市场的手段来进行。各国政府、利益集团和民众都开始在越来越广泛而密切的相互交往中重新界定自身的利益。“国际合作机制论”把“国际合作机制”定义为“对相互依赖产生影响的一系列指导性安排”。合作机制一旦确立，相互依赖所造成的经济上的迫切需求就会最终抑制政治利益的扩张。①

对国际关系中政治与经济关系的分析方面，M.玛克西莫娃在20世纪80年代曾有过明确的观点：“经济与政治在国际关系中的联系是国际关系中具有代表性的规律之一。历史反复地证实了马克思主义的这一论断：即应该从经济的利害关系中去寻找一系列政治决策的根源，政治是经济的集中表现。”②

以上理论普遍指向“经济和市场”在当代国际关系中的主体地位，强调政治的经济服务功能。这为解释国际经济合作中的“政经分离”观点、“以国际经济合作谋政治关系稳定”观点提供了理论依据。就中日关系来说，“经济决定论”似乎可以解释中日“政冷经热”现象出现的部分原因。但是，战后60多年的中日交往过程中，政治因素阻碍经济交流、经济合作促进政治关系改善、双边关系影响经济合作的情况都曾经发生。很明显，这种一元化的“经济决定论”不足以完成对中日关系全部现象的解释。

2.刘江永的经济-政治二元决定论

清华大学国际问题研究所刘江永教授认为：“市场的发展有其自身的法则，政治与国家也具有其相应的调节功能。在国际范围内，经济-政治之间的关系一方面体现在自由经济的有效性取决于国家间和平的维持，另一方面则是经济与贸易的发展为世界和平提供了源泉。”③

刘江永在其专著《中国与日本：变化中的“政冷经热”关系》中指出，国家之间的关系包括政治、经济、军事、文化、教育、科技、体育、艺术、医疗、旅游等方方

① 参见刘江永：《中国与日本：变化中的“政冷经热”关系》，人民出版社2007版，第14页。

② [苏联]M.玛克西莫娃：《政治与经济在国际关系中的相互作用》，杨淑珩摘译，《国际经济评论》1980年第10期。

③ 刘江永：《中国与日本：变化中的“政冷经热”关系》，人民出版社2007年版，第10页。

面面，既有官方关系，也有民间交往，但通常最受重视、影响最大的往往是两国之间的政治和经贸关系，中日也不例外。从宏观方面分类，“政治、军事”可以归入政治关系的范畴，“经济”当然属于经济关系，“文化、教育、科技、体育、艺术、医疗、旅游”均可归属于文化关系。因此，以上对国家关系的描述可以归纳为两层含义：一是当今世界，国与国之间的关系包括政治关系、经济关系和文化关系三个大的方面；二是政治关系和经贸关系是中日关系中最受重视、影响最大的两个方面。

结合中日关系的发展历史，能够发现刘江永的观点较经济决定论更能够解释中日关系的复杂现象。因此，本书虽然赞同在国际关系研究理论中重视经济关系地位的态度，但更倾向于刘氏的“经济-政治二元论”观点。同时，结合日本经济界的政治性、中日意识形态的差异等现实情况，完全抛却政治单独谈论经济的决定功能难以得出令人信服的研究结果。

（三）本书对研究理论的应用

日本对华认识研究属于对中日关系不同历史时期社会意识变迁的研究，因此历史学关于社会历史变迁的理论能够指导本书对研究阶段的分期；同时，对作为认识主体的日本人的分类方式，社会学的社会意识生成理论及社会分层理论提供了非常重要的指导；对中日关系层面政治、经济相互影响过程中如何评价日本经济界对华认识的作用和影响力，则需要利用国际关系理论中的观点加以解释。

在本书中，笔者把日本对华认识过程中“不同社会集团（层次）的对华认识内容及影响力”作为对认识主体进行分类的依据。把日本人分成不同的社会集团，即政界、经济界、学界（包括学者和媒体）、民界（包括民间团体和一般民众）四个层次进行研究。之所以能够进行这样的分层，一方面参考了前述几位学者的研究先例，另一方面结合了对日本社会起重要影响作用集团的实际情况：把日本人按照大的方面分层，即可以分为政界和民界两大层面。政界层面的对华认识主要通过政府的公文、公告，以及代表性人物特别是天皇、首相及其内阁成员的涉华言论表现出来。因其所属阶层的特殊性和基于日本整体国家利益角度行动的政治需要，即便是地位不甚相同，其言行在一个时期内必然具有相对统一性，研究时不再对政界层次的人物进行下位划分。

关于民界层次的下位划分。正如田庆立、程永明所言：日本经济界通过向日本政界提供政治资金，以寻求政府在制定政策上对自身的支持，因此日本经济界作为利益集团在影响对华决策过程中具有举足轻重的地位。由于日本政界和经济界存在着密切的“金权政治”方面的联系，因此无论是冷战时代还是后冷战时代，日本经济界在影响日本政府内外决策方面都是除政界之外的重要政治主体之一。[①] 考虑到当前媒体宣传在人们包括政界和经济界对华认识形成过程中的重要推动作用，学界及其智库的研究成果对于政界、经济界、媒体的参考作用，把经济界、学界(包括媒体)分别从民界中单独分离出来，根据其影响力的大小依次排列在经济界之后。这些集团组织之外的日本民众自然归属于个体影响力最小，但是人数最多的社会阶层——一般民众(在本书中称为“民界”)。

基于上述思考，在纵向考察日本经济界对华认识的来源渠道、研究文本及其影响所产生的社会历史环境，并吸收优秀先行研究成果的基础上，本书提出以下“基本假设”：日本对华认识是一个相对完整的体系，反映了日本各界在不同历史时期围绕不同的中日关系主题，在日本政界和经济界对华认识及其影响下，形成各个时期日本社会的对华认识框架。就政治关系和经济关系的对比看，中日邦交正常化以来，虽然政治关系喜忧参半，但双方经济关系越来越紧密。两国相互之间的经贸和投资关系总体保持了上升的趋势。中国作为日本的经济合作对象，在日本经济发展的历史上，分别经历了作为贸易对象的20世纪70年代和80年代、作为投资对象的20世纪90年代，如今步入了作为合作与竞争对象的21世纪。日本经济界对华认识的内容也随着这种发展演变，在中日关系、中国的对内对外政策等因素的影响下，不断发生着变化，形成了不同时期的特色，继而影响着日本政界、学界和民界各层次对华认识的变化。

三、研究方法确定

本书将综合运用社会学、历史学和文献学的方法，在关注日本社会整体对华认识(全局)内容与结构的前提下，展开对日本经济界对华认识(局部)的具体研究；在日本经济界对华认识的历史变迁中，选取邦交正常化以来这段最具有现实意义的历史时期展开讨论；通过对该时期不同阶段日本经济界对华认识文本的解读，揭示日本经济界对华认识对其对华行动的指导作用，及对整个日本社会对华认识的影响。

---

① 参见田庆立、程永明：《近代以来日本的中国观：第六卷(1972—2010)》，江苏人民出版社2012年版，第369页。

(一)社会学方法的借鉴

从方法论上说,最擅长对一个特定群体(本书指日本人)的整体认识做综合性研究的学科是"社会学"。依据社会学的结构功能主义理论,为更加客观地对社会现象进行研究,社会学家倾向于先把社会成员按照一定的标准进行社会分层。"社会分层"一词是描述不平等的系统结构的一个术语,它反映出社会上各类物质性和象征性的资源在不同的人当中的分布情况。在社会分层研究中,存在着多种维度或多种标准的分层,也就是说,社会群体的分类或等级排列可以是多种多样的,这是因为社会上存在着多种形式的不平等。[①] 从社会学的角度考察各个阶层日本人对华认识的内容及其影响力,就会发现不平等是显然存在的。这样观察的结果就使我们在日本对华认识的研究过程中,不能继续把特指的某个人的对华认识等同为泛指的日本社会全体人们的认识。故本研究所选取的"日本对华认识"研究方法借鉴了社会学对社会成员进行分类,继而开始具体研究的思路。在对日本社会不同集团的对华认识进行分类研究的基础上,实现对研究成果的综合分析。具体说来,就是结合"不同社会集团(层次)对华认识的内容及影响力",把日本人分成政界、经济界、学界和一般民众(民界)后,展开针对其对华认识的研究。

在确定日本对华认识的内容和结构(层次)之后,结合中日关系中各层次认识影响力大小,衡量当前本领域的研究现状,本书把日本经济界的对华认识研究作为整个日本对华认识研究的第一步。研究结构方面,本书将从其认识信息的来源渠道之变化、认识文本的内容解读和认识后果(影响)的总结与评价三个方面展开具体研究。

(二)历史学方法的应用

历史学方法在研究国际关系问题时是最基本的方法之一。"历史的研究,基本上是纵向研究和横向研究。纵向研究是上下古今的研究,横向研究是一个朝代、一个国家或地域之间的研究。因之纵向比较研究和横向比较研究也就成为比较史学研究的两个方面。"[②]本书设计运用比较史学研究的方法纵向考察日本经济界对华认识产生、发展及转变的历史进程,把握其在邦交正常化到中国实行社会主义市场经济体制(1972—1992 年)、实行社会主义市场经济体制到中

① 参见李春玲、吕鹏:《社会分层理论》,中国社会科学出版社 2008 年版,第 1—4 页。

② 漆侠:《历史研究法》,河北大学出版社 2003 年版,第 87 页。

国加入 WTO(1992—2001 年)和中国加入 WTO 之后(2001—2012年)三大重要历史时期认识的发展与变迁,从而发现中日关系、社会历史环境及世界环境与日本经济界对华认识之间的相互影响;同时利用具体文本资料对每个时期日本经济界对华认识的表现形式、认识内容和影响力开展横向研究,利用横向研究和纵向研究结合的方法对日本社会对华认识变化的历史规律及社会作用进行逻辑分析。因此,比较史学研究的方法是本书使用的重要研究方法之一。本书重视日本经济界在不同历史时期与其他社会阶层之间的认识影响与互动。表现形式上,日本经济界的对华认识在各个历史阶段均有不同的时代主题。比如对于第一个阶段而言,在日本经济界的对华认识观念中,中国处于日本经济发展链条上重要的"贸易对象"之位置。作为这个时代的主题,就是要实现政治方面的邦交正常化,以便为两国的经济合作创造政治与社会的大环境。这个目标的实现,首先需要日本社会内部对中日实现邦交正常化的重要性有统一的共识,其次需要有中国方面的积极回应。同时,国际环境方面,源于第二次世界大战之后日美之间的特殊关系,日本谋求与中国的合作还需要有美国方面的认可。同样,第二个阶段的中国是日本重要的"投资对象",中国加入 WTO 之后,随着中国经济的腾飞,中日经济之间的相互依存及中国不断扩大的市场魅力日益明显。这种 20 世纪 90 年代中国作为"投资对象"的定位、21 世纪中国作为"国际市场"的定位就是日本经济界对华认识产生和发展之衡量基准。离开这些不同时期特定的历史环境,单纯的文本分析就缺乏可以依据的现实基础,成为无源之水、无本之木。

(三)文献学方法的实践

"文献学主要研究文献的形态、文献的整理方法、文献的鉴别、文献的分类与编目、文献的收藏、文献形成发展的历史、各种文献的特点与用途、文献的检索等。目的在于:全面认识文献,学会在浩如烟海的文献中,用较少的时间,找到尽可能全的自己所需要的文献资料,同时还要有能力对这些资料的不同版本进行鉴别。"[①]从宏观角度来说,本书对"日本经济界对华认识"这一课题的处理,不只是"方法的研究",还有"历史的研究""社会的研究""国际关系的研究"等方面。那些潜伏在各种专题研究报告、访华行动报告、经济界精英的回忆录、代表人物涉华言论等各类文本中的对华认识,因为时间、对象、场合等

① 杜泽逊:《文献学概要》,中华书局 2001 年版,第 5 页。

的差异而发生变化，对这些文本代表性的鉴别是本研究需要完成的艰难任务。因此，本书利用了文献学的文本鉴定原则，从文本的类型、文本的影响力和文本的内容三个角度对邦交正常化以来日本经济界对华认识研究的各类文本展开整理和鉴别。

首先，文本类型的鉴别。本书选取的文本以涉华研究报告为主，以访华行动报告、代表人物的涉华言论为辅，一般经济机构和个人的调查研究作为参考。原因有四：第一，研究报告的完成者多数为经济界精英，或者是经济界研究机构委托的中国研究方面的专家，研究成果兼具学术性、实用性和研究周期的持续性，能够表现出经济界系统性的对华认识；第二，涉华行动报告兼具信息发布功能和通信功能，能够及时扩大经济界对华认识影响力范围；第三，经济界代表人物的涉华言论通常会经由报纸、电视和网络等方式发布，是经济界认识和动向的风向标，对一般民众对华认识的影响力不可忽视；第四，一般经济机构或者个人的调查研究可以从不同角度表现出经济界对华认识不同观点，对于客观认识经济界整体的对华认识具有重要参考作用。

其次，文本影响力的鉴别。为了提高所选取文本在整个经济界认识中的代表性，以及在经济界不同层次之间的均衡性，本书按照文本的来源和在日本社会影响力的不同，把它们分为上、中、下三个层次：第一个层次（上层）的文本为经济界代表性团体精英人物的公开涉华言论和经济界代表性团体发布的研究报告，包括历任经团联会长、同友会会长、日中经济协会会长的涉华言论，以及由这些团体发布的不同时期的涉华研究报告。其对日本社会的对华认识发展变化，特别是对日本对华政策的制定具有重要影响，是研究日本经济界对华认识的核心文本。第二个层次（中层）的文本是日本各大财团如三井、三菱、住友财团进行或者资助的涉华研究，以及这些财团发布的涉华言论。近年来日本贸易振兴协会和其所属的亚洲经济研究所的涉华研究和调查，也是经济界对华认识信息的重要来源之一，隶属于本层次。中层文本的报告往往在完成之后，经由财团首脑送达经济界三大团体的研究机构，由各行业精英进行反复论证，作为团体的集体意见传达到政府部门，是研究日本经济界对华认识的辅助性文本。第三个层次（下层）的文本是参与对华经济合作，有过长期或短期在华实际经济工作经历的个人，或者对华经济合作的专家完成的涉华研究，或者个别组织及个人的社会调查，包括他们的公开言论。这些文本对日本对华经济政策制定的影响较小。但是，随着中日经济合作的发展，此类研究在绝对数量上不断增多，并通过著作或者专题报告的形式在社会上得以发布，对日本经济界和社会的对华认识能够产生一定程度的影响。因此，此类文本应该作为日本经济界对华认识研究的参考性文本。

最后，文本内容的鉴别。本书设计的日本经济界对华认识文本研究，重点需要把握以下几点内容：第一，日本经济界对每个时期中国国情的认识。主要研究其对硬件因素的认识，如国土资源、生产力发展水平及存在问题的认识，还包括基于此认识所形成的对华经济合作框架。第二，日本经济界对每个时期中国国家体制的认识。包括对中国国家经济发展规划和对外政策的设立、转变，以及在该体制下日本对华经济合作的有利条件和不利条件的认识。第三，日本经济界对每个时期中日关系的认识。包括对两国政治、经济关系和影响这些关系发展的外部因素的认识，以及这种认识所导致的日本经济界对华合作的方式、方法的调整状况等方面。第四，在对以上三个方面认识进行综合整理的基础上，总结出每个时期日本经济界相对稳定的对华认识特征，继而通过对日本经济界对华认识整个历时性动态发展过程的整理，发现其发展和变化的规律、特点和本质，掌握日本经济界中国认识形成的信息来源渠道、影响因素及与整个社会日本对华认识的信息交流状况、结果。

完成以上文本选取方面的研究设计之后，在考察每个时期日本经济界的对华认识时，本书计划主要从以下三个方面展开研究。第一，每个时期日本经济界对华认识的信息来源有哪些？不同时期的信息来源渠道有什么样的变化？这包括日本经济界在华机构的设立情况，驻华工作人员的工作方式、种类和发展变迁；日本经济界进行的针对性中国研究的发展变化；涉华行动方式变化和规模，包括组织访华团和邀请中方访日等多个方面的行动；与日本社会其他阶层之间对华研究信息的交流，对媒体涉华信息的接受程度，来自中国及国际社会的中国相关信息在日本经济界的信息收集情况等。第二，每个时期中国认识的典型文本有哪些？这些文本区别于前面各个时期的鲜明特征是什么？这包括经济界代表人物的涉华言论、行动、访华报告、研究报告等观点和内容的变迁等。第三，这些文本在日本社会的传播情况如何？在以上文本的影响下，不同时期日本社会的对华认识发生了怎样的变化？日本经济界的对华认识对日本政府的对华政策的影响，在不同时期具有哪些鲜明的特点？对中日经济关系发展的贡献体现在哪些方面？以上都是需要考察的内容。

第四节 本书的基本结构

本书由绪论、主体部分和结论三大部分组成。

绪论内容为"日本经济界对华认识研究的缘起及理论综述"，主要是提出问题，分析先行研究的成果及存在的问题，完成对研究概念、研究理论和研究方法的阐述。该部分先从日本对华认识与其对华政策、中日关系的关联入手，分析当前日本对华认识和研究存在的问题，阐明本书的研究缘起、研究内容和研究目标；接着在先行研究综述部分，本书按照中日两国研究界的分类对第二次世界大战后日本对华认识研究的脉络进行了梳理，既回顾了该领域的研究历史，又结合现有的代表性研究包括著作、学术论文、学位论文等分别进行了讨论。先行研究的优秀理论与方法的吸收和应用、当前研究存在的问题与不足，均是本部分的讨论对象。理论研究部分的任务是研究概念的剖析、研究理论与研究方法的确定。在该部分，笔者结合社会学的知识对"日本对华认识"这一研究概念所包含内容及主体、客体的相互关系展开研究；结合社会学理论的应用把研究对象主体按照"政界""经济界""学界""民界"进行分类，阐明本书以经济界对华认识作为起点展开研究的原因和思路。本书在论述进行概念定义的必要性之后，以弥补缺陷为首要任务分析了"日本对华认识"所应包含的内容及研究的具体思路。在此基础上引出对"日本对华认识"概念、"经济界"概念和"日本经济界对华认识"概念的定义。本书的研究理论应用、研究方法确定及研究文本的选取标准等都在这一部分一一阐述。最后，该部分对本书的基本结构与内容进行较为概括的说明。

第二部分为本书的研究主体，由第一章到第四章构成。按照中日邦交正常化到中共十八大之前中日政治、经济关系及日本经济界对华认识的变迁，把研究期间分为三个阶段，然后分别按照信息来源渠道、文本内容和影响的变化进行阐述。第一章主要围绕日本经济界的对华认识这个研究中心，利用本书确定的研究理论与研究方法，首先按照中日经济关系发展的历史脉络和日本对华认识的发展变化，从日本经济界观察中国的视角，把邦交正常化以来的时段分为三个时期：1972—1992 年的中国在中日双边关系中的定位为日本的贸易对象，以邦交正常化这一政治背景及相关经贸协议的签订为前提，中日双边贸易额在这个时期连续翻番，实现了大幅增长。1992—2001 年中日经济关系的关键词是"投资"，这是一个日本对华投资、贸易双涨的黄金时期，虽然中日关系较前一个时期有了明显的变化，由“崇尚友好”转为“注重合作”，政治、经济方面均出现了偶尔的摩擦，但在中日双方的努力下，并未对经济合作大局造成明显影响。本时期仍然是政治关系为经济关系服务的阶段，中日经济合作仍然享受着平稳政治关系带来的“福利”。2001 年中国加入 WTO 以后是中日两国走入协调竞争模式的新时期。中日在全球的经济地位于本时期(2010 年)发生逆转，探索共赢发展模式成为中日经济合作过程中必须解决的问题。政治方面的摩擦对经济的负面影响在本时期后段逐渐表现出来，这个时期日本经济界以“中日关系”为主题的研究逐渐增多。第二章、第三章和第四章分别在这三个大的纵向分期内，依据日本经济界对华认识的信息来源变化、文本发展、影响变迁等，选取典型材料展开横向研究。通过对这些文本的分析与综合，挖掘日本经济界不同时期对华认识形成的影响因素、传播途径与交流渠道，从理论和实践两个方面把握日本经济界对华认识在日本社会认识形成过程中的重要作用。

第三部分是本书的第五章，即结论部分。该部分主要结合本书的研究内容，对邦交正常化以来到中共十八大之前日本经济界对华认识信息生成、文本发展和影响变化的特点进行总结，在此基础上对本书完成的任务和不足进行认真讨论，为今后的相关研究提供借鉴。同时对当前急需深入探讨的课题及今后的长期研究，做出具体规划。

第一章　1972年以来日本经济界对华认识的历史分期

绪论部分主要围绕本书对日本经济界对华认识课题的思考，以对先行研究的吸收和借鉴为基础，完成对本书主要研究概念、研究理论和研究方法的整理，包括对华认识文本的选择基准、研究视点的选定等。这是本书在研究理论方面完成的首要工作。本章将围绕1972年邦交正常化以来的中日关系，尤其是中日经济关系的发展过程，参考中日关系研究领域和中日经济关系研究领域专家的研究内容、观点和方法，并沿着本书研究日本经济界对华认识的主题思路，结合对中日经济关系发展过程软硬件变化的分析，完成对研究内容的纵向分期，实现对本书的研究重心，即日本经济界对华认识的整体研究规划。

第一节　先行研究的历史分期特点综述

为了避免孤立静止地研究日本经济界的对华认识，把研究对象置于中日关系史和中日经济合作发展的历史进行分阶段研究，是比较可行的研究思路。中日政治、经济合作关系具有长期性、重要性和复杂性的特点，两国研究界对双方政治、经济关系史，特别是对邦交正常化以来中日关系的研究，不乏有价值的成果。因此，在阶段分期问题上，借鉴中日关系史研究的相关经验，将有助于系统全面地分析本课题。本部分拟基于中日关系史和中日经济关系史的研究，吸收中日学者研究经验，分析他们的研究内容、方法和划分阶段的标准。同时，依照本书对日本经济界对华认识研究的任务要求，结合中日经济合作的内容和特点，以对日本经济界对华认识转变具有重大意义的典型事件为分水岭，完成对1972—2012年日本经济界对华认识研究的历史分期，为下一步分阶段研究本课题构建纵向的基本分析框架。

一、先行研究对中日关系史的分期特点

在中日关系的研究方面，先行研究关注的主要内容或焦点有哪些？哪些事件或者要素是促使研究者对中日关系的认识产生变化的转折点？本节首先选取田桓《战后中日关系史（1945—1995）》、田中明彦《日中关系（1945—1990）》、张历历《新中国和日本关系史（1949—2010）》这几部以中日关系史为研究对象的专著，对其研究内容、研究观点和研究方法进行分析，重点着眼于其对中日关系史分期方式的研究。

（一）田桓《战后中日关系史（1945—1995）》的总结与分期

田桓主编的《战后中日关系史（1945—1995）》，对1945—1995年的中日关系进行了论述，对邦交正常化以来的中日关系，“以1978年签订《中日和平友好条约》和1992年复交20周年为两个分界线，又可以分为缔约谈判时期、缔约后积极交流时期和稳定平衡交流时期等三个时期”[①]。第一阶段为“中日复交后的缔约谈判时期”——“复交后的交流与和平友好条约的签订（1972.9—1978.10）”。作者认为：在该时期，中日两国签订政府之间贸易、航空、海运和渔业等协定，是“两国关系中亟待解决的问题”，1978年《中日和平友好条约》的签订“是中日关系史上空前的大事件”[②]。第二阶段“中日关系的新高潮（1978.10—1992.4）”，被作者定义为“中日关系发展的顺利时期”。在这个时期，《中日和平友好条约》的缔结使中日关系“全面实现了正常化”；十一届三中全会的召开，以及把国家工作重心转向经济建设和实现四个现代化，“为中日扩大交流创造了好条件”。该时期中日关系出现的问题如日本篡改历史教科书问题、政府阁僚参拜靖国神社问题、光华寮问题、经贸交流中的贸易不平衡问题等，被定义为“高潮中的漩涡”[③]。第三个阶段为“走上常轨和友好合作的中日关系（1992.4—1995.8）”。作者把这个阶段称为“中日关系相对稳定的发展时期”，“90年代前半期，中日关系在相对稳定平衡中不断发展”。在这个时期，出现了江泽民访日和明仁天皇访华这两件“有史以来，中日交流中，首次进行的两国最高层互访”，“使两国开始构筑面向21世纪的中日关系”，“随着中日政治关系的密切发展，中日

① 田桓主编：《战后中日关系史（1945—1995）》，中国社会科学出版社2002年版，第7页。
② 田桓主编：《战后中日关系史（1945—1995）》，中国社会科学出版社2002年版，第17页。
③ 田桓主编：《战后中日关系史（1945—1995）》，中国社会科学出版社2002年版，第397页。

经济合作出现了日新月异的面貌”。[①]

(二)田中明彦《日中关系(1945—1990)》的总结与分期

在《日中关系(1945—1990)》中,田中明彦对20世纪90年代之前的中日关系进行了分析和总结。在序章中,田中首先指出,回顾战后日中关系的大概进程,贸易关系是一项重要基准。他开篇指出:“作为一个不争的事实,贸易活动多少能够反映出两国关系的其他方面。特别是像中国这样的社会主义国家,政治因素对贸易的影响很大。因此,观察两国的综合关系,经贸发展的程度是一项非常方便的指标。”[②]接着田中依照中日贸易发展的进程和中日关系中的重大事件,把邦交正常化以来的中日关系分为“日中邦交正常化”“日中和平友好条约”“高潮与摩擦”“成熟的时代”“1989年政治风波前后”几部分展开讨论。在每一部分,除了把中日经贸关系的发展状况作为中心进行总结之外,还将“影响中日关系发展的国际因素”与“中国和日本各自的国内环境因素”作为重要的参考内容,综合论述了中日关系的发展状况。

(三)张历历《新中国和日本关系史(1949—2010)》的总结与分期

张历历在《新中国和日本关系史(1949—2010)》中,按照“中日邦交正常化的实现”“中日实务协定和《中日和平友好条约》的签订”“20世纪80年代中日关系的迅速发展”“冷战后中日关系的变化发展”“21世纪初期十年中日关系的变化发展”五个阶段的划分,论述了邦交正常化以来中日关系史的发展变迁。从各章节的题目就可以看出,作者主要按照重大事件的变迁完成对历史阶段的研究分期。这其中的“重大事件”就是“1972年中日实现邦交正常化”“1978年《中日和平友好条约》的签订”“1989年政治风波后日本政府对华政策的变化”“新世纪的到来”。[③]

在内容的阐述方面,张历历注重以政治关系的发展为轴,辅以对经济合作进程的分析和民间交流发展的关注,从政治、经济、文化、教育等多个方面对新中国成立以来的中日关系进行梳理。其中结合经贸关系的发展状况,对每个时期中日关系进行的陈述,是每部分的重点内容。对中日关系发展进程中出现的问题,如20世纪80年代的两次教科书事件、靖国神社问题、光华寮问题等也有一定篇幅的陈述。

---

① 田桓主编:《战后中日关系史(1945—1995)》,中国社会科学出版社2002年版,第19页。

② 田中明彦:『日中関係(1945—1990)』、東京大学出版会、1991年、5頁。

③ 参见张历历:《新中国和日本关系史(1949—2010)》,上海人民出版社2011年版。

通过对邦交正常化以来中日关系史专著的内容梳理，可以发现：经济关系作为两国关系的最主要内容，是中日双方研究人员都高度关注的中日关系中心问题。对中日经济合作进程产生影响的重大政治事件，包括1972年中日实现邦交正常化、1978年中国的改革开放和《中日和平友好条约》的签订、1989年后为修复中日关系进行的努力、2001年中国加入WTO等。同时，学者对国际因素和两国内部环境因素的影响也做了一定程度的思考。关于21世纪以来对中日关系产生影响的重大事件，如小泉纯一郎参拜靖国神社、中国的反日游行、钓鱼岛事件等，以上几部著作提及较少。

二、先行研究对中日经贸关系史的分期特点

下文主要通过对张季风《中日友好交流三十年·经济卷(1978—2008)》、服部健治等《日中关系史(1972—2012)Ⅱ经济》、林连德《当代中日贸易关系史》对邦交正常化以来中日经济关系史的研究、总结和分期方式的学习，为本书积累研究内容方面的关注点，并重点研究其对中日经济发展进程的分期依据。

(一)张季风《中日友好交流三十年·经济卷(1978—2008)》的总结与分期

在张季风主编的《中日友好交流三十年·经济卷(1978—2008)》，不仅从总体上对中日经济合作的历程进行了回顾与展望，还从双边贸易、双边投资、日本对华政府开发援助、金融、能源与环境、双边经济摩擦等多个方面对邦交正常化以来的中日经济交流与合作的状况进行了论述，是了解当代中日经济关系史的重要参考书。

该书开篇对中日经济关系的发展状况总结道："中日关系经历了风风雨雨，一波三折，但是，经济交流却基本是风调雨顺，尽管也出现了一些波折，但总体处于健康发展状态。""中日双边贸易、双边投资和政府间经济合作并称为中日经济关系的三大支柱。"①

对于中日经济合作的进程分期，张氏指出："回顾战后六十多年来的中日经贸交往的过程，从经贸关系的性质来看，以1972年中日复交为分界线，可分为民间交往时期和'政府主导、官民并举'时期。""在1978年之前的二十多年中，中日经济交流仅局限于单纯的贸易交往，贸易额也很小。""在这一时期(中日复交后)，中日两国经过共同努力，逐渐形成了一套影响此后近三十年的经贸交往

① 张季风主编：《中日友好交流三十年·经济卷(1978—2008)》，社会科学文献出版社2008年版，第3—5页。

机制。随着交往机制由民间交往时期向'政府主导、官民并举'时期的转换，经济交往的方式也由民间层次上的商品贸易，逐步扩展为包括技术贸易、直接投资、资金合作、能源合作在内的多层次、多领域的交往格局。”①

（二）服部健治等《日中关系史（1972—2012）Ⅱ经济》的总结与分期

服部健治等主编的《日中关系史（1972—2012）Ⅱ经济》中，在“日中经济关系四十年概观”这一部分，按照年代顺序对中日经济关系的特点进行了总结。他认为，“在中日经济交流的四十年中，每个年代都具有不同的特色”。“20世纪70年代是以贸易规模的扩大为基础，促进两国人民相互理解的时代”；“20世纪80年代的特色是中日双边经济交流伴随中国的改革开放政策而突然扩大”；“进入90年代，中国以'南方谈话'为基础，推行全面社会主义市场经济，日本却在泡沫经济崩溃之后陷入经济发展停滞期。中日两国都把实现长期稳定、不断扩大和均衡的经济合作关系作为目标”；“中国加入WTO之后的10年，随着中国经济的飞速发展，中日经济关系也取得显著变化，除了中日贸易额不断提高，中国对外经济活动也变得活跃”，“随着中国经济全球化的发展，中日两国的经济关系也变为了'世界范围内的中日经济关系'”。②

该书特别强调中国加入WTO对中日两国经济关系的意义：“中国加入WTO是日中经济关系的分水岭。在那之前的日中经济关系，属于'日本教，中国学'的'先进国'与'发展中国家'的关系”，中国加入WTO之后，“中日关系的主轴，从本世纪之前的'稳定'状态，转入本世纪的'协调'与'竞争'状态”。③

（三）林连德《当代中日贸易关系史》的总结与分期

林连德《当代中日贸易关系史》主要对20世纪90年代之前的中日贸易关系，从内容、发展、参加者等几个角度，按照10年一个阶段的年代顺序进行了总结：20世纪50年代是民间贸易阶段，60年代是友好贸易和备忘录贸易阶段，70年代是邦交正常化和进出口贸易发展阶段，80年代是经济合作的准备阶段。

林氏在书中比较仔细地叙述了邦交正常化前后中日政界、经济界为实现邦交正常化所做的努力，特别是不吝笔墨对经济界“自1971年9月至1972年8月，即中日邦交正常化之前的一年间，日本经济界上层卷起了访华热潮”的具体

---

① 张季风主编：《中日友好交流三十年·经济卷（1978—2008）》，社会科学文献出版社2008年版，第6页。

② 服部健治等编：『日中関係史（1972—2012）Ⅱ経済』、東京大学出版会、2012年、17—21頁。

③ 服部健治等編：『日中関係史（1972—2012）Ⅱ経済』、東京大学出版会、2012年、22頁。

活动内容一一进行列举并对其访华意义进行了总结。他指出"(关西经济界代表团)由关西财界五大团体领导人组成,起了访华热潮的牵头作用","(东京经济界代表团的)木川田一隆、永野重雄、岩佐凯实、今里广记分别身居日本财界四大团体(经团联、日商、日经联、同友会)领导职位,他们联袂访华,表明了日本经济界的主流对华姿态","三菱首脑访华是日本经济界实力人物的一次重要举动,对日本政府决策有很大影响"。对这些团体访华于中日政治、经济关系的意义,该书指出,"在中日复交前夕,周总理不断会见日本各界访华人士,包括经济界的重要代表团,并且着手研究如何在中日关系正常化之后发展两国的经济贸易关系","政治关系的改善正在为经济关系的发展创造有利条件"。① 这些总结实际上是对日本经济界在中日政治关系发展进程中的重要地位做了陈述。

该书指出在中日经济合作方式方面,20 世纪 70 年代两国主要着眼于政策层面各类双方贸易协议的签订,80 年代的重点则是在资金、经济技术、贸易规模等方面的具体合作内容。"经济同政治的关系是相辅相成的。从整个中日关系来看,政治还是先决条件。当代中日经贸关系是同政治关系分不开的。"②

通过对以上研究中日经济关系的专著的总结,可以发现,邦交正常化以来中日经济合作的内容包括贸易、技术、投资和资金合作四个方面:1972—1978 年,以邦交正常化为背景,中日签订了一系列促进经贸合作的协议,到 1978 年以后中日贸易规模和投资规模都得到了飞速扩展。以 1992 年中国实行全面社会主义市场经济体制为开端,在中日贸易额不断扩大的同时,日本的对华投资实现了空前发展。同时,从国际环境方面看,中日经济关系不再仅仅局限于两国之间的双边经济合作,两国经济界开始放眼亚洲区域环境内的协调与合作。2001 年中国加入 WTO 是对中日政治、经济关系影响巨大的事件,中日两国的经济合作关系变为了在全球经济环境下的双边贸易和双边投资关系。

第二节　本书完成分期的主要考量因素

前述研究者对 1972 年以来中日关系史和中日经济关系史的研究,是本书实现对日本经济界对华认识的历史与变迁进行研究分期的重要参考资料。综合以上研究对这段历史的分期特点,可以看出存在几个明显的常用分界点。

① 林连德编著:《当代中日贸易关系史》,中国对外经济贸易出版社 1990 年版,第 109—112 页。

② 林连德编著:《当代中日贸易关系史》,中国对外经济贸易出版社 1990 年版,前言第 1 页。

1972年的中日邦交正常化，是公认的对中日政治、经济关系有首要影响的重大历史事件。因此，1972年是研究战后中日关系史最具历史意义的分界点。1978年中国实行改革开放政策，同时中日两国签订了《中日和平友好条约》，这使两国的经济合作与交流有了政策方面的保障，中日经贸规模得以迅速扩大。所以，1978年也是各位研究者特别关注的历史分界点。1989年政治风波之后，日本在追随西方国家对中国进行所谓"制裁"的同时，采取了不同于它们的积极的关系修复行动，特别是1991年8月10—13日，日本首相海部俊树访华是对中日政治、经济合作关系恢复具有重要影响力的事件。1992年邓小平南方谈话之后，随着中国由计划经济体制向社会主义市场经济体制转轨的步伐加快，中日经济合作关系迎来了具备崭新内容的新时期，日本经济界的第一次对华投资高潮在20世纪90年代出现。所以，1989年和1992年经常被研究中日政治、经济关系史的人们作为历史分界点。20世纪90年代末，研究界就预测21世纪之后的中日关系会迎来新的发展。2001年中国加入WTO，使这个预测变成了事实，因此，2001年也是研究界普遍使用的历史分界点。这些常用分界点可以作为本书研究日本经济界对华认识的重要参考。同时，日本经济界的对华认识除了会因影响中日双方政治、经济关系的重大事件发生变化，更受到经济界对两国经济合作的内容、对双方软硬件现状及发展的衡量、对双方市场潜力的认识的影响。因此，完成对日本经济界对华认识的研究分期，还需要了解不同时期影响中日经济关系的要素。

邦交正常化以来，中日政治、经济关系的发展虽然波折不断，但从整体走势来看，经贸规模的不断发展是最基本的趋势。在越来越紧密的相互依存关系中，"双赢"逐渐成为双方发展经济关系必须遵循的原则。中日的经济合作模式由最初日本主导下的"互补性合作"，逐渐变为当前两国共同协调下的"竞争性合作"。引起双方经济合作模式发生变化的因素包括硬件和软件两个方面。硬件因素主要指经济发展水平、地理位置、市场规模、国土资源、政治制度等相对比较客观和稳定的方面，软件因素包括国家政策、社会发展、历史认识、文化理解等与认识者主观意识密切相关的方面（见图1-1）。这些硬件和软件因素，特别是经济发展水平和国家政策这类关键性因素配合良好，就能够完成一定历史时期双方合作的平台建构，为两国经济界的合作创造条件。反之，则会造成负面影响。邦交正常化以来中日经济合作的历史和现状正是这种软硬件平衡的建立、打破和重新建立的过程。

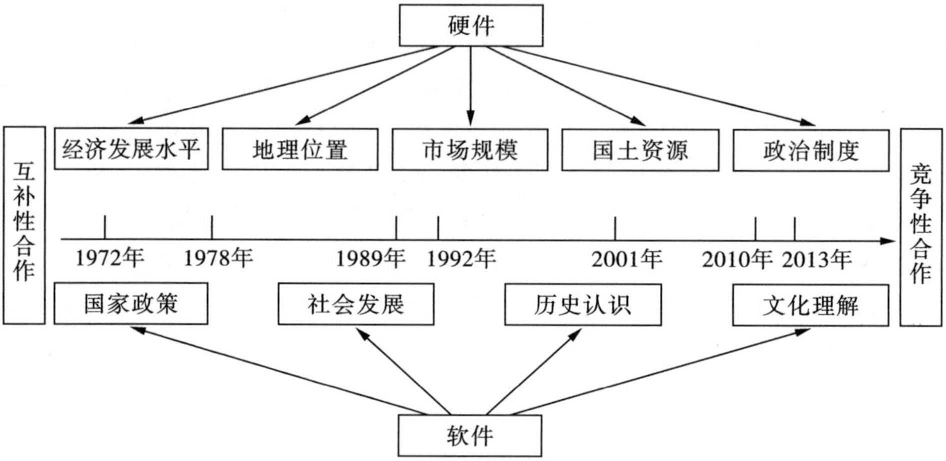

图 1-1　中日经济关系构筑的软硬件分析

一、影响中日经济关系发展的硬件因素

邦交正常化以来的 40 多年间，中日双方在人员、经贸、技术、管理、文化交流等多个层次取得了长足发展，带来这些变化的原因有很多，被普遍关注的重要因素之一就是地理方面的便利条件。这是因为在经济成本的考量中，运输成本是重要的影响因素。中日"一衣带水"的地理环境，为两国经贸往来提供了天然的便利条件。海上运输使石油、煤炭、原材料等大宗贸易的成本大幅度降低成为可能。

地理方面的便利诚然重要，但绝非决定性因素。最典型的反例就是：就日本而言，美日两国虽然地理上非常遥远，但在经济方面的联结却比日本同其他任何国家都要紧密。回到中日之间，两国除了地理方面的便利条件之外，中国丰富的资源、人力和不断扩大的市场，特别是中日两国在经济发展程度上的互补性，都为两国的合作提供了硬件方面的必要条件。因此，地理方面的便利仅仅为中日经济交流提供了一种可能。真正促进双方合作实现的力量，当属己方的客观经济需求和对方能够满足己方需求的程度：邦交正常化前后中日经济发展水平方面的"南北差距"，恰好为双方经济合作互补性平衡的建立提供了可能。日本方面，经过 20 世纪五六十年代的飞速发展，实现了战后的经济崛起。成功举办 1964 年东京奥林匹克运动会，成为日本进入世界发达国家行列的标志。但是,由于石油危机的冲击和在纤维、钢铁、彩电等领域日美贸易摩擦愈演愈烈,进入20世纪70年代,日本急于寻找石油替代能源及谋求设备出口的多元化。拥有稳定的煤炭和石油等出口资源、与日本仅一水之隔的中国自然进入日本政府和经济界考量的范围。中国方面,由于同苏联之间关系恶化,为实现"四个现代化",需要寻找新的大型工业设备的进口地,并通过资源出口获取发展经济所必需的资金和技术支持。这种经济发展水平的互补性和双方不同层次的需求,是真正推动中日两国跨越意识形态差异、发展经济合作的主要内在力量。中日实现邦交正常化之后的前30年(1972—2001年),两国关系的主要内容是在双方经济发展程度不对等的前提下,以"互补"为主题的经济合作(见图1-2)。

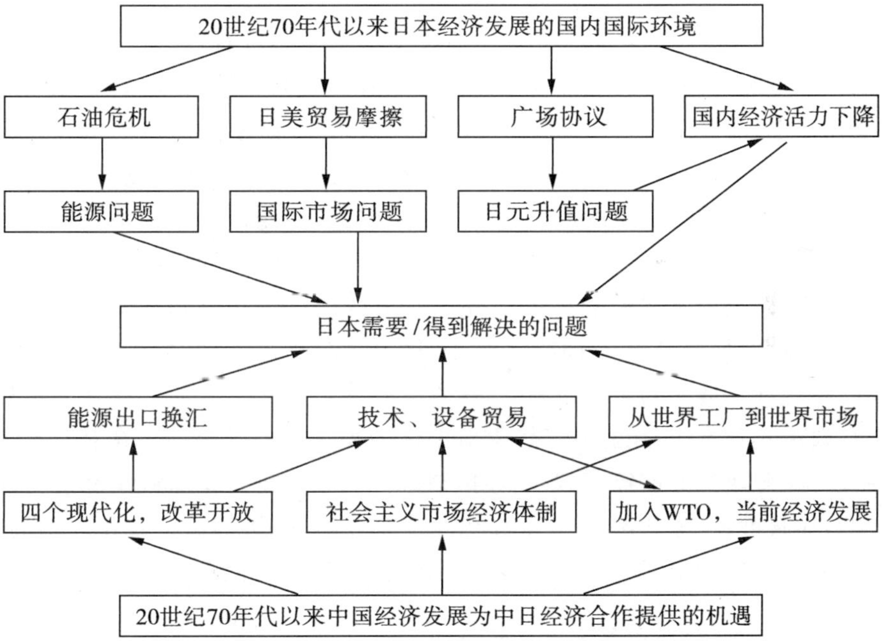

图1-2 推动中日经济合作的内外影响因素

硬件因素的稳定性是相对的,所有的因素都会随着时代的变迁逐渐发生改变。对中日经济合作关系影响最大的经济发展水平恰好就是这样一个例子。在20世纪八九十年代,中国经济实现了改革开放以来的飞速发展,而日本经济却迈入了"失去的10年",这导致两国经济合作所依据的"南北差距"逐渐缩小。一直以来,建立在中国经济技术水平落后,对日经济合作模式以出口原材料、煤炭、纤维，进口钢铁、成套设备、高科技产品为中心的双边经济关系逐渐被打破。20世纪90年代末开始，伴随双方合作关系的不断紧密，中日贸易额的不断增加，日本企业的对华直接投资加速，贸易摩擦和政治方面的分歧逐渐浮出水面。同时，中国实行社会主义市场经济体制，在一跃成为“世界工厂”的过程中，加强产业政策、招商引资政策并推进加入WTO，技术实力、经济实力不断提升。进入21世纪后，中国企业逐渐放眼于世界市场，走出国门，在全球范围内投资、经营，两国在世界市场的竞争逐渐加剧。中日关系迎来了必须重新寻找新的协作与平衡，建立世界市场视角下协调与竞争关系的新时期。与此同时，随着中国广大地区基础设施的健全、劳动力素质的提高，中国作为“世界工厂”的地位逐渐巩固；伴随中国经济发展水平的提高，中国作为拥有巨大潜力的消费市场的角色越来越受到重视，中国对日本经济界的吸引力有增无减。

从40多年来中日实现经济合作的硬件考量，随着两国经济发展情况的变迁，既有的平衡已被打破，建立新平衡的需求日益迫切。对日本来说，原来建立在“南北差距”前提下，从中国进口初级产品和能源、向中国出口技术和设备为主的中日互补型贸易时代的确已经过去。但是随着中国经济的发展，在仅有一水之隔的960万平方公里的广袤国土上，十几亿人口组成的巨大消费市场已经形成。在全球化竞争时代，包括中国自身在内，谁占有了这个市场，谁就会成为新的赢家。精于经营之道的日本经济界人士对这点自然心知肚明。单从双边贸易额来看，中日贸易额从1972年的11亿美元发展到2013年的3125亿美元，中国已经是日本最大的贸易对象国，日本也是中国的第四大贸易伙伴。虽然近年中日政治关系趋冷，但日本经济界对中国的关注却不断提高。在对双方合作的硬件有充分认识的前提下，影响和推动软件因素特别是国家政策和对华认识的转变，放眼世界、重新调整自身和他者的身份定位，从邦交正常化之初的“互补性共赢”走向新时期的“协调性共赢”的时代已经到来。

二、影响中日经济关系发展的软件因素

硬件因素虽然为中日经济合作构建了必要前提，使两国发展经济交流成为可能。但是，如果没有两国政府创造的政治条件（政治因素）、没有两国经济界人士坚韧不拔的努力（经济因素）、没有两国人民之间的积极交流（文化因素），当前中日密切的经济交往关系也不可能实现。目前日本同朝鲜之间，同样具备中日经济合作的主要硬件，但是日朝经济紧密合作的日子遥遥无期。所以，软件因素之重要性亦不可忽视。在软件因素内，起决定性引领作用的是政界和经

济界的活动。在表现形式上，政界人士通过国家政策的制定、政界代表性人物的涉华言论和行动等对整个社会的对华认识产生影响；经济界利用直接的对华经济交流、积极的访华活动和专业的涉华研究，引导社会舆论方向，推动中日经济关系的发展。

20 世纪 70 年代，在日本经济界的大力推动下，由日本政界牵头实现了中日邦交正常化，此后政经两界携手，促成了一系列经贸协议和双方经济合作政策性协议的签订。这些积极的对华行动一方面推动了中日经贸规模的扩大与合作方式的发展，另一方面带动了整个社会对华认识"友好框架"的构建。这些都是促使 20 世纪 70 年代到 80 年代之间中日关系"蜜月期"出现的重要软件因素。

"泡沫经济"破灭之后，日本国内经济长期不景气，20 世纪 90 年代以来的日本经济发展已开始被描述为"失去的 20 年"。与此同时，中国在改革开放政策及社会主义市场经济体制的带动下实现飞速发展，国民经济蒸蒸日上，两国之间经济发展水平的差距逐步缩小，中国在国际上的地位不断提高、影响力不断扩大。这种背景下，日本社会特别是一些激进分子的"中国风险""中国威胁论"之类的说法也随之出现。受此影响，中日在政治、经济等多方面的摩擦和纷争以多种形式表现出来，又对两国总体关系和国民相互认识产生了一定程度的影响。日本社会各阶层对中国的认识也逐渐出现不同的声音。两国人民之间的好感度在中日政治关系的负面影响下越来越低。日本非营利组织日本言论 NPO 和中国日报社在 2013 年 8 月 5 日共同实施完成的国民相互感情和认识第九次民意调查结果显示：90.1％的日本人和 92.8％的中国人对对方国家"印象不好"，分别比 2012 年增加了 5.8％和 28.3％，均跌至该调查项目启动以来的最低点。但是，该报告的调查结果还显示：两国 70％以上的国民均认为"中日关系对双方非常重要"，理由主要包括三点：一是两国互为地理上邻国的事实；二是两国作为世界第二、第三大经济强国的现状；三是两国经济互补性强，存在共同利益，可以实现合作共赢。① 可见，尽管当前中日双方国民的好感度普遍很低，但都对双方经济合作方面存在的有利条件及现实方面协作的必要性有着充分清醒的认识。

① 参见日本言论 NPO、中国日报社：《第九次中日共同舆论调查报告》，2013 年，第 2、11 页。

三、邦交正常化以来的中日经贸关系发展概况

从1949年新中国成立，到1972年中日邦交正常化实现，其间中日经济往来处于民界贸易阶段。虽然经济界百般努力，但到1971年，中日贸易总额勉强达到9亿美元。实现邦交正常化的1972年，双边贸易总额就达到11亿美元，此后1973年为20亿美元，1974年为33亿美元，1975年为38亿美元，到中国实施改革开放的1978年已经达到48亿美元。10年之后的1988年已达到193亿美元，是1978年的4倍，中日在对方对外贸易中的地位逐渐提高(见图1-3)。

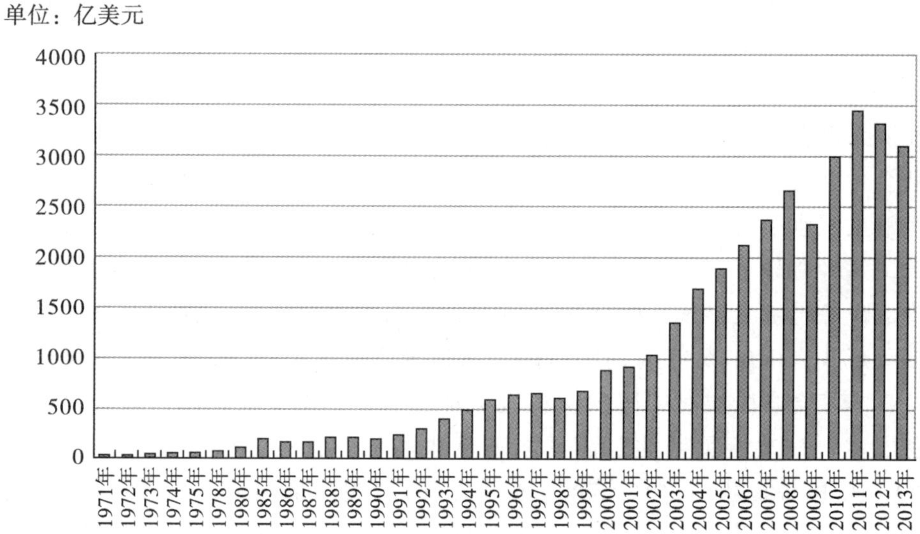

图1-3 1971—2013年中日贸易总额变化

资料来源：中国商务部，部分年份数据省略。

1993—2003年的11年间，日本一直是中国的第一大贸易伙伴。虽然2004年受欧盟东扩等因素的影响，日本下降为中国的第三大贸易伙伴，但如果仅从国家排名看，对于中国来说，日本仍然是仅次于美国的第二大贸易对象国。2007年以后，中国取代美国成为日本最大的贸易对象国。到2011年中日贸易总额达到3450亿美元的最高值，几乎是1972年的314倍。受中日钓鱼岛争端影响，2012年和2013年的中日贸易总额有所下降，但从图1-3的数据可以发现，这两年的下降幅度并不太大。以上情况一方面阐明了40多年来中日经贸关系不断发展、中日相互依存度不断提高的事实；另一方面，邦交正常化前后中

日贸易规模的巨大差距，也从一个侧面反映出双方政治关系对经济合作程度的影响。

第三节　本书对1972年以来日本经济界对华认识的研究分期

借鉴先行研究对中日关系史和中日经济关系史的分期特点，把对中日经济关系发展具有明显影响的转折性事件作为时代划分的标志。同时，结合中日经济合作进程的具体发展状况，在逐一研究影响中日双方关系的硬件、软件因素，并分别对中日关系的不同阶段展开分析之后，本书对日本经济界对华认识研究的纵向脉络基本形成。通过对中日经济合作的软硬件分析，得出的结论为新时期中日经济在协调和竞争中实现合作共赢是历史的必然，是当前世界经济环境为中日两国合作提供的机遇。在这个大前提下，为降低当前政治关系对经济发展的负面影响，应该借鉴历史上中日关系不同发展时期的合作经验，探索中日合作共赢的新途径。在完成这个任务的过程中，对不同时期日本经济界对华认识的内容及影响展开研究的需求越来越迫切。本书以中日经济合作的进程为主轴，结合对中日政治、经济关系的分析，选取1972—2012年这个对当代影响力最大的时间段作为研究期间，继而选定对中日关系走向起到决定性影响的日本经济界作为研究对象，通过对其不同阶层团体的典型涉华言论、文本研究和其对社会各界认识影响的分析，揭开研究日本对华认识的大幕。为使研究内容的重点和脉络更加清晰，在研究进程中，又按照对华认识的发展变化对该时期做了进一步的阶段划分，即把1972年中日实现邦交正常化、1992年中国实行社会主义市场经济体制、2001年中国加入WTO这三个对中日经济合作方式和规模具有决定性影响意义的重大事件作为分水岭，把1972—2012年日本经济界对华认识发展和变迁的历史分为三个阶段展开研究。

一、第一阶段：中日互补型贸易的发展期（1972—1992年）

第一阶段的时间段为1972—1992年。在这个时期，根据日本的能源进口多元化战略和发展对外贸易对象多元化的需求，日本经济界在研究中国市场硬件和软件现状之后，把中国定位为其在新时期重要的“贸易对象”。主要贸易模式为从中国进口以石油为主的能源，并根据中国开展现代化建设的需要，推动面向中国的大型、成套设备出口贸易。

这个阶段影响中日政治、经济关系的重大标志性事件为1972年中日邦交正常化的实现和1992年中国实行社会主义市场经济体制。1972年9月29日《中日联合声明》签署，标志着中日两国实现邦交正常化。日本经济界了解中国的官方信息渠道得以打开，经济界人士利用自己的眼睛观察中国，通过自己的亲身驻华经验了解中国并把这些真实的信息传达到日本国内，促进了日本社会各界对中国的了解。本时期内，1972—1978年属于中日实现"友好合作"的过渡阶段，中日政治、经济关系从"以民促官"迎来了"官民并举"的新时期。以1978年8月12日《中日和平友好条约》的签订为标志，中日贸易关系迎来了飞速发展的新时期。"《中日和平友好条约》缔结与邓小平访日，成了建立后来的中日经济关系的重要的里程碑。"[①]从20世纪80年代初开始，日本通过对华ODA贷款等方式实现对中国的金融支持，中日经贸合作取得了平稳发展。1978年，中国开始实行改革开放政策。中国采取了一系列的招商引资政策，但日本的对华投资并没有取得明显进展。因此，从中日双边经济合作的内容看，20世纪70年代为以日本对华输出成套设备，同时从中国输入石油和煤炭等能源为主的双边互补性贸易时期；20世纪80年代日本为缓解"广场协议"以后日元剧烈升值的压力，将贸易政策向东亚与中国市场倾斜，而中国的改革开放政策促使中国向日本学习技术、管理经验及发展制造业，中日关系处于扩展到东亚范围内的中日经济协作时期。从研究日本经济界对华认识发展的角度看，20世纪七八十年代的中日经济具有"友好合作"主调方面的统一性，80年代处于在70年代积极发展双边关系基础上形成的"蜜月期"。在这段较长的时期内，日本经济界的对华认识集中于两点目标：一是创造各种条件积极推动对华大型设备的出口，二是通过从中国进口能源实现其能源进口渠道的多元化。这个时期中日政治关系的主调是"友好合作"，经济关系的关键词是"双边贸易"。

二、第二阶段：投资与贸易并行发展的过渡期（1992—2001年）

第二阶段是中国实行社会主义市场经济体制（1992年）到中国成功加入WTO（2001年）之间的阶段。1992年邓小平发表"南方谈话"，中国开始实行社会主义市场经济体制，开放程度进一步提高。日本方面，泡沫经济的破灭使日本经济发展陷入长期低迷，亚洲金融危机提高了中国市场的吸引力。中日两国政府为推动日本企业对华投资签订了一系列协议，使日本企业在华经贸活动得

① [日]毛里和子：《中日关系——从战后走向新时代》，徐显芬译，社会科学文献出版社2009年版，第88页。

到保障，日本企业开始以在中国销售为目标发展对华投资。

本阶段，中国既是日本的贸易对象，又是其在亚洲最重要的投资区域，中日经济合作关系日益密切。由于中日经济差距的缩小和国际上“东西关系”的消失，日本经济界对华认识的信息来源、研究内容、传播方式等都与前一个阶段有了根本区别。这是日本经济界在发展对华投资和贸易的过程中，把其对华认识从“日强中弱”的不平等互补性关系，转向在协调中发展世界市场范围内的平等性经济关系的过渡性阶段。

在这个阶段，由于日本经济界内部不同层次企业发展对华投资和贸易的认识差异，出现了一部分在同中国的经贸合作中获得重大经济利益的企业与国内企业之间的产品竞争，这导致日本经济界内部的对华认识产生一定分化。在日本国内企业的压力下，日本政府为保护日本国内企业利益，开始对来自中国的产品采取反倾销调查和限制农产品进口等举措，同时中日在纺织品和服装贸易领域产生摩擦。这些贸易摩擦在中日双方比较克制的情况下得到解决。但是，这种情况的出现是日本经济界内部对华认识开始出现不同声音的表现，也是中日经贸合作关系由感性的“友好合作”逐步走向成熟和理性的标志。

三、第三阶段：多领域竞争性合作发展的新时期（2001—2012年）

第三阶段是以2001年中国加入WTO为标志的新时期。中国经济经历了20世纪八九十年代的飞速发展，日本则经历了“失去的十年”，中日经济差距急剧缩小。以中国加入WTO为标志，中日经济关系已经不再是局限于两个国家之间的互补型经贸关系，变成了全球范围内合作与竞争并存的、多边关系之内的双边关系。

中国经济在持续了30多年的快速增长后，终于在2010年GDP总量首次超越日本，成为世界第二大经济强国，中国的贸易对象不断增加，在亚洲地区的投资活动和技术输出不断增多，中日在国际能源领域的合作和竞争加强。这些都对日本在亚洲地区的优势地位形成一定的冲击。中日经济关系迎来了两国齐头并进，合作与竞争共存的新时代。因此，以中国加入WTO为标志，中日经济关系也由“互补”为主题转入以“协调、竞争”为主题。日本经济界不同层次的群体在日趋复杂的政治、经济关系中，不断调整其对华认识，加强对中日政治、经济关系的方向及内容的研究，并通过多种渠道影响着中日关系的发展，同时指导着中日经贸合作的发展规模和方向。

经济界的对华活动是日本对华政策发展的风向标，日本经济界在不同历史时期，通过其具体的对华言论、行动和研究实现对社会（包括日本社会与中国社会）各界的影响。在日本经济界对华认识的形成和发展过程中，中国在其经济发展链条中所处的位置和所发挥的作用是最重要的研究课题。邦交正常化以来，日本经济界的对华经济战略配合其海外发展整体规划，随着中国经济的转型、发展，经历了双边经济关系建构时期（1972—1978 年）、双边经济发展时期（1978—1992 年）、亚洲区域内的中日经济合作时期（1992—2001 年）和经济全球化国际环境中的合作与竞争时期（2001 年以来）。日本经济界的对华认识也就是在这样的经济交往过程中不断调整和转换，并且影响着日本社会各层次对华认识的形成与发展。接下来第二章、第三章和第四章，将按照邦交正常化以来对中日政治、经济关系的综合考量，站在日本经济界的观察视角，将这一时期分为把中国定位为日本的“贸易对象”时期（1972—1992 年）、“贸易对象＋投资对象”时期（1992—2001 年）、“合作竞争对象”时期（2001—2012 年）分别展开论述。本书将在这三个大的纵向分期内，通过对日本经济界各个层次代表性团体和人物的涉华言论、涉华研究的代表性文本的研究，发现不同时期日本经济界是如何源于不同侧重的经济需求，衡量中国在其利益天平上的砝码，并确立在一定时期内比较稳定的对华认识，从而根据这一认识实现对中日政治关系影响的策略、方式，并通过对其最终影响结果的分析，验证日本经济界对华认识在日本社会对华认识形成过程中的重要作用，为新时期发展新型中日关系提供专业研究方面的借鉴。

第二章　1972—1992 年日本经济界的对华认识

通过各种形式的对华交流获取来自中国的信息，特别是中日经济相关的信息，在专业人员的研究活动中把信息转化为具有指导意义的综合认识，然后进行有针对性的对华经贸活动，并根据中日经济合作的需求对政府的对华政策施加影响，是日本经济界对华信息交流、研究和行动的基本流程。本部分将以中日邦交正常化到中国实行社会主义市场经济体制之间(1972—1992 年)日本经济界的对华认识为研究对象，从信息来源、对华认识文本和影响三个方面展开对日本经济界对华认识的研究。在这个时期内，以 1978 年中国实行改革开放和《中日和平友好条约》的签订为契机，两国的经贸合作内容和方式发生了很大变化。1972—1978 年是两国政经界通力协作，通过解决基础性问题打通多条双边贸易交流渠道的时期；1978 年之后，随着双方经贸合作环境的优化，日本通过从中国进口能源实现其能源进口多元化战略，同时通过向中国出口大型设备实现对外贸易对象的拓展，获取了巨大的经济利益。日本经济界在这些经贸活动中加强同中国的交流，从而根据现实需要调整着其对华认识的内容，形成了本时期对华认识的特色。在本时期日本经济界对华认识的影响下，中日政治、经济关系实现了二战以来少有的协调发展，创造了 20 世纪 80 年代中日关系“蜜月期”的佳话。

第一节　渠道初建：日本经济界对华认识的信息来源

日本经济界对华认识的形成，其最基本的前提就是涉华信息的获取。中日实现邦交正常化之后，与中国交往的主体已经不再局限于之前获得对华贸易机会的中小友好商社，日本各经济团体开始了在政治关系支持下的积极对华行动。这些活动进一步扩大了日本经济界了解中国的范围。一方面,日本经济界对华贸易的发展需要大批精通中日经济关系、中国语言和法规等专业知识的人员长期驻留中国,这些人员通过自己的眼睛观察中国,在与中国政府与社会各界直接交往的过程中感受中国,是日本经济界对华认识的重要来源渠道之一;另一方面,日本经济界代表性团体、各种对华贸易促进团体也积极举行各层次的团体访华活动和邀请中国经济团体访日,为双方的经济信息交流创造机会。这类访华活动既有由经团联、日中经济协会、日中贸易振兴协会这类与中国高层保持长期信息互动的代表性团体参与的活动,也有以直接销售或项目推广为目的的临时性交流。与此同时,日本经济界不仅自身积极为研究中国创建条件,还通过吸收其他阶层如政界、学界的对华研究成果拓展其中国信息来源渠道。

一、日本经济界对华信息交流渠道的创建

1972年之前,中日两国由于二战的影响,加之战后的意识形态差异,长期处于无邦交状态。在这段时期,民间经贸往来成为中日关系中最重要的交流形式。日本社会对华认识的信息来源渠道主要为部分经济界成员的对华经济活动。从1952年第一个《中日贸易协议》的签订开始,中日两国在20世纪50年代共签订了四次民间易货贸易协议。到60年代,中日又通过"友好贸易"、备忘录贸易的形式发展民间经济往来。在当时的政治环境下,"友好贸易"活动的直接参与者多为中小商社,日本一些大企业也通过建立替身公司,或者委托友好商社代办业务的方式参与贸易活动。与当今的中日贸易额相比,这些民间贸易的绝对数量的确不大。[①] 但是,正是这些积极的民间贸易活动疏通了中日信息交流的通道,让日本经济界人士在与中国的接触中认识中国,了解了中国市场的潜力,发现中国存在的巨大商机,确立了中国在日本多元出口战略中的地位,从而开始了发展两国经济合作关系,实现邦交正常化的努力。1972年邦交正常化的实现为双方的经济交流创造了政治环境方面的条件,中日双方使领馆的互设、中日常驻记者交换备忘录的签订等,都为经济界了解中国信息创造了条件。但从信息文本的内容和发展看,经贸交流仍然是日本经济界获取中国信息的最直接渠道。

① 根据历年中国官方统计数据,到邦交正常化之前的1971年,中日贸易总额刚刚勉强实现9亿美元。邦交正常化实现的1972年一年为11亿美元,2013年的中日贸易额为3125亿美元。

(一)中日双方使领馆的经济服务功能

邦交正常化之前,最重要的日本常驻中国机构就是根据"LT协定"《中日长期贸易综合协定》所开设的"LT事务所"(1963—1967年)及之后的"备忘录贸易事务所"(MT贸易事务所,1968—1973年)。这些双方互设的事务所承担了沟通两国之间经贸信息的职责。1972年中日邦交正常化实现后,日本驻华大使馆开设之初也是在MT贸易事务所的协助下展开与中国的外交活动。在1973年MT贸易事务所的使命完成之后,该事务所的大部分人员被北京的驻华大使馆"吸收"。这种"吸收"本身说明了日本政府对原有民间贸易活动的重视和成绩的认可,同时也表明为中日经贸合作服务是日本驻华大使馆的重要工作内容。1972年之后,中日两国的大使馆承担了双方原来民间贸易事务所的部分职能,是日本经济界了解中国政策信息的窗口之一。鉴于上海和大阪在中日两国经济交往中的重要地位,在关西财界首脑的多次建议下,1975年8月15日,中国外交部长乔冠华和日本驻中国大使小川平四郎就中日两国在大阪、上海互设总领事馆达成协议。上海和大阪总领事馆成为经济界了解中国信息的又一重要渠道。

(二)中日新闻记者的经济信息传播功能

新闻媒体是现代社会传播经济信息的重要渠道。第二次世界大战之后的很长一段时间,中日两国处于无邦交时期,通过互派新闻记者开展信息交流的工作一直没有实现。直到1964年4月19日,廖承志事务所和高碕达之助事务所签署关于互派代表和互设联络事务所的会谈纪要及互换记者的会谈纪要。之后,经过多次交涉,决定由中国向日本派驻3名、日本向中国派驻5名常驻记者。此后,虽然各报社多次要求增加常驻记者并撤销对记者驻在时间的限制,但是直到1974年,中日两国政府代表(中方为中国外交部新闻司副司长王珍,日本方面为日本驻中国大使馆参事桥本恕)才签署了《关于日中常驻记者交换的备忘录》,决定中日双方互派11名记者常驻东京、北京。常驻记者的设立,为以经济活动为主要内容的中日关系信息交流提供了另一渠道,成为经济界收集和发布涉华信息、引领日本社会对华认识发展的重要途径。

(三)专设日中经济组织的涉华商务信息支持

在邦交正常化之前,负责中日信息交流的民间层次组织主要有日本国际贸易促进协会和日中备忘录事务所。邦交正常化之后,在1972年11月22日,日中经济协会经日本通商产业大臣批准成立,其前身是廖承志·高碕达之助事务所。这是日本业界为促进中日之间经济交流成立的民界法人团体组织。其主要功能就是为日本企业提供涉华商务信息支持。

日中经济协会早在1981年就开始在北京设立事务所，后又在上海、成都、沈阳等地设立了事务所。在两国政治关系比较顺利的情况下，日中经济协会的主要工作是面向企业决策人员提供中国方面的信息，为日本企业的对华商务开展提供支持。该协会为会员提供的支持包括"收集经济实务信息""向战略决策人员提供信息支援""对华商务人员培训支援"等。具体内容包括：面向经济界各层次人员组织多种形式的访华团；提供中国各地的投资招商信息；提供中国的相关法令制度信息；为在华日资企业提供咨询服务；通过在华事务所为日本企业提供支援；举办各种研讨会；创造日本企业与中国访日团交流的机会，等等。为实现支持日本企业涉华经济活动的目的，协会在北京、上海和成都等地设立的事务所一方面为企业提供当地的各类经济信息，另一方面为会员企业提供各种便利。

同时，经济界各商社的在华事务所工作人员通过他们的实际经贸工作，与中国社会广泛接触，他们也成为日本经济界了解中国的重要渠道。

（四）通过组织大型访华活动加强信息沟通

在长期的对华经贸活动中，日本经济界人士对中国文化非常精通，他们顺应中国传统文化重视友情、信任朋友的特点，通过多种方式加强与中国的沟通与交流。他们积极组建中日经济组织，由能够与中国高层领导进行对话的经济界代表人物担任领导，通过定期访华活动加强与中国领导人之间的交流与沟通，建立双方相互信赖关系。在这方面比较突出的经济界组织有日本国际贸易促进协会和日中经济协会。1974年6月，日本国际贸易促进协会新任会长藤山爱一郎率团访中，以后形成了每年一次由团长率领大型访华团来华的惯例。1972年成立的日中经济协会是邦交正常化之后成立的经济组织，其会长稻山嘉宽在邦交正常化之前致力于中日经贸合作，并得到过周恩来总理的接见。组织访华代表团是日中经济协会对华交流的重要活动方式，该协会在1975年1月受中国国际贸易促进会邀请第一次访华，当时担任访华团团长的稻山嘉宽会长表示"不管是否有特定任务，日中经济协会都要坚持每年实现一次访华"，自此确立了每年一次的访华惯例。截至2013年，日中经济协会已经进行了39次访华活动，这些访华活动在实现与中国的沟通与交流的同时，也是日本经济界获得中国经济发展信息、对日政策信息的重要途径。

从历年访华团的人员组成及中方会见人员的层次看，日中经济协会对华人员交流的层次非常宽广，可以说是上达中国国家首脑，下至一线具体商务活动负责人员；对华交流活动的内容也非常具体，既包括中国宏观经济政策的实施策略，又不乏微观方面的合作项目推行。日中经济协会特别重视与中国的国家经济政策决策者之间的交流，他们通常会创造条件直接拜会中国国家首脑和政府要人，与中央政府各机关和各省区市人民政府领导以及相关主管人员等进行多种形式的交流，加深两国经济界高层人士的沟通，为具体的经济合作探讨奠定基础。

二、日本经济界对华研究的开展

1971 年 5 月，中国・亚洲贸易结构研究中心成立，由时任经团联副会长稻山嘉宽任理事长，主要成员除了作为发起者的日本国际贸易促进会常务理事田中脩二郎、日本国际贸易促进会关西本部的专务理事木村一三外，还有原日中备忘录事务所代表冈崎嘉平太、经济同友会副代表干事河合良一（小松制作所所长）、关西经济联合会副会长日向方齐（住友金属工业社长）、富士银行会长岩佐凯实、三和银行行长上枝一雄、日绵实业社长神林正教、住友商事社长柴山幸雄等。一些原来因为不赞同“中日贸易四原则”而被取消从事中日贸易资格的人士如三菱商事常务江森盛久、三井物产顾问水上达三，原来的亲美派人士如住友银行会长堀田庄三、昭和电工会长安西正夫、日本精工社长今里广记（日经联会长）等也加入了这个研究中心。“这个研究中心的成员，既有承担了迄今为止日中经济交流重任的‘老朋友’，也有发展今后经济的‘新朋友’。财界首脑对该中心在中日邦交正常化之后成为中日经济交流的窗口寄予厚望。”①

中国・亚洲贸易结构研究中心之外，日中经济协会也是日本经济界内部较早开始专业涉华研究的团体，其创办有《日中经协月刊》《资料日中经济》《中国投资手册》《中国经济数据便览》《日中经济产业白书》等，并适时出版各种报告书。协会丰富的资料室藏书（内容主要是日本和中国出版的有关经济方面的书籍、报纸、杂志、统计年鉴及投资招商资料等）等也为会员提供了及时有效的中国信息。该时期日中经济协会最受关注、最具连续性的综合性信息支持是每年发布的《日中经济产业白书》（2011 年之前书名为《日中经济交流×年》）和与每次访华行动相关的报告书。

这些研究机构的设立及开展的相关活动为下一阶段日本经济界主动承担专业性的对华研究创造了条件，为日本经济界实现其专业研究功能和政策影响

① 藤田勇夫：「米中新時代下の日本財界」、『中央公論経営問題』第 10 巻 5 号、1971 年。

功能奠定基础。

三、日本国内涉华研究的情况

日本国内的涉华研究是日本经济界获取中国信息的另一重要渠道。邦交正常化之前，尽管日本国内的中国信息获取通道很不通畅，但在对中日友好抱有很大期待的团体中，仍然出现了一些非常有价值的研究成果。比较有代表性的有：第一，日本中国研究所的研究。该所以开展有关现代中国实情、现代中国的国际关系、中国与日本之间的关系、外国对现代中国的研究状况的综合调研为主，兼及对亚洲各国政治、经济、文化等方面的调研。从 1955 年开始编辑发行《中国年鉴》，其栏目有“总览”“国土人口”“对外关系”“政治”“经济”“社会文化”“决议资料”“机关团体”“统计”等。日本中国研究所为战后初期到中日邦交实现正常化期间中国研究的重要力量。第二，成立于 1950 年 10 月的日本中国友好协会全国本部的研究。该协会以促进日中两国人民的相互理解和友好为宗旨，开展对中国的研究和介绍，促进两国间的政治、经济、文化、艺术、体育、学术、技术交流和人员往来。邦交正常化之后，这些机构开始通过直接交流和实际考察等形式获取中国信息。这些都为经济界从各方面了解中国提供了重要参考资料。

为把握日本对华研究的总体发展趋势，本书对日本国立国会图书馆的藏书进行了统计。日本国立国会图书馆是日本的国家图书馆，主要为日本国会议员调查研究、行政机关工作提供资料服务，同时也面向一般民众开放。根据日本的相关出版规定，该图书馆是唯一一家收存日本国内全部出版物的法定呈缴本图书馆。“呈缴本制度”有效保证了国立国会图书馆资料的完备性。因此，利用日本国立国会图书馆的藏书进行统计能够保证数据资料的科学性与权威性。图 2-1 的统计对象为日本国立国会图书馆的中国关联著作，图 2-2 的统计对象为中国研究著作，二者的关系为后者属于前者的一部分。一般认为，研究者是基于对研究对象的兴趣，或者是了解研究对象的现实需求、以及希望别人了解研究对象的愿望展开研究工作的。对图 2-1 和图 2-2 做进一步的趋势分析，可以发现 1972—1991 年，特别是 1972—1985 年，不管是中国关联著作的数量，还是中国研究著作数量，总体呈上升趋势。这个时间与 1972 年中日邦交正常化之后出现中日关系“蜜月期”的时间大体一致，这表明中日邦交正常化这一政治事件为关心两国关系的人们和两国学者的信息交流提供了研究条件方面的便利。中国研究著作在 1973 年和 1978 年这两年突然数量大增，这种变化恰好发生在中日邦交正常化(1972 年)和《中日和平友好条约》签订(1978 年)前后,应该与政治方面要求研究中国的客观需求有关系。当然,需要说明的是,图 2-2 以"中国研究"为关键词所进行的统计是建立在图 2-1 总量统计基础上的,某种程度上并不能完全准确地统计所有中国研究著作的数量。由于题目与关键词并不契合,许多著作被排除在图 2-2 的统计之外。所以,图 2-1 的统计结果较为准确,图 2-2 的统计结果仅作为参考。

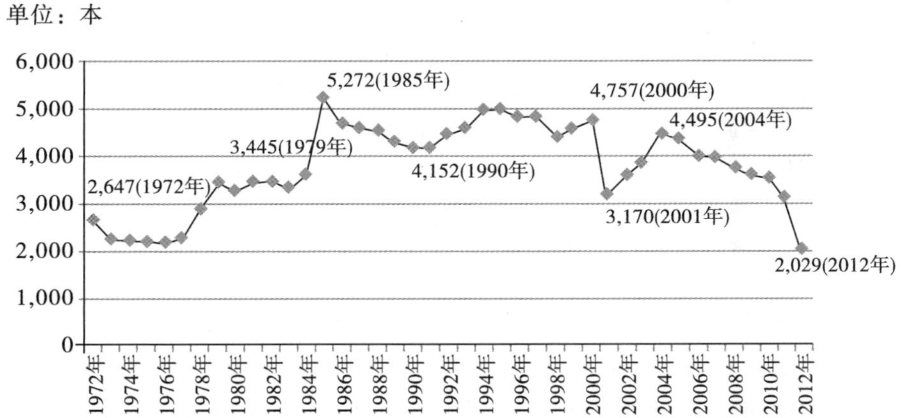

图 2-1　1972—2012 年日本国立国会图书馆所保存中国关联著作统计

资料来源:日本国立国会图书馆官方网站。

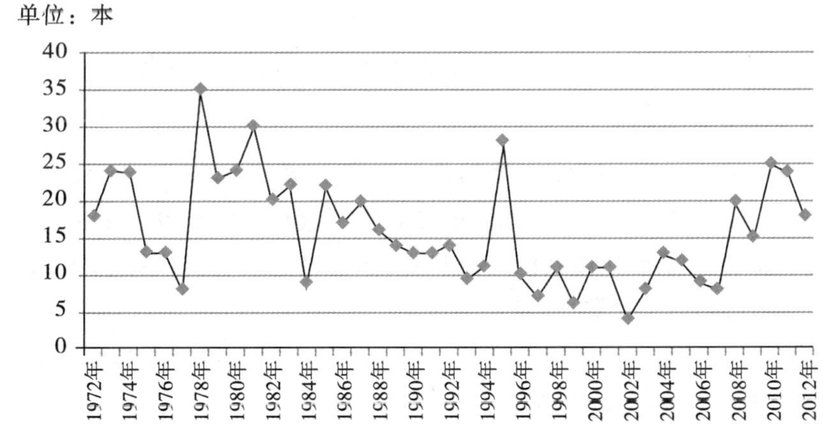

图 2-2　1972—2012 年日本国立国会图书馆所保存中国研究著作统计

资料来源:日本国立国会图书馆官方网站。

以上基于不同的目的和需求所进行的中国研究，为日本经济界从各个角度了解中国提供了必需的资料，是日本经济界除了自身体验和经济方面的专业研究之外，了解中国的重要信息来源渠道。

第二节　亲识中国：日本经济界对华认识的文本研究

日本经济界对华认识的内容，包括对中国国情的认识、对中国体制的认识和对中日关系的认识三个方面。在邦交正常化之后，日本经济界人士近距离观察、了解中国的机会增多，从而形成了日本社会各阶层中独有的基于自身体验的中国认识。这些认识主要通过相关人士的涉华言论、对华研究文本等表现出来。

一、日本经济界对中国国情的认识

日本经济界对中国国情的认识，是促使其与中国进行经济往来的动力。日本在近代以来就对中国广袤的土地、丰富的资源、众多的人口有充分认识。第二次世界大战期间，日本通过长期在中国的考察，对中国的地理环境、能源、土地等有着比较详细的资料记录。比较典型的资料就是满铁调查资料，该资料对中国各地的资源、人口、农业、铁路、港口状况都有记述。该资料是日本经济界了解中国的基础资料的重要组成部分。第二次世界大战结束之后，日本经济界人士对中日贸易抱有很大期待，他们认为为了日本经济的复兴，必须重视扩大中日贸易，有人还特别强调中国东北和华北地区资源对日本的重要性。

（一）对中国资源的认识

早在邦交正常化之前，时任八幡钢铁厂常务董事的稻山嘉宽在访问中国时，就对中国方面的人员说："据说你们中国有资源，但是，资源没开采出来就没有价值。你们开采资源出口给我们，我们使用资源制造钢铁，然后出口给你们。我认为这是真正的交换、贸易。"[①]这段话实际上反映了当时日本经济界对华贸易的基本思路——配合中国以资源换取外汇的经济政策发展对华贸易，同时解决日本自身的资源短缺问题，拓宽其能源进口渠道。

三菱重工顾问古贺繁一在谈到中国的现状和发展时，由衷地说道："中国国

① 稻山嘉寛：『私の鉄鋼昭和史』、東洋経済新報社、1986 年、103 頁。

土辽阔，由于地理和气候因素，天然资源丰富，具有灿烂的历史与文化，拥有素质优秀的 8 亿人民，建设国家的条件可以说是极为优越的。……长远来看，在不远的将来，抛开日中关系不说，中国作为拥有 10 亿人口的超级大国，必然将对世界产生强烈的影响。”①

在煤炭领域，日本电力开发总裁两角良彦说：“将来随着中国输送能力和港湾能力的扩充，尽早进口中国的煤炭，具有重要意义。”②

对于从中国进口能源的问题，在日本政界、经济界和民界均具有很大影响力的冈崎嘉平太发表意见说：“随着中国农业、工业的现代化，日本应该基于长远的考虑，对开发、生产的物资应该暂时储备一部分，尽量多进口一些该类物资。”③

以上几位的谈话，透露出日本经济界上层人士对中国资源的普遍认识：一是对中国的土地、天然资源、人口的优势有充分认识，认为中国能够成为日本进口煤炭、石油之类天然资源的渠道；二是意识到能源出口对于中国来说也只是权宜之计，不会总是源源不断地出口，因此能源短缺的日本应该结合当前中国的“以能源换外汇”政策，有所储备；以上两点认识，还透露出其隐含的第三点认识：中国的发展和崛起是必然趋势，日本应该和中国建立良好的合作关系。

（二）对中国生产力发展水平的认识

20 世纪 70 年代中日双边贸易实现的背景之一就是两国经济发展水平的巨大差距，因此，中日双边贸易具有典型的互补性特征。贸易结构的基本特征是中国以原油、煤炭等能源和农副产品等初级产品换取日本的机械设备和金属制品。站在日本经济界的角度，中日双边贸易大门的敞开的确是难得的发展机遇。一方面，作为能源缺乏国家，他们通过从中国进口石油、煤炭等大批紧缺能源，实现了能源进口的多元化，为克服石油危机、保证日本国内的能源供应拓展了解决渠道；另一方面，日本从中国实现“四个现代化”的经济政策解读中发现商机，配合中国对设备和技术的需求，拓宽以对华输出设备、建设器材为主的出口贸易渠道，成功改变了对美贸易一边倒的格局，实现了国际市场的拓展。因此，无论是对华出口设备还是从中国进口能源，对日本经济界来说都是非常理想的贸易模式，具有与他国合作无法比拟的诱惑力。这

---

① 古賀繁一：「中国の未来を考える」、『日中経済協会会報』、1978 年 3 月号。

② 土光敏夫等：「安定と発展への飛躍」、『日中経済協会会報』、1978 年 5 月号。

③ 岡崎嘉平太：「新情勢下の日中経済交流の提案」、『日中経済協会会報』、1979 年 4 月号。

也是日本经济界努力推动邦交正常化及之后中日各项双边贸易协定签订的原动力。

因此，根据对中国的生产力水平和能源方面特点的了解，该时期日本经济界的对华认识凝聚于两点，即理想的设备出口市场和方便的能源进口地。日本经济界的对华认识即围绕这两点初步形成。

二、日本经济界对中国体制的认识

第二次世界大战之后，中日两国分属社会主义和资本主义两大阵营。实行社会主义的中国与实行资本主义的日本有着鲜明的意识形态差异。国家政策方面，中国长期实行计划经济体制；1978 年之后，中国开始实行改革开放政策。随着中国在政策方面的变化，日本经济界在与中国交往的过程中不断更新着其对中国的认识。

（一）对中日意识形态差异的认识

对中日意识形态差异，时任日中经济协会会长、新日本制铁会长的稻山嘉宽认为：

> 尽管日本实行的是资本主义自由主义经济，中国实行的是社会主义经济，但从贸易和发展经济交流的角度来看，并不形成贸易的障碍。
>
> …………
>
> 中国的经济建设尤其是在“文化大革命”以后，社会经济方面的措施取得了很好的成果。尽管中日是体制不同的国家，但仍可以把中国作为一种发展模式。在今年 4 月召开的亚洲远东经济委员会总会的年度报告中，中国自己声明属于第三世界，是发展中国家。日中经济交流在某种意义上说为南北问题的解决提供了一个新视角。
>
> …………
>
> 各个国家有各个国家的考量，立场不同，国家利益不同，体制也不同。日中两国间的情况也是如此。因此，中日之间将来产生一些细微的不同意见和对立的可能性较大，但周总理的名言“存小异，求大同”在任何时候都适用。我相信，只要坚持这一理念应该可以解决，也一定能够解决中日间的分歧。[①]

① 稲山嘉寛等：「日中民間経済交流について」、『日中経済協会会報』、1973 年 6 月创刊号。

时任日中经济协会理事、富士银行会长岩佐凯实也指出：

> 政治体制不同、社会体制不同，在国家之间、民族之间是常有的。在当今时代，即便中国的政治、经济体制与日本的政治、经济体制存在着不同，但从历史来看，在国际间并不存在完全相同的政治和经济体制。应该超越这种不同，构筑相互间真正的亲善体制。①

稻山嘉宽和岩佐凯实的观点基本代表了当时希望推动中日经济合作发展的日本经济界人士的对华认识：第一，他们坦然地认识到中日之间存在的意识形态差异，并直面这种不同，能够理解这种差异存在的合理性；第二，在对中国当时的情况有一定了解的基础上，他们对跨越中日之间分歧，发展两国经济合作有充分信心；第三，他们把解决中日之间意识形态差异，发展双方经贸关系的意义放到国际化意义的视角考量，展现出日本政界人士把中日合作放眼于世界的宽阔思维。

（二）对中国计划经济体制的认识

中国的计划经济体制形成于"一五"计划期间（1953—1957 年）。计划经济体制强调"独立自主"和"自立更生"的原则。因此，虽然 1972 年中日实现了邦交正常化，但在 1978 年中国实行改革开放政策之前，日本经济界有些人士对中日贸易关系仍然抱有疑虑。三菱重工顾问古贺繁一在 1977 年访华之后的报告中就说：

> 对方的国情有诸多制约。首先不能投融资，对方有自力更生的原则，只能进行技术交流。另外在出口方面，在计划经济下，基于国民经济发展的可能性进行合理的分配。直率地说，只是在必要的时候，以必要的量进口必要的东西，多余的东西在多余的时候仅以多余的量出口，并不是便宜的东西什么都可以买到，这是前提。另外，在两国的价格交涉方面，由于有各种各样的理由，对于我们来说是非常严格的，并不是所有的方面都可以谈生意。②

古贺繁一的顾虑在当时还是有一定代表性的，反映出部分经济界人士希望发展同中国的经贸往来的愿望。他们不仅希望发展对中国的贸易活动，而且有

---

① 岩佐凱実：「日本の経済環境と日中貿易」、『日中経済協会会報』、1978 年 1 月号。

② 古賀繁一：「中国の未来を考える」、『日中経済協会会報』、1978 年 3 月号。

到中国投资的设想,但又对中国政策方面存在的障碍顾虑重重。

对此,另外一些在长期与中国打交道过程中,对中国有更深了解的经济界人士的认识起到了重要的解释作用。河合良一在1973年指出:"顺应自力更生的稳定发展,实现大的增长是有可能的。"稻山嘉宽也指出:"自力更生和自给自足是完全不同的,中国无疑是希望扩大贸易的。"①

时任日中经济协会副会长中司清非常赞赏中国的自力更生原则:"(自力更生原则使中国)即使输出日本的新技术,也具有可以马上消化的能力。"②

河合良一、中司清同古贺繁一的经历不同在于前两者有过长期同中国人打交道的经验,他们在实际的对华交往中,能够逐渐了解中国的国家体制,并对中国的发展和选择给予充分理解,相信中国未来旺盛的发展势头。他们不仅能够看到当时中国计划经济体制下创造的贸易机会,而且对将来的合作空间有很大期待。因此,他们不认为中国的计划经济体制会阻碍中日经济合作的发展。这些认识对于从经济界内部消除对中国机遇的顾虑,引领整个社会的对华认识发展意义重大。

(三)对中国改革开放政策的认识

1978年以后,中国开始实行改革开放政策,政府将工作重心转移到经济建设上来。对此,日本经济界一部分人觉得比较困惑。经济学者饭田经夫就曾在文章中发表看法,他说:"中国的人口占世界总人口的四分之一,如果中国真正起飞成功,其影响之大,一定是不可估量的。而近几年来,中国通过自由化政策,确实显示了新的动向。但是,对于能否真正起飞,我现在仍然有许多疑问。一般讲,在一般日本人中,很多对中国抱有好感(美国人和西欧人可能亦如此)。因此,常常有点用好的眼光看待中国,对中国的缺点往往比通常所说的要打折扣。"③

同样的担心也体现在日本经济界的部分一线工作人员的具体对华行动中,我国的研究人员在同一些日商的接触中也有所体会:"首先,他们普遍对我正在深化的外贸体制改革予以关注,尤其关心我以何种方式进行改革,以及所采取的方式会给中日贸易带来什么影响。如担心各地自相竞争,使原有正常贸易秩序打乱;各地自行其事,出现问题无人受理;实行承包责任制后,一些公司和生

① 稲山嘉寛等:「日中民間経済交流について」、『日中経済協会会報』、1973年6月创刊号。

② 稲山嘉寛等:「日中民間経済交流について」、『日中経済協会会報』、1973年6月创刊号。

③ [日]饭田经夫:《"亚洲时代"的梦》,张瑞德摘译,《世界经济文汇》1985年第6期。

产企业只图眼前利益而忽视产品质量；担心出现混乱、问题严重后，中国再走回头路等等。”①

但是，长期与中国打交道的日本经济界人士普遍对中国的改革开放政策给予了肯定的评价。

时任日中经济协会理事渡边弥荣司说：“中国为了提高10亿国民的生活水平正在奋斗，向农业、工业、科学技术、国防现代化迈进。这一巨人正做着脱贫的尝试，这无论对于日本来说还是世界来说，都是非常值得高兴的事情。若邻国住着10亿人，他们挣扎在贫困之中，日本也无法继续独自享受丰富的生活。”②

对于中国积极寻求对外借款的政策，渡边弥荣司说：“中国自从期待着苏联的援助失败之后，就决定自力更生，坚持不接受外国援助的方针。而现在转变为积极地寻求美国与日本的帮助，这是重大的转换，日中、美中的合作也成为了可能，在世界史上具有巨大意义。”③

稻山嘉宽对中国的改革开放不仅表示欣赏，而且呼吁经济界配合中国的改革开放，促进中日新的合作。他说：“从我们来看，关于计划经济的不合理、效率不高的缺点所产生的问题，最近中国内部也注意到了，也有人提出要进行‘改革’，进行计划经济与市场原理的结合。中国经济正处于大的转换期和变化的时代。我们不要固定地看待事物，有必要在日中合作方面多下功夫，本协会（指日中经济协会）也必须促进进行这样的新的尝试。”④

渡边弥荣司、稻山嘉宽同饭田经夫不同，在于前两者是长期从事对华经济合作的执行者，他们目睹了中国从中日邦交正常化之前的封闭状态，到邦交正常化之后的半封闭状态，直至实行改革开放政策逐渐拥抱世界的过程，他们从中体会到中国政府进行社会主义现代化建设的决心，能够理解中国当时遇到的困难和通过改革开放谋发展的努力。因此，他们能够不拘泥于中国在局部、细小方面的不足，从比较宽广的视角审视中国的政策变化，从而形成对中国改革开放政策的客观认识。

---

① 郭莉：《从春交会日商与会情况看我国面临的机会与挑战》，《国际贸易》1988年第8期。
② 渡辺弥栄司：「80年代の日中協力を展望」、『日中経済協会会報』、1980年1月号。
③ 渡辺弥栄司：「80年代の日中協力を展望」、『日中経済協会会報』、1980年1月号。
④ 稲山嘉寛：「日中協力で新時代を築く」、『日中経済協会会報』、1979年10—11月号。

三、日本经济界对中日关系的认识

日本经济界有识之士对客观评价中日关系的必要性、途径和意义，有充分的认识。这点可以从冈崎嘉平太以顾问身份参加高碕达之助的访华活动，对日本外务省提出的建议中看出：

> 首先，日本的对华关系与英美等国的对华关系不同，它是完全独特的东西，即日本民族必须与汉民族保持睦邻的关系，这是一种宿命。其次，为此就需要双方正确认识对方，在这一点上，日本的军部就犯有大错，以致误国。以前日本军方光依赖靠不住的情报，听不进其他人的意见，于是无法认识和理解对方，这是发生问题的根源。今天的日本切勿对中国再犯同样的错误。所以当前需要正确把握中国的实际状态和动向，在此基础上确立处理对华关系问题的方向，并付诸实行。松村等展开的备忘录贸易活动就是为了开展这一工作。先确立构想，一面坚持自己的立场，一面和中共谋求推进经贸关系，最终还是为了能够正确认识和理解中共这层考虑。我们对松村、高碕等的访华的期待也正在这里。那些工作绝不只是为了扩大贸易，而是应有更高远的想法。[①]

以上反映出冈崎嘉平太对中日关系问题的认识：一是从现实需求出发认识到正确处理中日关系的必要性；二是在原则上需要以史为鉴，正确认识中国；三是在方法上要立足现实经贸关系，放眼长远。冈崎嘉平太的这种认识代表了日本经济界上层人物对中日关系的看法，在邦交正常化前后对日本社会客观认识中国起了推动作用。

(一)对中日政治关系的认识

冈崎嘉平太不仅对当前的合作充满信心，对进入21世纪之后的中日关系也进行过设想："为了自身的稳定与发展，日本必须维护世界和平，特别是亚太地区的和平，为此，必须要与中国共同负起责任，相互合作，促进经济发展。……今后，在21世纪前半期，日本与中国应该携手，为整个亚洲的文化与民主的发展做出贡献。"[②]

---

① 转引自田庆立、程永明：《近代以来日本的中国观：第六卷(1972—2010)》，江苏人民出版社2012年版，第50页。

② 岡崎嘉平太：『終りなき日中の旅』、原書房、1984年、274－275頁。

对于帮助中国实现“四个现代化”的问题，冈崎嘉平太说：“由于战争，日本对中国国民造成了极大的损害，现在的日本应作出深刻反省。因此，帮助中国进行‘四个现代化’建设，不能单纯地从商业的角度计算，而应该站在更高处，为了救赎过去的罪过，为了现在和将来，必须在政治上采取具有深远意义的行动。”[①]

关于《中日和平友好条约》的签订问题，时任经团联会长土光敏夫对媒体说：“按道理说，外交是政府的责任，但是我们经济界也有自己的想法。日中关系应该走向友好，我们热情期待尽早缔结政府间的和平友好条约。”[②]当时的经团联副会长稻山嘉宽也说：“在经济界内部，无一人反对缔结日中和平友好条约。”[③]此外，经济界代表性团体还通过组团访华等形式加强与中国之间的沟通，并通过媒体积极宣传经济界的访华活动，把缔结和平友好条约的意见发表出来，以带动日本社会形成对日本执政者的社会舆论压力。

1978 年 8 月 12 日，《中华人民共和国和日本国和平友好条约》（简称《中日和平友好条约》）签订。随后，《人民日报》报道了经团联会长土光敏夫、日本商工会议所所长永野重雄、经济同友会代表干事佐佐木直、关西经济界联合会会长日向方齐、日中经济协会会长稻山嘉宽、日本国际贸易促进协会关西本部会长上枝一雄等关于《中日和平友好条约》签订的谈话。[④] 这些在当时日本经济界有着深远影响人物的谈话，表明日本经济界对中日政治关系的走向非常关注，并把中日友好放到维护亚洲和世界和平的高度进行认识。正是经济界有识之士对发展中日关系的积极认识，带动广大经济界人士投入到促进中日友好合作的活动中，形成了推动日本政界完成《中日和平友好条约》签订使命的巨大力量。

（二）对中日经济关系的认识

二战后不久，日本经济研究者们就提出“对中国经济来说，日本比哪个国家都重要，同样对日本来说，中国也是比哪个国家都重要”，“日本最必然的市场是中国”，“为了世界的和平，为了改善热爱和平的日本人的生活，日本必须振兴与

---

① 岡崎嘉平太:「過去の日本の中国侵略を考える」、『日中経済協会会報』、1982 年 11 月号。

② 《经团联土光会长期待尽早缔结日中条约》，《每日新闻》1978 年 5 月 10 日。

③ 島田政雄・田家農:『戦後日中関係五十年』、東方書店、1997 年、331 頁。

④ 参见《日本经济界著名人士赞扬日中和平友好条约　日中条约为发展两国经济贸易关系开辟道路》，《人民日报》1978 年 8 月 14 日；《日本经济界人士发表谈话　日中条约是发展两国经济和科技合作的新起点》，《人民日报》1978 年 10 月 24 日。

中共的自由贸易”。[①]

对于中日经济关系对日本经济发展的意义，冈崎嘉平太说：

日中贸易，无论是在政治上还是经济上，也无论是现在还是将来，对日本都是有益无害，关于这一点必须充分认识到。如果轻视日中贸易，将给日本民族带来极大的负面影响，因此务必要官民一体、积极地加以推进。[②]

我认为将来日本与中国的贸易将占第一位，不过日本一些寡欲之士却认为，在我国的150亿美元的出口额中，与中国的贸易仅占3亿至5亿美元的份额，根本不值一提。……从长远眼光来看，对日本而言，轻视日中贸易绝非上策。日本是必须进行贸易的国家，进口原料进行加工然后必须销售出去，不与今后将成为世界大国、拥有7亿人口的邻国进行贸易是十分愚蠢的，也是不可能的。[③]

日本人要学会把日本和中国看作一个共同体来考虑问题，认真思考如何与之维持友好关系，作为先决条件，应树立中国各方面良好会促进日本的和平和繁荣的理念。[④]

加强合作，是为了日本的明天”，援助中国进行经济建设是有利于“日本安全”的事业。[⑤]

日本著名经济学家平井博二的意见则更加直接：“日本的景气始于日中贸易”，“日中贸易是拯救中小企业之道”。[⑥]

从以上经济界不同层次人士的言论或者著作可以看出：在日本经济界看来，发展与中国的经贸关系，符合日本长远的经济利益。他们对于日本自身经济发展的优势、劣势和需求都非常清楚，知道国际贸易对日本经济发展的决定性影响。通过对中国市场软硬件因素的研究，他们发现中国的经济发展水平、

① 大内兵衛：「日本経済の独立と中共」、『世界』、1952年10月82号。
② 岡崎嘉平太：『私の記録——飛雪、春の到るを迎う』、東方書店、1979年、48頁。
③ 岡崎嘉平太：『私の記録——飛雪、春の到るを迎う』、東方書店、1979年、49頁。
④ 岡崎嘉平太：『終りなき日中の旅』、原書房、1984年、278頁。
⑤ 岡崎嘉平太：『終りなき日中の旅』、原書房、1984年、39・69頁。
⑥ 平井博二：『日中貿易の基礎知識』、田畑書店、1971年、67頁。

人口规模、资源特点、市场状况等，都适合日本把中国作为发展长期经贸合作的对象。因此，他们把援助中国的经济建设看作促进日本和平与繁荣的重要手段。这种经济发展方面的一体感，有助于帮助日本社会消除与中国之间的隔阂，建立一种以相互包容为前提的对华认识，从而推动中日关系的健康发展。

(三)对中日文化关系的认识

日本经济界各层人士除了高度关注中日政治、经济关系，对中日文化关系的发展同样寄予了很大期望，并把发展中日文化关系看作促进双方经济交流的重要手段。

时任日本昭和电工社长的铃木治雄在1975年指出："谈到外国，大致可以分为西洋和亚洲，对于现代的日本而言，西洋之中与美国的关系是最重要的，在亚洲中与中国的关系比重尤其大。"①冈崎嘉平太也认为："日本在亚洲，首先要深化同朝鲜、中国的友好，提高其文化，增强其生产，确保国民的和平与丰富的生活，顺次应该从东南亚开始扩展至全亚洲。"②"日本与中国过去交往了两千年，即便从明治维新开始也有了百年的交往，今天的共产主义政府也有了20年的历史，中国是将来百年、二百年也必须进行交往的国度。"③"从历史上看，中国人曾独自创造了高度的文化……而日本虽拥有消化文化的能力，但没有创造文化的经验。"④

时任日中经济协会理事长、小松制作所社长河合良一在1973年的谈话中说："思考今日正常化之意义，并非单纯地是与旧时代的诀别，而应视为新时代的开端，即便是站在经济人的立场，也必须基于非常宽广的历史观而行动，同时也必须具有这样的视野。"⑤

能够站在历史发展的视角，评价中日交往的意义并勾勒今后发展的蓝图，这是具有历史责任感的日本经济界人士的认识。这些认识与对中日政治关系、经济关系的认识一样具有深远的意义。因此，考察日本经济界的对华认识，亦须高度关注其在不同时期为促进中日文化和民间交流所做的努力。

---

① 鈴木治雄：「日中関係の基礎」、『日中経済協会会報』、1975年8月号。
② 岡崎嘉平太：「新条件下日中経済交流の提案」、『日中経済協会会報』、1979年4月号。
③ 岡崎嘉平太：『私の記録——飛雪、春の到るを迎う』、東方書店、1979年、49頁。
④ 岡崎嘉平太：『終りなき日中の旅』、原書房、1984年、277頁。
⑤ 稲山嘉寛等：「日中民間経済交流について」、『日中経済協会会報』、1973年6月号。

第三节　友好合作:日本经济界对华认识的影响

在日本经济界积极的涉华信息传播下,日本社会从政界到民界形成了总体比较良好的对华认识。这表现在日本社会良好的对华印象形成、日本政府积极的涉华政策制定、中日经济合作内容和规模的不断拓展等多个方面。

一、对华认识文本的社会传播

根据日本经济界不同层次对华认识文本的分类,日本经济界对华认识信息的社会传播渠道、影响范围、影响力等也都有所不同。

一是经济界代表人士的公开涉华言论。这类文本主要通过新闻媒体发布,起到通过引领社会舆论,促使日本政界采取经济界所谋求的对华政策的目的。这类言论主要通过经济界团体的代表性人物发出,在全国比较有影响力的媒体上发布,能起到迅速引领社会舆论的作用。在遇到中日关系发展过程中的重大事件时,如1972年中日邦交正常化的实现、1978年《中日和平友好条约》的签订、20世纪80年代初日本对华ODA贷款项目的实施等,日本经济界都有效利用这条信息传播渠道,影响整个社会的对华认识。

二是经济界内部的对华认识意见交换。这个时期比较典型的文本就是《日中经济协会会报》。日本经济界领军型人物如稻山嘉宽、冈崎嘉平太、古贺繁一、土光敏夫等的言论、访华报告,多在这个杂志上登载,继而实现在整个经济界内部的信息交流。这类言论和意见较之媒体的传播范围要小得多,但对于统一经济界内部的对华认识,启发经济界人士的对华思考,统一其对华行动有重要作用。

三是经济界人士公开发表的著作。如冈崎嘉平太的《我的记录——飞雪迎春到》《永无止境的日中之旅》,稻山嘉宽的《我的钢铁昭和史》,平井博二的《日中贸易的基础知识》等就属于此类。这类文本在社会上的信息传播速度不如媒体快,但是信息量大,传播范围又比协会内部的会报要广。因此,其对日本社会对华认识的影响力更大。

日本经济界的对华认识通过以上三条渠道在社会上得以传播,从而引导了这一时期日本社会对华认识的发展方向。综合本时期日本经济界对华认识信息来源渠道的演变状况,以及对华认识文本的数量和内容,可以发现由于他们主要把精力放在利用当前现有的合作机会推动现实的对华经贸活动方面,尚未出现对中国市场比较专业、深入的研究。此外，在邦交正常化初期，日本经济界推动中日合作的人员之中不乏对过去日本侵华抱有赎罪感的友好人士，因此对中日政治、经济关系方面的思考也以感性的发展“友好”为主要倾向。在日本经济界的积极推动下，1978 年《中日和平友好条约》得以签订。继而在此条约的宏观政策范围内，中日又签订了一系列的实务性协议。这些协议的签订为中日经济合作提供了政策方面的支持。同时，由于双方经济交流规模和范围尚处于拓展阶段，从经济交往规律来说，属于矛盾或摩擦较少出现的时期。即便出现了类似 1979—1981 年的成套设施停建问题，也由于了解问题出现的根本原因在于中国外汇短缺这一客观现实，日本经济界采取了理解的态度和积极的协助解决措施。日本经济界还通过推动对华 ODA 贷款等措施，促使日本政府从政策层面保障了日本出口中国大型设备合同的顺利履行。如此，在日本政经两界推动的“日中友好”框架内，日本社会对华持积极看法的人口比例自第二次世界大战以来达到新高。①

二、对政府涉华政策的影响

在中日实现邦交正常化的过程中，日本经济界利用同中国的民间贸易活动，促进双方的经济和信息交流，继而通过公开的言论和积极的访华行动在日本社会营造出实现中日邦交正常化的积极舆论环境，扮演了要求政府实现中日邦交正常化的重要压力团体的角色。在邦交正常化实现之后，其继续作为对华交往的一员，参与政界的对华政策制定。以实现邦交正常化为契机，中日关系步入了创造良好的政治关系为经济合作服务的年代。随着《中日联合声明》的签署，在政界和经济界代表人物的协作下，《中日贸易协定》《中日航空运输协定》《中日海运协定》陆续签订，特别是 1978 年《中国和日本长期贸易协议》的签订，对中日经济贸易的规模、内容、付款方式等都做了详细而具操作性的规划。这些都为中日双边贸易的扩大创造了条件。在这样的政治环境下，中日双边贸易额从 1972 年的 11 亿美元扩大为 1991 年的 228 亿美元，为日本经济界带来了巨大的经济利益。

此外，1989 年后，日本经济界积极促使日本政府改变追随西方国家实行对

① 据 1982 年日本广播出版协会会刊所载，日本广播协会（NHK）舆论调查所编《图说战后舆论史》（第 2 版）内容显示：“喜欢中国”的比例在 1950 年为 0.5%，1957 年为 2%，20 世纪 60 年代初为 4%以上。1988 年的调查结果显示：“喜欢中国”的比例为 57%，“讨厌中国”的比例仅为 6%。这些数字的变化是中日关系在该时期走向友好的证据之一。

华“制裁”的政策，修复受到损害的中日关系。

（一）参与并促成多项中日贸易协议的签订

参与日本政府的对华交往活动，促进实质性经济合作协议的签订，畅通中日经贸关系的政策渠道，是日本经济界在邦交正常化前后一直全力开展的工作之一。

邦交正常化之后，中日从政府到民间都为双方的进一步合作努力创造条件。1972 年 11 月，日本通商产业省代表团在当时的通商政策局长小松勇五郎带领下访华，正式实现了邦交正常化之后的政府间交流。1973 年 1 月，时任通商产业大臣的中曾根康弘作为邦交正常化之后的经济阁僚正式率团访华，探讨尽早签订两国之间贸易协定的问题。随行人员包括 1972 年 11 月 22 日刚刚成立的日中经济协会会长稻山嘉宽带领的经济界代表人士。这是中日邦交正常化后日本第一个官民结合的访华团，中曾根康弘和稻山嘉宽一行得到了周恩来总理的接见。通过这次访问，日中经济协会同中国国际贸易促进会建立了会务联系，日本通商产业省通商政策局官员则同中国外贸部地区政策局官员进行了会谈，并就签订政府贸易协定简单交换了意见。

1974 年 1 月 3 日，日本外相大平正芳访华，1 月 5 日，双方签署《中日贸易协定》，这是一个包括前言和 10 项条款的原则性协定。前言明确写道：“中华人民共和国政府和日本国政府根据 1972 年 9 月 29 日在北京发表的两国政府联合声明，尊重已有民间贸易关系所积累的成果，本着在平等互利的原则基础上进一步发展两国间的贸易和加强两国间的经济关系的愿望，经过友好协商，达成协议。”协定中“尊重已有民间贸易关系所积累的成果”之表述是对邦交正常化之前中日经济界为两国经济交流所做贡献的积极评价，肯定了双方民间团体在中日建交后将继续发挥作用，受到日本经济界团体的欢迎。1974 年 4 月，中日两国签订《中日航空运输协定》。1974 年 11 月，中日两国签订《中日海运协定》。此外，在把中国列为普惠关税对象国、探索签订对华出口成套设备协议的过程中，经济界的身影都无处不在。

从邦交正常化以来中日签订的各类协议内容看，其为发展双方经济合作铺路的宗旨非常清晰。经济界积极参与甚至主导中日政府间各类协议的签订，一方面表明经济合作是中日关系的重要组成部分；另一方面能够显示出经济界在日本对华政策制定过程中的特殊重要地位，体现出日本政界在发展对华关系中尊重经济界人士的意见，把发展经济关系与发展政治关系密切关联的原则。

(二)促成并延长《中日长期贸易协议》

1978 年 2 月 16 日,中国中日长期贸易协议委员会主任刘希文和日本日中长期贸易协议委员会委员长稻山嘉宽(当时亦担任日中经济协会会长、新日铁会长)在北京签订《中日长期贸易协议》,协议有效期为 8 年(1978—1985 年),就中国向日本出口原油和煤炭,日本向中国提供技术、出口成套设备和建设器材等长期贸易内容进行了规定。协议不仅对 1978—1982 年中国向日本每年出口的原油、炼焦煤、动力煤的数量进行了具体规定,还就后期(1983—1985 年)逐年增加的合作原则达成协议。同时,协议也对 1978—1982 年日本向中国方面提供技术、出口成套设备(70 亿至 80 亿美元)和建设器材(20 亿至 30 亿美元)等做出规划。根据当时中国外汇储备较少的实际情况,双方同意原则上采取延期付款方式由日本向中国提供技术、出口成套设备和建设器材。协议的签订受到两国经济界的高度重视,为日本经济界掀起第一次"中国热"奠定基础。"《中日长期贸易协议》虽然规定它的有效期是'自签字之日起到 1985 年 12 月 31 日止',但同时规定'本协议非经双方同意,不得撤销'。事实上,它成为一个无期限的'超长期'协议。这项规定对日本方面来说是确保资源的绝好根据,对当时急于搞经济建设、恢复生产的中国来说无疑也具有极其重要的意义。"[①]

《中日长期贸易协议》签订以后,伴随中国经济建设热潮的出现,中国向日本订购钢铁、石化设备的项目迅速增加。1979 年 3 月,中日长期贸易协议委员会双方负责人举行定期会晤,一致同意将协议日期延长至 1990 年,金额也扩大到 600 亿美元。[②] 1982 年 9 月,中日双方在东京签订了会谈纪要,对 1983—1986 年从中国进口原油、煤炭的数量重新做出安排。双方同意 3 年内的交易数量为原油 800 万到 860 万吨,煤炭逐年定为 450 万、600 万、700 万到 800 万吨,并把 1986 年以后增至 1000 万吨作为努力目标。中方承诺将尽量努力进口来自日本的技术设备,并将该类设备、技术和单机列入协议之下。1986 年 1 月,中日双方在东京就 1986—1990 年长期贸易协议下原油、煤炭的数量安排达成协议。双方同意 5 年内的交易数量为:原油每年 880 万至 930 万吨,煤炭 370 万至 410 万吨。这些安排为《中日长期贸易协议》的执行提供了良好的保障。[③]

---

① 李恩民:《从经济战到石油外交——20 世纪 70 年底日本对中国大陆的石油贸易》,《上海师范大学学报》(哲学社会科学版)2005 年第 6 期。

② 参见田桓主编:《战后中日关系文献集(1971—1995)》,中国社会科学出版社 1997 年版,第 590 页。

③ 参见林连德:《当代中日贸易关系史》,中国对外经济贸易出版社 1990 年版,第 141—142 页。

关于日本经济界首脑坚持不懈地与中国交涉，签订这一协议的战略思想，李恩民在其论文中总结为以下四点："第一，从长远的观点来看，确保能源对日本经济具有决定性的意义。第二，实现日本的原油供给源的多样化。1978年10月第二次石油危机的爆发，证实了日本财界的判断，也坚定了他们对中国石油外交的信念。第三，缩短资源的海上运输距离，借以确保运输安全同时削减运送成本。经济安全保障与海上的运输安全是密不可分的。与中东相比，中国和西伯利亚都与日本很近，不但能保证资源的运送安全，而且能够大量削减运输成本。第四，通过大规模地进入中国大陆市场来减少与西方各国的贸易摩擦。20世纪70年代，正是日本与欧美各国产生贸易摩擦之时，以成套设备为龙头大规模地进入中国市场是中日关系发展的必然，也是明智的选择。"[①]由此可见，日本经济界积极推动的《中日长期贸易协议》不仅为经济界的对华贸易畅通了道路，也是日本国家能源政策、对外经贸政策的重要环节。以《中日长期贸易协议》的签订为契机，日本得以从中国进口石油、煤炭，还与中国合作开发资源，形成"开发—进口"的合作方式。

（三）1989年政治风波后敦促日本政府修复受损的中日关系

1989年政治风波之后，一贯追随美国的日本政府参与了美国主导的所谓"对华制裁"。日本政府不仅在1989年6月4日和6月7日先后发布了《日本外务省关于前往北京市的自慎劝告》和《日本外务省关于前往中国的自慎劝告》，要求日本国民"极力回避，或者延期前往"，宣传"中国形势仍然极其动荡不安"，建议日本民众"以不去访华为好"。[②] 6月22日，日本外务省又向日本商工会议所、经团联、经济同友会等工商团体发出了各企业在华机构人员暂停对华业务和旅行的劝告。[③] 不仅如此，1989年6月6日，日本外务省发言人宣布政府将重新研究对华援助问题，日本银行也冻结了1.45亿美元的对华贷款。[④] 在同年7月的西方七国首脑会议上，日本政府宣布冻结已经承诺的第三批对华日元贷款，第二批贷款中的未完成项目也陷于停顿。与此同时，日本政府还严格限制对华技术与设备的出口。在这种政府对华政策的影响下，日本对华贸易量急剧

---

① 李恩民：《从经济战到石油外交——20世纪70年代底日本对中国大陆的石油贸易》，《上海师范大学学报》（哲学社会科学版）2005年第6期。

② 田桓主编：《战后中日关系文献集（1971—1995）》，中国社会科学出版社1997年版，第730—731页。

③ 参见田桓主编：《战后中日关系史（1945—1995）》，中国社会科学出版社2002年版，第389页。

④ 参见"法新社东京英文电讯"1989年6月6日。

减少。据日本《产经新闻》报道,1990年上半年日本对华出口额与1989年同期相比,下降了41%,只有27亿美元。日本的对华人员交流也出现滑坡,从1989年3月的4.9万人,下降到1990年3月的3.1万人。[①]

面对因日本政府对华政策导致的双方经济合作倒退的状况,日本经济界有识之士积极呼吁解除对华"制裁",恢复日中经济合作。日中经济协会会长河合良一在1989年11月率团访华后,决定在协会内设立"推进对华合作委员会"。同时,日中经济协会在广泛征求经济界人士的意见之后,以协会名义向海部俊树政府提交了《关于顺利实施第三批对华日元贷款的请求书》《关于早日成立日中投资促进机构的请求书》《关于对华贸易保险的请求书》《关于第三批对华资源银行信贷的请求书》。特别是对恢复中日贸易进程有着极大影响、象征着中日友好的对华日元贷款项目,协会表现出极大关注,他们指出:继续冻结日元贷款将"阻碍中国经济的稳定发展,影响中国经济计划的制定,酿成中国国民对日本的反感,招致日中经济关系的停滞,影响日中友好、信赖关系"[②]。这些行动,对海部俊树政府的对华政策产生了巨大影响。[③]

在经济界及其引导的社会舆论的推动下,"1989年11月28日,日本政府政务次官会议决定首先恢复对华提供约50亿日元的无偿援助,用于修建上海医院和充实北京电视台器材等四个项目"[④]。但是在美国政府的牵制下,日本对华恢复关系的步伐难以迈开。日本经济界人士从自身利益出发,四处呼吁,积极推动恢复对华日元贷款,发展对华经济合作。1989年11月2日,日本政府内阁会议正式决定恢复第三批对华日元贷款,并分别于1989年11月2日、1989年12月21日和1991年3月15日完成了三批对华日元贷款的换文工作。与此同时,1991年3月29日《朝日新闻》报道说,"1991年1月中国降低了化肥等40种商品的进口关税,到1990年12月中国的外汇储备达到270亿美元",宣传日本发展对华贸易的有利因素。1991年1月,住友商事公司派出以专务理事桥本睦为团长的大型访华考察团,并决定在广东、福建等沿海地区合资兴办30个项目。伊藤忠商事、三菱商事、丸红公司、日本兴业银行、东京银行等五家商社组成日本企业联合体,于当年2月赴大连调查,准备投资250亿至300亿日元,用于大连第三期工业宅地开发项目。另外,各商社还参与天津、广州等地的商业

① 参见《产经新闻》1990年7月16日。

② 『日中経済協会会報』、1990年2月号。

③ 参见孙乃民:《中日关系史》第3卷,社会科学文献出版社2006年版,第447页。

④ 《日刊工业新闻》1989年11月28日。

谈判,力图将中断的设备订货和合资项目一举恢复起来。[①] 在经济界积极的推动下,日本政府为恢复中日关系做了一系列准备。1991 年 8 月 10 日,日本首相海部俊树来华访问,这是 1989 年 6 月西方国家对中国实行“制裁”以来第一个来华访问的西方国家领导人,标志着中日政治、经济合作关系的全面恢复。这是以经济界人士为代表的社会各界有识之士立足于中日经济合作的现实意义,共同对政府施加影响的结果,对推动此后中日经济合作具有重要意义。

(四)协调并推动日本对华 ODA 贷款

20 世纪 80 年代是中日政治、经济关系的“蜜月期”,其象征为对华 ODA 贷款项目的确立和实施。“80 年代中期以来,日本把对外援助变成了争取各国支持、提高国际地位、争当政治大国的有力手段。”[②]日本的对华 ODA 贷款符合我国改革开放、发展经济的需要,也是 20 世纪 80 年代日本实现经济飞速发展之后,谋求二战后“正常国家”身份、维护本国经济利益的重要抉择。邦交正常化以来中日经贸关系的不断发展使日本在抗击两次石油危机中抵抗力增强,这种中日经济合作的良好结果使日本亚洲战略的正确性得到印证,成为日本经济界更加积极地推动中日经济合作的重要动力。

1.经济界为推动对华 ODA 贷款所做的努力

邦交正常化前后,中国的经济基础仍比较薄弱,发展生产所必需的基础设施不健全、资金不充足、出口能力和市场购买能力有限。这些不利于日本对华经济拓展的客观现实,一定程度阻碍了双边贸易的发展。基于这种状况,日本经济界为了能够从中国进口更多的能源和向中国出口更多的产品,推动政府在解决中国的外贸资金短缺问题方面采取了一些积极措施。例如,在 1972 年 8 月,中日两国就人民币和日元的结算问题达成协议;同年 12 月,两国签订了日本对华出口成套设备协议。即便这样,当时中国的经济实力和外汇储备还是难以满足贸易往来中的资金需要。20 世纪 70 年代末,随着中国现代化建设的快速展开,中国开始大规模引进国外的先进技术和设备。1979 年 4 月,中共中央召开工作会议,针对在“左”倾思想影响下造成国民经济比例失调严重的情况,提出“调整、改革、整顿、提高”的方针,开始在基本建设方面缓建或停建一批建设项目或技术引进项目。1979 年 2 月,中国技术进出口总公司根据合同生效条款中的规定,通知日本有关厂商:1978 年 12 月以后签订的宝山钢铁厂项目、石

① 参见《日经产业新闻》1991 年 2 月 21 日。

② 金熙德:《日本对华 ODA 政策的演变和中日关系》,《日本学刊》1995 年第 2 期。

油化学项目等29个合同,暂缓生效。[①] 此决定引起日本相关产业界对中国政策的质疑。面对这种状况,日本经济界人士迅速采取行动。1979年10月,经团联副会长、日中经济协会会长稻山嘉宽带领日中经济协会成员访华,主要针对“政府借款、合资问题、中小企业、人才养成”等与中国有关领导人进行会谈。访华回国之后,稻山嘉宽发表了针对“对华借款”和“合资问题”的意见:

> 首先是借款,我判断对于中国的经济调整这是不可缺少的,同时也可以想象到中国对日本的期待。这次的调整,政策的重点是确保和改善国民的衣、食、住以及农业问题,因此财政倾斜势必影响重工业,将压缩基础建设投资。因此,我想在成套设备和原燃料资源开发方面如果要进行紧急和长期的投资,必然要吸引长期、低利息的外资和我国先进的技术。地下资源也是外汇的获得源。因此,借款的目的、用途以及国民经济的背景是非常清楚的。借款谈判万一不成功,中国方面的困惑和对日的不信任可以想象。因此一定要圆满解决。无论是借方还是贷方,对于体制不同的两个国家来说,初次就该问题进行谈判,一定要在细小的技术问题上多下功夫。但这种问题,依照过去的经验,一定要避免来自国外的各种各样的想法和牵制妨碍当局者的决断。作为我国的立场,并不是否认担心世界各方面的必要性,只是希望不要使之成为难以决断的口实。人口接近10亿的邻国的政治、经济的稳定,对于日本极其重要,说它是超越单纯贸易问题的安全保障问题也未必言过其实。对于我国来说,在将对华援助成为稳固国策的基础上,如果其他国家有疑惑,有必要表现诚意予以解释说明。[②]

对于经团联、日中经济协会这样的组织所发表的言论,日本政府向来非常重视,日中经济协会本身也加强了与政府之间的沟通。经济界的努力促使日本政府积极采取实际行动解决与中国之间存在的问题。1980年2月,日本政府派遣大来佐武郎特使来京与中国领导人协商解决中日项目中止的问题,中国领导人对中国外汇方面的困难进行了解释,表达了希望依靠政府借款或者合资的形式,使项目继续进行的愿望。[③] 日本从发展对华关系和开拓中国市场的战略考虑出发,决定以优惠条件向中国提供资金援助。经济界与该援助行动所带来的经济利益关系最大,因此日本经济界以日中经济协会和经团联为代表在对华日

① 参见林连德:《当代中日贸易关系史》,中国对外经济贸易出版社1990年版,第143页。
② 稲山嘉寛:「日中協力で新時代を築く」、『日中経済協会会報』、1979年10—11月号
③ 参见[日]大来佐武郎:《最近的日中交流》,余晓华译,《日本学刊》1987年第5期。

元贷款方面表现出极大热情。经济界上层人士一方面积极推动日本政府尽快做出对华贷款的政治决断;另一方面通过向中方提出各种有益建议,积极促成对华政府贷款的实现。最终,1980 年 4 月,中国投资管理委员会与日本海外经济协力基金在北京签订了协议,日本向中国提供 500 亿日元贷款。借助日本对华 ODA 贷款,中国在 20 世纪 80 年代恢复了大部分业已中止的对日设备购买项目。

2.日本对华 ODA 贷款政策的全面实施及其意义

对华 ODA 贷款的设想,最初由日中经济协会会长稻山嘉宽于 1978 年 9 月访华时提出,经团联会长土光敏夫也曾向中国领导人积极介绍运用日元贷款的意义。1978 年 10 月 25 日,中国领导人在访日期间举行的记者招待会上表示对日本政府贷款予以研究。[①] 1978 年十一届三中全会的召开,为中国确定了改革开放的经济发展主调,中国的主要任务转移到经济建设方面。会议通过的《1979、1980 年经济计划的安排(草案)》明确提出要发展经济,必须要引进国外先进技术和大量外资,这是中国引进外资政策确立的标志。1979 年 5 月,日本经贸会关西本部会长木村一三访华,在与中国时任交通部部长曾生交谈时提到,按照日本政府的对外援助政策,中国方面可以向日本政府提出申请,取得日本方面的援助,获得技术和资金,用来帮助恢复发展中国的经济。1979 年 5 月,邓小平在接见日本自民党议员铃木善幸时明确表示,中国政府感谢日本方面提出的 ODA 设想,并且会认真考虑接受日本提供的援助。

1979 年 9 月,在日本国际贸易促进协会成立 25 周年之际,访日的谷牧副总理与日本政府就第一期日元贷款达成合意,正式向日方提出了向 8 个建设项目提供 1.2 万亿日元(约 55 亿美元)贷款的要求。1979 年 12 月上旬,日本首相大平正芳正式宣布向我国提供 ODA 贷款。这是日本政府的第一批对华 ODA 贷款,项目实施时间为 1979—1983 年,共向中国提供约 3309 亿日元的贷款,用于中国铁路、港口等 5 个项目的建设。大平内阁之后的几届内阁继承了大平内阁时期的对华 ODA 政策理念,持续执行对中国的 ODA 政策。1984 年 3 月,中曾根内阁与中方签订了第二期对华 ODA 贷款合同,贷款金额为 5400 亿日元,用于中国的铁路、电力、港口、通信等 17 个项目的建设;1988 年 8 月,竹下登内阁同中方签订了第三期贷款合同,金额为 8100 亿日元,用于中国的电力、铁路、港口、机场、公路、通信、城建、农业等 50 个项目的建设;1994 年 12 月村山内阁和

① 参见《日本经济新闻》1978 年 10 月 26 日。

1998 年小渊内阁时期分别签订了第四期前三年的贷款合同(金额 5800 亿日元)和后两年的贷款合同(金额 3900 亿日元),分别用于公路、港口、水利、机场、通信、电力、农业、环保等 40 个项目及环保、水利、防洪农业、交通、电网改造等 42 个项目。对华 ODA 贷款一直持续到 2007 年底,历时 28 年,累计贷款金额约 3 万亿日元。

根据大平正芳提出的"对华经济合作三原则",日本提供的日元贷款大部分用于中国的基础设施建设方面,中国依靠这些资金完善了以道路、港口、发电、通信等为中心的生产、生活必需的基础设施,为后期的中日经济合作,特别是日本对华投资和贸易提供了便利。从这个角度来说,日本对华 ODA 贷款应该属于日本长期对华经贸战略的一部分。

日本对华提供 ODA 贷款在当时来说符合日本的国家政策和经济界的利益,所以其得到了以经济界人士为代表的日本国民的支持。"开发援助"和"战略援助"这两大理念贯穿日本对华 ODA 贷款全程,影响着日本对华 ODA 贷款的走向和发展。从每批对华日元贷款的使用项目也可以看出,这些资金相当一部分用于与中国煤炭对日出口有关的交通设施建设项目。在日元贷款的使用方面,日本更倾向于援建中国的基础设施,以便从根本上为中日双边经贸关系的发展创造条件。例如,第一批日元贷款的使用重点为用于山东、山西煤炭运输的铁路和港口,显示出日本欲把对华援助与本国的长期能源战略结合起来的意图。从项目实施结果看,日本的对华 ODA 贷款不仅有利于中国的建设和发展,更有利于中日经贸关系的加强,符合日本经济界发展长期对华经济贸易的需求。20 世纪 80 年代初以来,日元贷款在中国的能源、资源类产业,交通、通信等基础设施,农林、城建、环保等与人们生活密切相关项目方面发挥了积极作用。

三、对中日经济合作的推动作用

中日邦交正常化以来,在中日政经两界的不懈努力下,《中日和平友好条约》及一系列具体的经贸合作协议得以签订,加上中国改革开放政策的实施和日本对华 ODA 贷款的开展等,中日经济合作宏观政策层面的工作基本完成。进入 20 世纪 80 年代,两国之间发展经贸活动的壁垒,如政治关系、国家政策、双边贸易政策、资金问题等逐一被破除,中日经贸关系进入大宗能源、大型技术设备贸易全面展开的时代。在这个时期,日本经济界出现了两次以中日贸易额飞速增长为表现的"中国热",日本企业也开始尝试对华投资。

（一）实现日本对华贸易额的迅速

中日邦交正常化和相关贸易协议的签订，推动了中日两国贸易活动的开展。1972—1978年，中日经贸合作取得巨大进展，贸易额由1972年的11亿美元迅速增至1978年的48亿美元，增幅高达336%。1978—1991年是中国经济平稳增长时期，中国国内的情况是原油供大于求，而外汇储备紧缺。这个时期中国将国内开采的部分原油用于出口，主要目的是赚取外汇。与此同时，日本执行其“原油进口渠道多元化”战略，从中国进口了大批紧缺能源，从而缓解了石油危机带来的冲击，保障了其能源供应。而中国通过出口石油等能源从日本获取了引进技术、设备的必要资金，因此两国关于技术与设备的洽谈也非常活跃。《中日长期贸易协议》签订当年即1978年，中日贸易额还不到50亿美元，到1989年已增长到150亿美元。在此期间，中国对日本出口原油11亿吨左右、煤炭3800多万吨，价值200多亿美元，占同期对日本出口总额的1/3还多。日本向中国输出技术、设备和建设器材价值超过100亿美元。

（二）推动对华大型设备出口工作的开展

除了与官方携手促进中日经贸往来，经团联下属的三菱、三井、住友等商社也开展了具体的对华经济合作活动。1972年8月，周恩来总理接见了三菱商事株式会社、三菱重工株式会社及三菱银行株式会社的代表，以此为契机，三菱开始了在中国的事业发展。1972年9月，三菱重工株式会社与中国机械进出口总公司签订出口钻井装置合同；1973年2月向上海石油化工总厂出口乙烯设备；1974年6月，稻山嘉宽率团访问中国，与中国方面签订了武汉钢铁厂热轧设备合同。1976年2月吉林化学工业公司向三菱商事株式会社社订购了丁苯橡胶（SBR）成套生产设备。1972—1978年，日本向中国出口37项成套设备，其中的35项成套设备的价值金额达到10.29亿美元；另外两项设备的价值金额为700亿日元。上海宝山钢铁厂的中日合作项目就是其中一个成功案例。

上海宝山钢铁厂项目是中国改革开放的“1号工程”。1977年11月，国务院副总理李先念与来访的日中经济协会会长、新日铁董事长稻山嘉宽探讨了由其协助在中国沿海建造大型钢厂的设想。1978年3月11日，国务院通过了《关于上海新建钢铁厂的厂址选择、建设规模和有关问题的请示报告》，决定从日本引进成套设备，总投资214亿元。1978年10月，在邓小平访问日本期间，新日铁董事长稻山嘉宽、社长斋藤英四郎陪同参观了新日铁君津制铁所。邓小平对该厂的设备、技术非常赞赏，表达了希望在其协助下在中国建设同样先进工厂的决心。由于日中经济协会会长稻山嘉宽在邦交正常化前后积极的对华工作，中国方面对其非常信任，加之中方领导人对新日铁技术、设备的考察与肯定，中国技术进出口总公司与新日铁在1978年12月22日签订了建设宝钢协议书和订购宝钢成套设备的总协议书。身为新日铁董事长的稻山嘉宽在帮助中国的同时，更为日本向中国出口大型成套设备立下了汗马功劳。

除了为宝山钢铁厂提供成套设备外，1980年作为中日合资经营的第一个项目的福日电视在中国福州诞生。1983年9月，三菱商事为中国埕北石油开发项目订购海上石油开采设备。1985年2月，华能国际电力开发公司向三菱商事订购大连、福州发电厂设备。这些对华设备出口活动为中国经济建设提供了设备和技术方面的助力，也为日本的对华贸易注入活力。

为配合中国的改革开放政策，日本企业展开了对华设备出口的多方协作。1981年始，根据中日相关协议，日本经济界代表性团体日中经济协会和国际协力事业团承担了无偿为中国工厂的现代化建设提供“企业诊断”和改造方案设计的工作。日中经济协会在1981—1990年为中国的139家工厂、国际协力事业团在1981—2001年为中国的117家工厂提供了设计方案。中国方面在这些设计方案的基础上制定了新工厂建设和成套设备购买的规划。根据“同等条件优先考虑”原则，中国尽量向日方负责设计的企业订购所需设备，这自然为日本企业的对华成套设备出口提供了重要的商业机遇。

日本经济界不仅积极推动两国之间合作协议、经贸合同的签订，对项目实施中出现的问题，也以非常积极的方式协调解决。1980年4月1日，在日本经济界的协调下，日本把中国列为普惠关税对象国，目的是增强中国的对日出口能力，为中日经贸活动注入新的动力；1981年1月，中方由于资金不足不得不中止了向日本公司购买成套设备的4个合同，日本经济界通过访华活动了解情况后，推动日本政府通过对华ODA贷款及其他形式的贷款，在帮助中方解决资金不足的问题后顺利恢复了宝钢一期工程和大庆石化工程等多个项目，畅通了日本大型设备的对华出口渠道。

（三）初步开展对华直接投资

除了对华贸易之外，日本企业还开始了试探性的对华直接投资。日本的对华直接投资开始于1979年，以《中华人民共和国中外合资经营企业法》的实施为标志。在中国改革开放初期，外资政策还不明确，日本经济界的对华投资非常谨慎，20世纪七八十年代日本大企业对华投资增长较为缓慢，多数企业处于观望或试探的阶段。“日本三资企业的兴办，在80年代是一个起步，非生产性的、小型的企业居多”，“日本企业家的主要思想障碍仍然是中国是一个社会主义国家，同日本的社会体制不同，可以进行一般交易，但是不好搞经济合作，特别是合资设厂”。[①] 1979—1991年，日本对华投资项目累计只有1889件，合同总额为37.3亿美元，远远低于同期美国等国家对华投资规模。投资领域主要集中在投资周期短、资金少、风险较小的服务性行业，制造业部门的投资较少；投资地区主要基本集中于对外开放的沿海地区。总体看来，日本对华直接投资虽然在本时期没有迎来双方期待的高潮，但也为90年代的全面发展铺开了道路，是90年代日本经济界投资热潮的铺垫阶段。

20世纪七八十年代，中国作为日本摆脱石油危机、日美贸易摩擦及广场协议带来的负面影响，探索多元化能源进口渠道和多元化贸易渠道的重要合作对象，在日本经济界的天平上占有重要地位。日本经济界在这个时期的对华认识信息来源渠道得到很大拓展。在政经两界的协作下，中日两国很快以客观而务实的态度打破了阻碍两国经贸关系发展的政策、资金等软件方面存在的壁垒，实现了贸易额度的大幅度提升。综合看这段中日关系史上的“蜜月期”，双方经济发展水平存在差距，在现实贸易交往中能够“各取所需”是重要的内在(硬件)原因：中国获得了实现“四个现代化”和改革开放所必需的成套先进设备，在日本协助下实现了对现有工厂的现代化改造；日本企业成功地进入中国市场，不仅获得了来自中国的稳定能源供应，还通过向中国出口设备获取了巨大的经济利益。可以说，中日双方硬件方面的需求和软件方面的协作成功谱写了两国七八十年代的友好篇章。中日双方在这个过程中“求大同，存小异”，以大局为重的建设性态度，以及注重交流和对话、求真务实的作风至今仍然值得借鉴，可以作为处理两国间问题的重要经验。

当然，这种建立在经济发展水平差异下的、发达国家与发展中国家的不平等经贸关系，随着其最主要硬件(经济发展水平)的变化，必然会在内容、结构和方式等方面发生变化。随着改革开放成果的不断显现，中国在产业结构调整、技术水平提高等方面取得长足进步。随着中日贸易规模不断扩大，贸易摩擦开

① 林连德编著：《当代中日贸易关系史》，中国对外经济贸易出版社1990年版，第172页。

始出现，虽然这些摩擦在双方努力下得到了较为妥善的解决，但是日本经济界开始意识到原有的对华经济策略必须进行改变。随着中国社会主义市场经济体制的不断完善，日本经济界把中日经济交流的重心逐渐转向投资，从而掀起了中日经济交流的又一轮热潮——对华投资热。

第三章　1992—2001年日本经济界的对华认识

20世纪90年代，无论是对中日两国还是对整个世界，都是发生剧烈变化的转折时期。随着冷战的结束，日本作为美国亚洲战略中主要据点之重要性减弱，日美贸易摩擦和日元升值使日本面临巨大压力。随着泡沫经济的破灭，日本进入了“失去的十年”①，经济陷入长期低迷。为寻找重新崛起的途径，亚洲战略对日本之重要性日益突出，日本劳动密集型产业加快了向发展中国家的转移。中日邦交正常化20年来，双边经贸关系日趋成熟，建立在“南北差距”前提下、以“中日友好”为主题的双边合作模式逐渐发生改变，市场在两国经济合作中的调节作用日益增强，中日合作逐渐走向平淡和理性。适应国际形势和中国方面的需求，日本的对华经济活动也由原来的贸易为主逐渐走向以投资为中心。在国际环境、中日两国之间软硬件因素变化的影响下，日本经济界的对华活动变得更加活跃，除了一直坚持推动对华贸易活动、通过有影响力的团体组织访华以加强与中国政经两界的沟通外，在两国政经界的努力推动下，1992—1997年日本出现了第一轮对华投资热潮。20世纪90年代末中日贸易摩擦的出现和解决是中日双边经济活动中的新情况，由日本经济界主导的专业性对华研究也在本时期被提上日程，为21世纪日本经济界开展广泛而深入的对华研究拉开序幕。

以上这些中日经济关系中出现的新情况，对日本经济界的对华认识有何影响？日本经济界对华认识又有哪些明显的变化？本章将展开对中国实行社会主义市场经济体制（1992年）到中国加入WTO（2001年）之前这段中日经济合作从“蜜月期”（第一个阶段）向“困难期”（第三个阶段）转变的过渡期内，日本经

① 20世纪90年代的日本经济长期不景气，被日本经济界称为“失去的十年”。

济界对华认识的信息来源、对华认识文本及对华认识对日本社会影响的研究，借此分析本时期日本经济界对华认识的特点。

第一节　渐行渐通：日本经济界对华认识的信息来源

到 1992 年，中日实现邦交正常化已 20 周年。20 年的经济交流、人员往来和对华研究，让日本经济界认识中国的信息来源变得越来越多。除了继续利用原有的驻华使领馆人员、驻华记者、各种经济团体的访华活动加强信息交流与沟通外，日本经济界人士在对华经营、投资方面开展了专业研究，学界、政界的专业对华研究也逐渐被纳入日本经济界了解中国信息的来源渠道。20 世纪 90 年代日本经济界的专业性对华研究工作是在中日经贸关系、投资关系日益密切，双方经济摩擦也开始出现的情况下开始的。日本经济界基于对中国市场所存在机遇和风险的初步认识，放眼于整个亚洲区域内，同时兼顾对世界各国对华经贸活动于中日经贸关系影响的关注，开始了探索性的对华研究。

一、日本经济界涉华信息渠道的变化

本时期，日本经济界在信息获取方面与前一个时期的最大不同就是开始了与中国研究界的成果交流。一方面，日本经济界的专业性对华研究增多，自然把一部分目光投向中国的相关研究。另一方面，中国研究界在 20 世纪 90 年代把对中日经济关系方面的研究提上日程，这种变化回应了日本经济界研究交流的需求。标志性的中日经济研究交流活动是经团联 21 世纪政策研究所与中共中央党校举办的“面向 21 世纪日中经济论坛”：1999 年 10 月 12—13 日，经团联 21 世纪政策研究所和中共中央党校共同举办了“面向 21 世纪日中经济论坛”。这是经团联 21 世纪政策研究所成立以来首次与中国有关机构就中日经济关系问题进行交流，是该所开始把中国经济和市场的研究作为重要研究课题的标志性活动。此次活动分为“中国经济”“日本经济”“中日经济关系”三个专题，中日两国的专家分别做了题为“当前我国的宏观经济政策分析与提案”（中共中央党校教研部副主任王东京）、“日本眼中的中国经济”（21 世纪政策研究所理事长田中直毅）、“失去的 10 年与日本经济改革”（21 世纪政策研究所骨干太田勉）、“21 世纪日本经济展望”（中国社会科学院日本研究所主任研究员张淑英）、“21 世纪中日经济关系展望”（21 世纪政策研究所主任研究员安川隆志）的发言。日本方面参加此次活动的人员，除了 21 世纪政策研究所的研究骨干和研究员，还有来

自富士通综合研究所、三菱综合研究所、日本生命基础研究所的研究员，以及松下电器、丰田汽车、三合综合研究所上海有限公司的代表们。因此，这是一次政府、经济界专业研究人员和经济界一线工作人员共同参加的重要活动，本次活动得到日本经济界各层次的高度评价。21 世纪政策研究所的相关记录这样评价此次活动：本次活动的成功举行，可以说是中日交流史上的一次崭新探索，相信此类交流可为相互理解夯实基础、创造条件，是使中日关系走向成熟不可或缺之工作。[①] 2000 年 1 月 26 日，经团联在其会馆安排访日的中共中央党校副校长郑必坚发表演讲，题目为“面向 21 世纪进发的中国经济”。

“面向 21 世纪日中经济论坛”的意义有以下几点：一是正式开启了两国围绕中日经济关系的专业研究交流，这种交流有利于促进日本经济界对中国宏观经济政策的理解，也为中国研究界和民间的涉日研究成果在日本业界传播创造了条件，促进日本经济界对华认识研究的多角度思考；二是通过活动实现与经济界在华经营人员的直接沟通和信息交流，让经济界研究者能够在比较短的时间内从对中国经济、社会拥有一线交流经验的人士那里得到更多的中国经济相关基础信息；三是激发了中国研究界对中日经济关系研究的兴趣，中国方面研究的加强反过来能为日本经济界的中国研究提供更多的信息。

二、日本经济界专门涉华研究机构的建设

20 世纪 90 年代日本经济界自身对华认识研究与七八十年代相比最显著的不同就是经济界开始把专门的对华研究作为重要的工作内容提上日程。其意识到随着中日经贸规模的扩大，仅靠组织短期访华团这些表面层次的交流已经不能适应当前的中日经贸关系。20 世纪 90 年代出现的中日贸易摩擦也使日本经济界有识之士意识到开展对华研究的重要性。以日本经团联、同友会和日中经济协会等代表性组织的对华研究为代表，日本经济界开始了认真、细致、联系实际的对华研究。

经团联作为日本经济界最有影响力的组织，其研究活动和成果备受重视。20 世纪 90 年代末，经团联的有识之士认识到为建设富有活力的经济社会，经济

① 原文为：ある意味では知的水準の極めて高い構成となっており、これに対して中国共産党中央党学校という中国共産党の中・高級幹部を育成する格好の相手との知的交流の展開に成功したことは、中日交流史における新たな試みとも言ってもよく、こうした交流によってさらに深味のある相互理解が実現するための基礎を固めるものとなろう。成熟しつつある両国関係には成熟した相互理解の絶えざる深化が不可欠である。

界应该发挥国家宏观发展战略、政策立案和施行方面的主导性作用。在经团联创立50周年之际，领导层决定于1997年设立“21世纪政策研究所”，由其承担具体的经济、政策研究任务。21世纪政策研究所在组织形式上属于经团联的内部机构，由经团联为研究所提供所需研究经费，但其研究活动相对独立。人事方面由经团联会长兼任研究所所长，运营委员会选出的理事长具体指导研究所各部门的研究活动，同时还设有特别顾问、事务局长等职。研究人员包括研究骨干、专任研究员和一般研究员几类。研究骨干由理事长推荐，运营委员会决定，选任范围包括大学的专任教授、副教授及各界有识之士。一般研究员由研究骨干从国内外研究者、企业内部研究员、经团联的会员企业中具有丰富研究经验的人员中选定。专任研究员从教授、副教授、助手、博士后、研究生及留学归国人员中选定。专任研究员作为特别调查委员会的成员，与研究所就具体的研究项目签订委托研究协议。这种由经济界团体提供资金支持，社会各界专业研究人士参与的研究，能够整合全社会的经济研究力量，使研究成果的专业性、实用性达到很高的水准。

日本同友会的对华研究主要通过国际交流委员会下设的“中国政策研究室”进行。同友会的成员都是企业经营者，这些各行各业的精英以个人身份参加同友会。其宗旨就是以负责任的态度关注、研究国内外各行各业的发展并利用会员的特殊身份，“参与政策立案，强化组织实施”。他们通过与政策制定者对话的机会，把在同友会内部形成的“具实施可能性”的政策意见及时、准确地传达给政策制定者，影响并推动政府经济政策的制定与实施。同友会研究议题涉及政治、经济、国际问题、地球环境问题等各个方面。外交政策方面的研究主要由国际交流委员会负责，他们通过与各委员会相关联的驻日使馆、经济团体、驻日国际机构、政府官员、企业经营者等的交流，以及参加国际会议、派遣使节团、召开研讨会等方式展开活动并形成相应的活动报告。同时，其利用演讲会等活动把所掌握的与该国、该地区的相关信息提供给会员。在每年初，委员会的正副委员长会主导制定交流的具体活动计划，然后根据活动内容召集项目组成员。与访日、留日重要人物的交流，以及参加重要国际会议的人选除了该交流委员会的正副委员长，还可以是该交流委员会的正副干事、各政策委员会的正副委员长等本会的其他负责人员。“中国政策研究室”的设立，使日本同友会的中国研究工作在专业分工方面更加明确，研究内容也更具方向性，体现出该团体对中日经贸活动发展状况的重视。

三、日本国内对华研究的发展

1992—2000年,日本国内涉华研究成果的数量除了在中间有一次大的飞跃外,其他年度都很平稳,变化幅度较小,有些研究中日关系的学者把这段时期称为中日关系的"冷淡期"。1992年10月,中共十四大确定中国经济体制改革的目标是建立社会主义市场经济体制。之后,中国经济实现了较快增长,GDP一直维持7.7%(1999年)到14.2%(1992年)的高速增长。与此同时,日本在泡沫经济破灭后,经济陷入停滞,故而20世纪90年代被称为"失去的十年"。经济长期不景气的日本与经济增长迅猛的中国形成鲜明对比,也激发了学者们的研究兴趣。1994—1995年,涉华研究成果的数量出现一次激增。结合对研究文本内容的考察,这个现象应该与中国提出建立社会主义市场经济体制目标后,日本研究界加大了对中国经济政策、中国问题方面的研究力度有关。

第二节 逐步深入:日本经济界对华认识的文本研究

1978年中国开始实施改革开放政策,经历10多年探索,1992年中国正式明确建立社会主义市场经济体制目标。这个时期日本经济界的对华认识较前一个时期变得更加成熟和理性。内容方面,已经不仅仅局限于上个时期充满包容性的"中国机遇论",日方已经不仅仅是把中国当作能源进口地和大型设备的出口地。在中国国情的研究方面,对中国存在问题的研究、中日经济合作中存在问题的研究、中国发展对日本的影响等议题进入研究者的视野,引起经济界研究人员的兴趣。

一、日本经济界对中国国情的认识

硬件变化是引起两国经济合作方式调整的最重要因素。随着中国经济发展水平的不断提高,中日双方的合作方式也必然需要进行改变。这些改变出现的一个重要前提就是日本经济界对中国国情认识的变化,这包括对中日能源合作情况变化的认识、对日本企业在中国市场发展所存在问题的认识和对中国环境问题的认识等多个方面。

(一)对中日能源合作情况变化的认识

在前一个时期,中日在能源合作过程中的角色为:中国通过出口国内供大于求的石油、煤炭等能源换取外汇，日本则把中国当作重要的能源进口渠道之一。1993 年，中国成品油净进口量达到 1469 万吨，成为成品油净进口国；1996 年原油净进口量达到 222 万吨，成为原油净进口国。1993 年后，中国对日本的原油出口量逐渐减少，与石油出口相关的中日长期贸易延续性谈判变得日益困难。1999 年 2 月，中国对日原油出口一度中止。[①] 能源供需方面的变化使中国不得不调整对日石油出口战略，从而促使日本经济界不得不重新确定中国在其能源进口渠道多元化战略中的位置。“20 世纪 90 年代中日关系的平淡，也与中日两国经济界在 90 年代没有了 80 年代的能源合作甚至展开了能源竞争相关。”[②]在对中日邦交正常化过程及前一个时期日本经济界对华认识的研究中，可以发现日本把中国作为其能源进口渠道多元化战略的重要组成部分，但是，随着中国国内能源供不应求局面的出现，日本从中国进口能源变得困难。与此同时，伴随中国能源进口量的增加，中日在国际石油、天然气市场的竞争开始出现。这些客观现实的变化促使日本经济界调整中国在其能源发展战略中的地位，寻求以新的方式实现与中国在能源领域的合作。例如，在新能源和可再生能源开发利用领域，把日本的先进技术与中国广阔的市场相结合，以创造新的合作机遇等。日本经济界这种积极的能源合作意识，为下一个时期中日两国在节能环保领域的合作提供了认识方面的准备。

(二)对日本企业在中国市场发展所存在问题的认识

在不断深入的研究中，日本经济界越来越清楚地认识到中国市场对其经济发展的意义，同时也开始意识到中国市场作为“世界市场”，日本需要与来自各方面的力量进行竞争。这种认识比较集中地体现在本时期的相关中国研究中，比较有代表性的是 21 世纪政策研究所研究员渡边宏一郎完成的研究报告《中国保险市场的现状与展望——从外资的视点谈起》。该报告从中国保险市场的现状及面临的课题入手，总结了影响中国保险市场发展的几大因素，包括“发展迅速的经济成长环境”“中国居民喜欢储蓄的特点”“汽车普及化”“国有企业改革和非国有元素的飞跃发展”“人口膨胀及老龄化的加速”等，同时分析了中国加入 WTO 和保险市场开放为世界带来的巨大商机。经过对比，渡边指出目前

① 参见张季风主编：《中日友好交流三十年 · 经济卷(1978—2008)》，社会科学文献出版社 2008 年版。

② 周维宏：《中日相互认识的难点》，蒋立峰主编：《中日两国的相互认识》，世界知识出版社 2003 年版，第 72 页。

日本保险企业在中国的发展已经落后于其他国家,其原因可以归结为三点:一是日本保险企业对中国市场的重视程度不够;二是与欧美国家领导人为本国企业在中国发展所做的努力相比,日本政府领导人没发挥出推动日本保险企业在中国发展的作用;三是中日历史方面的隔阂使中国人对日本保险企业缺乏信任。该报告结合以上问题提出了开拓中国保险市场的设想,如通过先进入浙江、江苏等非国有经济发展较快的地区,为今后在中国全面开展工作积累经验;通过网络和电话销售的方式降低店铺和员工成本;借助大陆与台湾关系缓和的机会及大陆人民对台湾同胞的感情,与台湾商界携手进军大陆保险市场;通过业界抱团的方式向中国政府官员宣传日本保险企业的优势,来弥补日本领导人工作的不足等。

该报告结合世界各国开拓中国保险市场的状况,讨论了目前日本企业在中国市场发展所存在的问题,这包括经济界自身的问题、政府支持力度的问题、中日历史方面存在的芥蒂等。同时,该报告并不支持因为困难的存在而放弃开拓中国市场的想法,说明研究者充分认识到中国市场对日本经济发展的意义。该报告遵循“市场机遇的考察—存在问题的研究—解决方法的探讨”这一研究路径,循序渐进,具有很强的说服力,对日本企业在中国市场的发展无疑具有现实的指导作用。

(三)对中国环境问题的认识

中国经济发展中所存在的问题是本时期日本经济界的重要关注点。他们通过对这些问题的调查研究,不断调整着自身对中国的看法,继而在不断深入的探讨中发现日本对华经济合作中存在的问题,从而发掘中日经济合作的新机遇。对环境问题及日本在中国环境保护过程中发挥作用的高度关注是本时期最重要的研究议题之一。

报告《中国的环境问题与日本的作用》负责人是时任日本同友会环境委员会委员长冈野满武(三菱商事副社长),该报告的完成时间为 1996 年 10 月 17 日。该报告的完成背景,可以概括如下。21 世纪即将到来,各国经济相互依存度大大提高,中国潜在的巨大市场吸引发达国家采取多种方式发展对华经贸关系,因此日本在对华贸易和投资方面一贯的优势地位受到冲击。为开拓新的对华合作领域,同友会内部形成共识:日本利用其在发展过程中积累的应对环境公害、保护环境的经验,帮助人口众多、经济飞速发展的中国解决经济成长过程中出现的环境污染问题,实现与中国在环境问题方面的紧密协作,对外是“超越一国利益，造福全球环境”的公益性行动；对内可吸引中国与日本企业合作，为日本企业进军中国市场创造机遇。在日本同友会环境委员会负责下，各界有识之士进行了面对面交流，并到中国进行实地调查，1996 年 10 月 20—23 日还召开了由企业智囊团参加的研讨会。在征询、总结各方意见并进行实地调查的前提下形成了该报告，故该报告完全符合同友会研究活动之必要性、可行性、现实性原则。

该报告先对中国的环境现状及面临的问题作了论述。报告从三个方面论述了中国应该受到关注的环境污染问题：第一，中国当前的产业构造中重工业所占比例较大，乡镇企业的设备、技术陈旧，能源与绿色环保生产技术落后；第二，中国工业废水的排出达标率(55％)低，生活废水 80％未经处理随意排放，由此会造成水污染；第三，随着城市化的推进，与汽车大量普及相伴的空气污染逐渐加重。同时，该报告指出，与中国的经济发展水平相比，中国的环境保护意识和立法实际上是先行一步的。法律法规方面，中国早在 1989 年就制定了《中华人民共和国环境保护法》，从国家到地方都制定了针对大气污染、固体废弃物污染、水污染的规章条例；政策方面，中国早在 1994 年就颁布了《中国 21 世纪议程》，后又进一步推出《中国 21 世纪议程优先项目计划》；行政方面，设置了国家环境保护委员会、国家环境保护局，以及各个地方的环境保护局。该报告也指出，由于中国有些部门的行政权限不明确、资金保障不到位、监督机制不完善、环保意识不成熟等，政策和措施实施迟缓，难以收到实效，大型国有企业的环境保护措施落实不到位等问题突出。

该报告的重心是针对中日在环保领域合作可行性的研究。该报告先总结了日本中央政府、地方政府以及民间为帮助中国解决环境问题所做的工作及工作中的不足。中央政府层面，第四期对华日元借款的实施项目中，环境项目占 15％，涉及资金 880 亿日元；通商产业省推出了应对发展中国家公害问题的绿色设备计划；环境省正在构建东亚酸雨监督网络。但通商产业省的项目与环境厅的项目存在重合部分，今后应注意避免。地方政府层面，目前主要通过与中国的友好城市关系展开协作，今后应该作为中央政府合作项目的补充推出有实效的协作项目。民间层面，主要由企业提供资金，通过国际协力事业团接收研修生、派遣技术人员、举行业界团体的定期交流和研讨会等开展从技术到资金等多方面的协作。其中存在的问题有：一是日本企业的负担过重；二是由于中方资金不足，日方的提案得不到实施。该报告特别提到欧美国家和国际机构与中国环境方面的合作较于日本有不少优点。自 1990 年开始，世界银行对中国环境方面的援助额达到总援助额的10%。联合国开发计划署的援助额虽小,但因是围绕《中国21世纪议程》展开,针对性强。就当前围绕中国环境问题的国际协作,该报告指出,目前各国际组织的对华环境协作基本处于各自为政的状态,缺乏国际间的协调统一;今后应该注意调查报告信息的共享,在援助行动方面与联合国展开协调合作。

围绕中国环境问题的合作模式探讨方面,该报告针对环境协作提出三方面意见:一是要有环保意识的培养和传播,建议通过让中国参与国际性的环境保护活动,提高中国国民的环保意识。中日之间的环境协作要建立在"共生"的意识之上,加强相互理解。二是鉴于中国土地辽阔,要建立部分示范性地区与示范性领域。具体对策方面,可以在指定示范区内建立小规模集约化生产企业,作为环境保护的"橱窗",在日本协助下从节省能源、改善生产环境等方面进行新厂区建设和对既有厂区进行改造。三是日本要有"全民参与帮助中国"的意识。日本作为发达国家要以身作则,培养从政府、自治体、企业到市民参与日中环境协力工作的意识。该报告围绕日本的对华ODA贷款使用现状,提出要坚持ODA贷款"环境与开发两立"的援助原则,在资金使用上要无偿、定向化。同时指出在当前情况下,中国很多企业并不具备安装环保设施的资金条件。针对这种情况,可以导入"二级借款"方式,先把日元借款分配到政府的开发金融机构,再由政府的开发金融机构将其作为环境专项资金,以低于市场利率的方式定向借给企业用于环保设施的安装。该报告指出,中国幅员广阔,地域差别大,环保意识培养的任务很重,在中国召开与全球环境有关的大会有利于中国人环保意识的培养。因此,该报告建议,一旦中国政府有意承办2002年的"可持续发展世界首脑会议",日本政府要大力支持。

具体行动方面,该报告提出到中国投资的日本企业应该采取与在日本国内相同的环境保护措施,通过发挥日本企业的环境保护示范作用,为在中国形成环境保护的风气贡献力量。技术方面,目前中国的环境保护产业规模小、技术不足,应通过积极的技术转移,加强环保技术的产业化合作,具体可通过接收研修生、派遣技术人员等方式展开。与中国的交流方面,要利用日本企业经营者同中国政府官员、企业负责人频繁接触的机会,推动环保方面的信息交流与对话,把环保意识灌输给中国各阶层人士。

该报告结尾总结道:21世纪的环境保护意义重大,其不仅仅是政府层面的事情,每个企业、每个国民都应该把这视为个人的义务。中日两国作为亚洲地区的重要成员,应该携手并进,担负起为后代保护环境的责任。

同友会的成员主要是经济界的精英人物，通过对该报告写作缘起及内容的研究，能够对20世纪末日本经济界代表人物对华认识的特点有所了解。第一，对中国发展状况与所面临的环境问题的认识。该报告认识到当时中国经济腾飞的现实，认为21世纪中国经济会继续飞速发展，环境问题会因中国经济结构及技术、认识等方面的缺陷逐步浮现出来。这种基于日本自身发展经验的预测是比较客观的，也表现出日本经济界对中国经济发展现状的了解。第二，对中国在环境保护方面的努力做了充分肯定，也指出了问题出现的症结，对中国出现环境问题的必然性给予了必要的理解。该报告指出中国的环境问题不能只靠中国自身的努力，日本及世界各国的协助是必要的，也是应该的。第三，报告强调日本与中国的合作不能仅靠政府层面“公”的合作，政府、企业、个人应该在这个过程中相互理解、各尽其能。这是日本经济界注重激发社会各界的公共责任意识，试图通过自身努力寻找在中国的商业机遇，拓展对华经济合作领域意识的表现。

二、日本经济界对中国体制的认识

1992年中共十四大在北京举行，确定中国经济体制改革的目标是建立社会主义市场经济体制。为适应中国在经济体制方面的重大变化，日本经济界一方面继续积极推进对华经贸合作，另一方面对中国改革及发展中可能出现的问题展开了多个角度的讨论。

（一）对中国特色社会主义市场经济体制的认识

日本经济界人士对市场经济体制之于经济发展的促进作用有比较清楚的认识，所以日本经济界人士对中国走市场经济道路多持欢迎态度。与此同时，经济界的研究者们通过持续的观察，结合中国的实际情况，对中国的市场经济改革提出许多新的见解。

日本经济学家石川滋在《经济改革与市场经济的培育》一文中，肯定了中国发展社会主义市场经济、建立社会主义市场经济体制的意义：

> 在1992年10月中国共产党十四大以来的中国经济体制改革进展过程中，中国政府正式表明了将经济体制改革目标简单明了地确定为建立“社会主义市场经济”的见解，同时首次明确表示将“为使市场机制发挥资源配置的基础作用，必须培育和发展市场体系”的课题作为实现此目标的方法。我认为这是关于设定改革目标的一个里程碑。因为它既简明易懂

地表明了,政府要继续保持社会主义公有制,为了公共目的,国家还要继续进行必要的干预,但经济的基本结构(资源配置体系)则一定要使之适合于有竞争的市场经济体制,同时这一改革目标又与80年代后期以来急速发展起来的市场经济化的历史潮流相符合。①

他也在《中国:经济体制改革的进步、困难和界限》一文中说:

市场取向的经济改革是要在计划体制中引进市场。这在带来进步的同时,由于市场机制发挥作用的基础设施还相当薄弱,还不可能一下子创造一个市场经济来。这样,就不可避免地会产生新的困难。

从社会分工、流通设施和交换规则3个主要方面来考察,中国尤其是基础性的生产、流通的社会分工发达程度很低,以及由法律确定的交换规则也明显落后。从这一着眼点出发,我们就能对中国改革的进步和困难作出较好的说明。因为中国作为经济基础的社会分工落后,所以就不可能因为废除了集权的管理体制,就能马上出现市场经济。由于这一原因,当改革后在某些范围内有可能再现市场机制的时候,就会把经济搞活,当不可能再现市场机制时,反而会带来过去集权体制下,所没有出现过的新的困难。

从理论上来看,一般按常规实行"稳定化政策",它的宏观经济的理论根据是以发达的市场经济为前提的。可是与此相反,在中国市场经济还很不成熟和完善。中国经济体制改革选择了计划调节和市场调节相结合的"双轨制"这样的经济体制。我们要看到这种市场经济的不成熟。②

日本经济学家长谷川启之在肯定市场经济改革意义的同时,指出经济的现代化要和社会、政治、文化的现代化相配套,才能实现真正的发展:

中国正在为实现农业、工业、国防和科学技术四个现代化的目标奋斗,并在这十几年取得了惊人的成就。为了继续向前发展,目前正在大胆地推行改革开放政策,其核心的政策措施就是引进市场经济,并随之提出了所有制和金融制度等制度方面的改革,其中一部分已付诸实施,可以说正在取得实效。然而,至少是已经实施的或者成为人们话题的政策措施不外乎以经济方面为中心的表面性东西。正因为如此,虽然不能说它们毫无意

① [日]石川滋:《经济改革与市场经济的培育》,《中国工业经济研究》1994年第7期。
② [日]石川滋:《中国:经济体制改革的进步、困难和界限》,《上海经济研究》1991年第3期。

义，但是如果中国要长期持续发展经济，实现现代化，那么恐怕需要对根本问题进行改革的手术，即改革还应涉及到某种社会文化方面。因为即便是经济的现代化，也很难把它与社会、政治、文化的现代化隔离开来考虑。[①]

以上观点既反映出两位经济学家对中国发展特色社会主义市场经济表示欢迎，又反映出两位经济学家对市场经济与中国政治体制之间可能会产生矛盾的担心。这种心理在日本经济界的对华认识中具有一定代表性。同时，我们还能够看出，经济界研究人士除了指出中国发展可能会遇到的困难，还积极地探讨解决问题的办法。

（二）对中国招商引资政策的认识

20世纪七八十年代，为配合招商引资政策的实施，中国一方面完善各种制度，加强环境治理和基础设施建设，同时还出台了一些针对外商投资的优惠政策，但日本企业的对华投资持续低迷。对于日本经济界对中国经济的发展和对华投资仍存有疑虑，日本SAISON企业集团会长堤清二在1994年的谈话颇有代表性：

在许多日本财界人士头脑中，前苏联模式的社会主义留下的不良印象太深了，一提社会主义就容易与前苏联的做法联系起来。因此，一些人认为目前中国的改革开放政策和搞市场经济的做法不是社会主义，但是不是就一定会向西方资本主义那样发展呢？他们还要看一看。另外一些人认为中国仍是社会主义，但传统社会主义与市场经济能否相容，现行的改革开放政策会不会变，他们也有担心。这两方面因素不能不使日本经济界对华投资局限在有限的范围内。第二，日本经济界对改革时期中国中央政府与各地方政府及企业的关系搞不清楚，经常发现许多投资渠道差别很大。中国和地方很多作法并不一样。开始，很多人以为在中国这种体制的国家，只要和中央政府部门打交道就可以了，但后来发现和中央部门谈不成的，还可以和地方上去谈，也许可以谈成。有些中央部门谈成了，到地方上也不一定好办。这一方面说明了日本方面对正在变化的中国和它现行的体制缺乏了解，但也反映出中国情况的复杂多样性，想一下理解很难。第三，中国经济体制改革本身还刚刚进行，经济发展时冷时热，而又很难主要

① ［日］长谷川启之：《中国的经济发展和“日本模式”——社会类型理论的研究》，刘甦朝译，《国际政治研究》1993年第2期。

依靠市场经济手段,包括存贷款、利率手段来调控,往往还是用行政命令的方法来控制,这就让许多外国投资者包括日本投资者不放心,难以进行大规模投资。①

堤清二的上述观点基本把当时日本对华投资进展缓慢的原因总结出来:一是因为苏联作为社会主义国家代表所留下的不良印象影响,加之对中国基本情况的认识不足,日本企业存在对中国体制的担心。其包括对中国的社会主义政治体制与市场经济体制的相容性感到没有把握,对中国金融管理制度与市场经济发展需求的矛盾存在顾虑。二是部分企业在对华投资中,曾经遇到过中央、地方与企业之间政策出现偏差的问题,给这些企业留下中国政策、制度不统一的印象,对中国政策、制度的统一性存在疑虑。三是担心中国改革开放政策的稳定性。日本经济界存在上述顾虑,有其特定背景和可以理解的理由。堤清二本人也指出,原因包括"日本方面对正在变化的中国和它现行的体制缺乏了解",但同时也反映出当时中国在招商引资政策方面经验不足、宣传不够、服务不到位。

(三)对中国加入 WTO 的认识

这一时期,中国开始为加入 WTO 做准备,日本经济界则一直态度鲜明地支持中国的这种努力。该表现与日本经济界对中国加入 WTO 之于中日经济合作意义的认识密切相关。在 21 世纪政策研究所 2000 年发布的报告《今后中国大陆、台湾的经济》中,研究者非常详尽地分析了加入 WTO 对中国大陆和台湾地区的意义及挑战。针对中国大陆方面,该报告列出中国大陆主要产业的企业数量、劳动者人数、企业的总生产额及劳动者每人的生产额,并结合中国大陆主要产品的国际竞争力指数,指出加入 WTO 之后,在肉类,乳制品,皮革制品,纤维、纺织,鞋、伞,蔬菜水果,饮料、食材,香烟,竹木制品,精密机器等的交易方面对中国比较有利,相反在塑料制品、橡胶制品,机械、家电、电子仪器,化学材料、产品,纸张、纸浆,金属,运输机械方面中国大陆劣势比较明显。该报告按照农业、工业和服务业的分类分析了中国大陆面临的机遇和挑战,指出加入 WTO 对中国大陆的有利方面包括以下几点:为中国大陆市场提供更好的投资环境;促进外国的对华直接投资;提高中国大陆在国际经济活动中的发言权和主动性;根据 WTO 规则处理贸易纠纷,使处理结果更加合理化,增加处理过程的透

① 曲长缨:《堤清二:怎样看待中国经济》,《中国经济信息》1994 年第 21 期。

明度;享受多国之间的永久最惠国待遇;为中国大陆企业进入国际市场拓展机会。

日本经济界对华研究的目的当然是服务于其对华经贸活动,因此中国加入WTO对世界经济环境特别是对日本经济的影响是该报告研究的中心。该报告指出中国加入WTO之后,原来必须经由东亚其他国家或香港地区才能进入中国大陆市场的"人员、物资、资金",获得了在生产成本很低的中国市场直接生产和销售的机会,会为世界各国提供更多稳赚不赔的商机。因此,中国加入WTO会促进包括日本在内的大多数国家GDP上升。其中,美国因为在IT、汽车、金融和农业领域的优势,加之近年积极在中国市场投资、推动与中国经贸合作,将成为中国加入WTO的最大受益国。与此相比,虽然从地理位置来看,日本的对华投资活动最占优势,但日本企业对中国加入WTO所提供的商机之研究积极性偏低,反应迟滞。

该报告预测了日本企业在中国市场面临的挑战:欧美国家对加入WTO之后的中国市场开拓抱着"机不可失,时不再来"的忧惧意识,急于占领这个拥有十几亿人口、潜力巨大的市场。中国也以"特惠"政策回应欧美国家的合作愿望。该报告以中国许可制度严格的保险业为例,列举了日本企业在中国市场的劣势:在美国和加拿大已经获得4项许可、欧盟国家明确将会获得7项许可的情况下,日本仅有一家保险公司获得了营业许可,且不被允许建立分支机构。这种现状足以反映出日本方面所做的努力不够,工作能力不足。

以上日本经济界不同层次的研究人员在本时期的研究成果和研究活动,从不同角度表现出日本经济界各阶层人士对中国市场的重视,以及对经济界在中国市场竞争力偏弱现状的担心和希望政经两界联手抓住中国市场商机的愿望。这些研究成果为日本经济界的下一步行动提供了方向,促进了21世纪初日本经济界第二轮对华投资热潮的兴起。

三、日本经济界对中日关系的认识

本时期中日两国的贸易、投资结构发生巨大改变,亚洲地区经济一体化持续推进,中国逐渐向成为"世界工厂"的道路迈进。由于中日两国经济发展差距的缩小、中国为加入WTO对国内经济环境的改造和世界各国到中国投资经营的冲击,中日经贸关系和投资关系也发生了巨大改变。日本经济界对中日政治关系、经济关系和文化关系的认识也具有本时期鲜明的特点。

（一）对中日政治关系的认识

本时期，以与中国发生贸易和投资关系的企业为主体，日本经济界对华认识的总体趋势是比较积极的。在这种认识和不断深入的中日经济合作推动下，中日政治关系取得了新的进展。1992 年 4 月，江泽民应邀访问日本，对更加充实、稳定地发展两国关系具有重要的历史意义。1992 年 10 月，日本明仁天皇和皇后应邀访华。这是日本天皇首次访问中国，受到中国政府和人民的热情欢迎。1994 年 3 月，日本首相细川护熙访华，并表示日本"将严格遵守《日中联合声明》的原则"。1995 年 5 月，日本首相村山富市访华并参观了卢沟桥和中国人民抗日战争纪念馆。1995 年 8 月 15 日，日本首相村山富市发表了著名的"村山谈话"，承认日本二战时期的侵略给亚洲人民造成损害，表示"深刻的反省和由衷的歉意"。中日高层领导人物的互访为两国加强沟通交流创造了条件，也促进了本时期日本对华投资的发展和对华 ODA 贷款项目的顺利实施。

本时期也出现了一些阻碍中日政治、经济关系的事件。1996 年 7 月，时任日本首相桥本龙太郎参拜靖国神社，引起中国方面的不满。中日还因为日本在台湾问题上处理不当出现矛盾。该事件的基本过程如下：1994 年 10 月，日本政府不顾中方强烈反对和严正交涉，允许台湾"行政院副院长"赴日参加广岛亚运会开幕式，对中日关系造成冲击。在这个时期，日美两国开始联手对双边同盟进行"再定义"。1996 年 4 月，美国总统克林顿与日本首相桥本龙太郎发表了《日美安全保障联合宣言》，标志着日美以安全条约为基础的双边安全合作机制将产生质的变化。

上述政治问题对中日经济关系正常发展产生一定影响，面对日本政府的错误做法，日本经济界人士提出自己的意见。三井物产驻华盛顿事务所所长寺岛实郎在日本《中央公论》上发表题为"如何控制日美中'三角危机'"的文章。寺岛实郎认为，日本夹在中美两大国之间，越来越陷入唯有紧随其后和承认既成事实的境地。为了扭转这种局面，日本在对华方面"应坚持四项原则：旗帜鲜明地对'侵华历史'进行清算；帮助中国实现现代化和参与国际事务；明确日本对核政策的立场；在任何情况下都不插手台湾问题"①。

作为经济界人士，寺岛实郎非常了解与美国、中国协调好政治关系对日本的意义。该文其实表达出经济界人士注重同中国的经济合作关系，不希望总是

① 寺島実郎：「日米中トライアングル・クライシスをどう制御するか」、『中央公論』、1996 年 8 月号。

在美国支配下被动地开展对华交往，希望独立自主地发展中日关系的愿望，具体措施主要包括三点：一是通过对“侵华历史的清算”摆脱中日历史方面的负面影响；二是通过帮助中国现代化建设构建新型的中日合作关系；三是坚持“一个中国”的原则，不因台湾问题制造中日分歧。当然对核政策的立场，是对美国对华政策的配合，也有自己安全方面的考量。这些观点都是基于对中日经济合作现状的了解，针对中日政治关系提出的非常有代表性的观点。

从 20 世纪 90 年代中期开始，日本经济界出现了“中国威胁论”的论调。受其影响，“中国威胁论”的观点渗透到政治、军事领域，一定程度上影响了中日政治关系的发展。对于日本经济界“中国威胁论”论调出现的原因，张季风认为：“由于日本企业大量向国外投资，导致日本国内就业机会大量减少，而伴随企业的转移，又形成了日本主导产业向中国等东南亚国家的转移，这种转移的结果就是日本国内主导产业的‘空心化’。而在导致日本产业空心化的诸多因素中，日本国内的某些人又错误地认为‘中国因素’占有主要地位。因而，对中国的投资便成了日本经济萧条的根源，而中国也就成了日本经济上的巨大‘威胁’”，“（中国威胁论）直接影响到两国的经贸关系。在某种意义上讲，日本（政府）对华农产品进口设限等等就是此威胁论的衍生物”。[1] 因中国大量有竞争力的农产品等进入日本，日本政府对来自中国的农产品、针织品等采取了限制措施，中日贸易摩擦在本时期开始出现。不过，此类摩擦在双方的自我克制下，最终得到比较妥善的解决。

（二）对中日经济关系的认识

这个时期，日本经济界对中日经济关系的认识已经不再局限在中日两国范围内，而是放眼整个亚洲。

日本日挥经营规划室规划部部长大谷宏曾说道：“亚洲的工业经济，从前一直以日本为排头，呈雁阵式发展，紧接其后的是 NIES（新兴工业经济体——引者注）各国，再后是 ASEAN（东盟——引者注）各国。然而，这种形势因为中国经济的成就与工业发展，已开始改变。”“由于目前日本采取成熟的优秀的生产技术，开发出高质量、性能好、价格低的工业品”，所以日本仍然是“世界的生产中心”，但“二十一世纪的中国必将成为‘世界制造中心’”。“韩国正被中国及其相邻的亚洲各国急速发展的工业包围，受到前所未有的冲击。亚洲其他各国也

① 张季风主编：《中日友好交流三十年·经济卷（1978—2008）》，社会科学文献出版社 2008 年版，第 416 页。

同样感受到这种冲击。这种影响当然也波及日本。根据世界银行的预测，中国大陆、台湾和香港所谓'中华经济圈'的GDP到2002年将有可能成为世界第一。"[①]在今天看来，大谷宏的很多认识与后来中日经济的发展形势基本吻合。这说明日本经济界在本时期对中国的研究方面已经掌握了比较准确的资料，其研究成果有一定的调查基础，研究者的研究素质不断提高。

日本经济界"中国威胁论"的论调也是在这样一种对中日经济关系的认识之下产生的。对此，有中国学者指出："以经济长期严重萧条为背景，对外直接投资与产业转移导致的国内产业空心化问题，在日本受到高度重视与普遍担忧。由于中国大陆正在成为日本对外直接投资与产业转移的主要对象地，越来越多的日本企业正将其主要生产和经营基地从日本国内转移到中国大陆，从而也使对华直接投资与产业转移被视作导致日本产业空心化的主要因素，并将此作为所谓'中国威胁论'的主要依据。"[②]

正如江瑞平所说："在日本的对外直接投资与产业转移导致国内产业空心化方面，'中国因素'的作用之所以十分有限，还因为日本对华直接投资与产业转移在促进中国对日出口较快增长的同时，同样也促进了日本对华出口的较快增长，从而基本保证了中日双边贸易的平衡，至少不是像'中国威胁论'者所片面强调的那样——导致了日本对华贸易的巨额逆差。"[③]

张季风也指出："据日本有关部门估算，日本对华直接投资使日本潜在经济增长率提升0.8%。对华出口迅猛增长是促成日本总体出口增长、日本经济回升的重要推动力量。而同时期，日本对中国进口的依赖程度也日益增强了。从中国的进口占日本进口总额的比重，在1995年时为10.7%，2000年达到14.5%，2003年进一步上升为19.7%，并从2002年起中国内地开始成为日本第一大进口来源地。由于这种'中国因素'的存在，日本工商界得到了直接利益，使日本对华贸易顺差在日元升值条件下大幅增加。""大量的事实表明，在中日贸易不断扩大的过程中，日本的钢铁、机械、海运等行业重新获得生机。"[④]

---

① [日]大谷宏：《发展中的中国与变化着的亚洲经济》，王春云编译，《中国化工》1995年第3期。

② 江瑞平：《日本产业空心化的实态、症结及其"中国因素"》，《日本学刊》2003年第3期。

③ 江瑞平：《日本产业空心化的实态、症结及其"中国因素"》，《日本学刊》2003年第3期。

④ 张季风主编：《中日友好交流三十年·经济卷(1978—2008)》，社会科学文献出版社2008年版，第421页。

后来的事实也表明,“中国因素”在日本经济发展过程中,属于“机遇”,而非“威胁”。这是日本经济界在发展同中国的经贸关系过程中,逐渐形成的对中国的新认识,是21世纪日本经济界对中日经济关系的基本认识。

第三节 走向成熟:日本经济界对华认识的影响

中日经济合作关系经历了一个从简单走向复杂,在发展中不断成熟的过程。20世纪90年代末是中日关系非常重要的转折时期。日本经济界在这个“失去的十年”里,以其对华认识的不断发展和深入为基础,努力推动着中日经济合作关系的发展,并利用中国经济发展的活力,带动了其国内经济活力的恢复。如果没有中国这个市场的存在,对资源缺乏、十分依赖国际贸易的日本来说,这个时期可能不止于“失去的十年”,也许是“倒退的十年”或“崩溃的十年”。日本经济界对这个结果心知肚明,因此,即便在中日经济关系中的优势地位逐渐丧失,日本经济界也愿意调整心态,主动寻求以平等的方式谋求合作。日本经济界的这种对华认识,通过各种文本产生对整个社会认识的影响;在经济界对华认识的指导下,日本经济界努力推动了中日之间的经济合作,影响着日本的对华经济政策,创造了属于这个时期特有的双边经济合作模式。本时期日本经济界在逐渐变化的双边经济环境中观察中国,为逐渐走向成熟的中日经济合作积累了客观认识和理性行动的经验。

一、日本经济界对华认识文本的社会传播

本时期日本经济界的对华认识文本,与前一个时期的最大不同集中于两点:一是专业性对华认识研究的增多。完成此类研究的主要是日本经济界团体的专门研究机构,如经团联21世纪政策研究所、日本经济同友会。二是对中国体制、中日经济关系存在问题的研究。这类研究的参与者除了经济界的专业研究人员外,也包括大学或者研究机构的经济学研究者。这类研究的内容包括对中国社会主义市场经济体制的认识、对中国招商引资政策和中国加入WTO产生的市场机遇与存在问题的认识等,还包括对中日经济关系中存在的问题,如对中日贸易摩擦及问题解决途径的思考、对日本保险业和金融业在中国发展缓慢问题的研究等。

本时期日本经济界对华认识最根本的转变就是开始直面中日经济关系中存在的问题,研究问题产生的原因,并提出解决问题的办法。随着日本经济界

涉华研究成果在社会上的传播，日本社会在这个时期出现了诸如“中国威胁论”之类的对华认识，对日本社会的对华认知产生一定的负面影响。

二、日本经济界对华认识对政府涉华政策的影响

日本政府对华政策的转变，与日本经济界的对华认识内容息息相关。本时期日本经济界对政府涉华政策产生影响的内容包括正反两个方面：一方面是出于积极的对华投资机遇认识，推动两国政府签订相关的投资保护协议。另一方面则是出于狭隘的国内产业保护主义思维，对来自中国的农产品、纤维制品设限，导致了以农产品贸易摩擦为代表的 20 世纪 90 年代中日贸易摩擦的产生。

（一）推动对华投资相关保障性协议的签订

日本经济界在不断推进对华贸易活动的同时，通过专业的考察与研究，发现对华投资对其是一次重要的经济发展机遇。出于对中国国情和中国体制方面存在“问题”，包括改革开放政策的稳定性、金融政策、地方政策与中央政策的统一性等的顾虑，日本经济界积极推动两国政府之间签订相关协议，并通过各种机会推动中国制定投资方面的针对性政策，为其对华投资的安全提供保障。

其实，中国于 1979 年 7 月 1 日第五届全国人民代表大会第二次会议上就通过了《中华人民共和国中外合资经营企业法》，在国家政策层面确定了招商引资的主调。据中国对外经贸部统计，1979—1983 年日本对华直接投资仅为 52 项，占外商在华投资总数的 3.74%，年平均投资金额仅为 1.91 亿美元。为促进日本企业的对华投资，1983 年 9 月 6 日，中日两国政府代表吴学谦和安倍晋太郎在北京正式签订了《中华人民共和国政府和日本国政府关于对所得避免双重征税和防止偷漏税的协定》。该协定的签订使长期困扰日本企业的对华投资的税收抵免问题得到解决，对日本企业的对华投资产生了积极影响。之后，为鼓励日资企业安心到中国投资，中国政府代表郑拓彬和日本国政府代表中岛敏次郎于 1988 年 8 月 27 日在北京签订了《中华人民共和国和日本国关于鼓励和相互保护投资协定》。该协定确定了投资促进、投资保护、争议解决等原则，是一个涵盖了整个投资过程的宏观保障文件。其主要内容包括：设立政府间的联合委员会，研究本协定的执行情况及有关两国间投资的事项，并根据需要向两国政府提出建议；实行最惠国待遇和国民待遇相结合原则，保护缔约双方投资者利益；确定国有化的具体赔偿标准，减少赔偿争议发生的可能性；确立投资争议的解决途径。在当时的中日经济发展情况下，这实质上是一个主要为日资企业

的在华利益提供保障的协定。1990 年 3 月，为促进对华投资，日本设立了日中投资推进机构。与此相适应，中国也设立了中日投资促进委员会。以上措施为 20 世纪 90 年代日本企业的大规模对华投资铺平了道路。20 世纪 90 年代中期后，中国对内直接投资和日本对外直接投资都加快发展。日本企业在努力发展对华贸易的同时，开始以在中国销售为目标加速在华的生产性投资，日本对华直接投资出现了第一次高潮。在中日贸易规模不断扩大，贸易领域不断拓展的同时，日本经济界的第三次"中国热"——对华投资热终于到来。

（二）部分经济界团体的狭隘认识导致中日贸易摩擦

中日经贸关系经历了邦交正常化以来 20 多年比较安定的互补性合作阶段，进入了 20 世纪 90 年代的调整期。随着中国经济发展水平的提高，中日两国在资本和技术方面的差距逐渐缩小，中日互补型贸易结构开始受到冲击。在第一次对华投资热潮来临之际，随着双方贸易规模逐渐扩大、合作领域日益拓展，双方贸易摩擦开始出现。该时期的中日贸易摩擦多由日方发起，形式以反倾销、保障措施、限制措施为主，涉案产品多为劳动密集型、技术含量低、附加值低的产品。

1991 年日本对来自中国的硅锰采取反倾销措施是中日贸易摩擦的开端。1991 年 10 月 8 日，日本铁合金协会援引日本《海关关税法》第九条规定，指控中国对日本出口硅锰的价格过低、出口数量猛增，造成日本铁合金生产厂家利润大减。日本大藏省于 1991 年 11 月 29 日开始根据相关材料实施调查。中国对外经贸部及时作出回应，在 1991 年 10 月下达了关于硅锰出口的四项管理措施，同年年底又继续增加为六项管理措施。但日本政府最终于1993 年初决定对中国出口的硅锰产品征收 4.5％—27.2％的反倾销税。

1994 年，在中国大量廉价农产品不断出口日本的情况下，日本农民反对中国农产品的呼声日高。日本政府出于竞选的需要，开始与中国交涉部分农产品对日出口，要求中国限制向日本出口大蒜、生姜和鲜菇。1995 年初，日本根据 WTO 的相关规定对从中国进口的大蒜和生姜采取限制进口措施。该事件最终以中国实施出口配额管理和日本实施进口商申报管理而结束。

1995 年初，日本要求中国限制向日本出口毛巾、毛衣、针织外衣，并于 1995 年4 月开始由日本通商产业省对中国进口棉纱、棉布实施设限调查。1996 年8 月日本对从中国进口的纯棉府绸实施设限调查。这两次调查均以日方不对中国产品采取限制进口紧急措施而告终。自 1999 年以来，中日纺织品贸易摩擦有不断增加的趋势，迫于日本人造棉织品工业联合会和日本纺织协会等有关行业团体的压力，日本通商产业省纤维产业审议会基本政策小组委员会要求限制从中国进口的呼声日益高涨，自民党设立了纤维对策特别委员会讨论在 WTO 体制下实施限制进口紧急措施的可能性。

中国政府和企业在与日本的贸易摩擦中积累经验，逐步走向成熟。1997 年 3 月 25 日，国务院发布《中华人民共和国反倾销和反补贴条例》，为之后实施反倾销措施提供了法律方面的依据。1999 年，中国根据该条例内容对日本企业生产的不锈钢冷轧薄板、丙烯酸酯等产品进行反倾销调查，并最终对其分别征收 17%—58%和 31%—60%的反倾销关税。中国的这些措施在一定程度上促使日本经济界重新审视中国，从而在不断发展的中日经贸关系中调整对中国的认识。

国与国之间的贸易摩擦实质上是发生经贸关系的两国在既有平衡被打破之后和新平衡建立之前的一种跨越国界的产业与产业之间的摩擦，即比较优势产业与比较劣势产业之间的摩擦。当中日经济关系从“师生关系”走向“伙伴关系”时，作为曾经在资金、技术和产业方面占绝对优势的一方，日本的优势地位越来越不明显。因此，中日贸易摩擦就如在 20 世纪六七十年代日本成长起来之后美日之间的摩擦一样不可避免。经贸往来的双方在以谋求己方最大经济利益为目标的对立关系下实现共赢的确需要多种要素的共同配合，这其中包括特定时期内以某一方或双方的妥协为前提条件。在本来相互对立的经贸关系中，贸易摩擦是对现有不完善机制的一种提醒。这需要双方摆正心态，在相互理解的基础上建立摩擦防范机制。从长远看，贸易摩擦是新的经贸合作关系建立的必经阶段，是各方从不成熟走向成熟的途径之一。在今天看来，20 世纪 90 年代的中日贸易摩擦无论是从摩擦发生的领域、规模还是从采取的方式来看，都比 21 世纪要简单得多，某种程度上拉开了 21 世纪贸易摩擦的序幕。当时，中国由于在此方面经验不足，解决方式也趋向于温和、简单。1997 年《中华人民共和国反倾销和反补贴条例》发布，标志着中国开始主动面对贸易摩擦问题。从某种意义上说，20 世纪 90 年代的中日贸易摩擦为中国解决贸易摩擦问题提供了一定的经验和教训。

(三)敦促政府支持中国加入 WTO

在中国加入 WTO 之前，日本经济界内部和研究中日经济关系的专家形成一种共识：中国加入 WTO 对全面促进中日经济关系有着重要意义。他们综合考量中日经济关系发展情况，包括合作规模、日本对华出口商品的结构等，对中国加入WTO之后产生的市场机遇进行预测，从而得出结论：中国加入WTO之后降低关税、撤除非贸易壁垒、市场全面开放，将为日本企业进入中国创造出前所未有的投资环境和机遇。日本神户大学经济学教授加藤弘之指出，根据世界银行的数据统计，中国加入WTO后会给中国经济和世界经济分别带来830亿美元和3400亿美元的巨大利益，其中欧盟为710亿美元、北美380亿美元、日本则为610亿美元，从单个国家来看，预计日本将成为最大的受益国。①

2001年11月20日，在中国天津召开的中日经济论坛大会上，日本贸易振兴机构畠山理事长指出，加入WTO以后，中国的竞争力将更强，对日本等东亚各国来讲，会促进实现双赢。日本亚洲经济研究所研究员大西康雄指出，随着中国入世，日本将成为最大的受益者：关税降低有利于日本制造业进军中国市场；中国开放服务领域市场有利于日本拓展新的对华业务；可以依据相关国际规则，解决贸易纠纷。

在这样一种认识下，日本经济界各层人士积极推动日本政府支持中国的WTO加入进程并取得了显著效果。1995年1月，日本大藏省大臣武村正义向中国表达了日本等西方国家希望中国早日恢复入世谈判的愿望。1997年9月4日，中日两国全面达成了货物贸易市场准入的框架协议，并于1999年7月9日在北京发表了《关于中国加入世界贸易组织双边谈判的联合新闻公报》，宣布中日已实质性结束全部双边谈判，日本成为西方国家中较早与中国完成谈判的国家之一。2001年11月15日，日本经济产业省副大臣大岛表示："中国加入WTO，将促进对华投资。而且，在发生贸易摩擦时可以根据国际惯例来解决，从这点来看，确是一个大进步。"因此，即便是在2001年中日间产生贸易摩擦的情况下，日本经济产业大臣平沼赳夫在采取强硬态度的同时，还不忘表示"支持中国入世是重要而关键的原则，故日本不会因这些贸易摩擦而改变立场"②。因此，从中国加入WTO的整个进程来看，日本政经两界的积极推动作用功不可没。

2001年12月11日，中国正式加入WTO。日本经济界表现出非常高的热情，"据《朝日新闻》报道，中国入世成为促进世界经济发展的积极因素，日本企

① 参见[日]加藤弘之：《加入WTO后的中国经济及日本的对策》，《山东大学学报》(哲学社会科学版)2004年第1期。

② 张季风主编：《中日友好交流三十年·经济卷(1978—2008)》，社会科学文献出版社2008年版，第87页。

业界对中国抱有极大的期待，认为中国入世将给包括日本在内的国家带来新的商机”①。

日本经济界在中国加入WTO进程中对中国的支持，究其原因当然还是其对中国加入WTO之后中国市场机遇的预期。经济目标是鼓励日本经济界跨越意识形态差异，积极研究中国市场，在此基础上发展对华贸易和投资的原动力。

三、日本经济界对华认识指导下的中日经济合作

日本经济界的对华认识对中日经济关系发展的影响不言而喻。本时期，随着中日经济关系的日益复杂，日本经济界对中国市场和中日关系中存在问题的研究也更加专业。基于对中国市场存在机遇和中日经济互补性的认识，“中国”在日本经济界认识中的地位越来越巩固，对华认识逐步走向成熟。表现之一就是长期以来被“友好关系”所掩盖的中日经济交往中的矛盾逐渐显现出来。本时期的矛盾最终得以妥善解决，如中日农产品贸易摩擦在双方的克制下很快得以解决。这种经历使日本经济界开始正面审视中日经贸活动中出现的问题，并积极调整其对华认识的内容。其结果是：本时期，不仅中日贸易额飞速提高，还出现了日本经济界的第三次“中国热”——日本对华投资的第一次高潮。

(一)20世纪90年代中日经贸关系的新特点

中日经贸关系经历了20世纪80年代以双边关系为主，兼顾东亚地区各组织之间合作的时期。到90年代，两国在发展双边经济关系的同时，积极推动与多个国家的经济关系，各自的经济合作对象范围不断扩大。亚洲金融危机对亚洲各国经济的冲击表明：中日关系已成为亚洲多边关系之中的重要组成部分。20世纪70年代，日本经济界利用中日市场的互补性，通过发展对华贸易实现了能源进口多元化和市场出口多元化。20世纪80年代，日本经济界又利用中国优惠的招商引资政策、廉价而丰富的原材料和劳动力资源，通过在华发展委托加工贸易实现了日本产品的低成本化，提高了日本产品在国际市场的价格竞争力。进入20世纪90年代，为提高在基础设施比较完备、劳动力资源比较丰富、原材料价格较低，特别是消费市场日益壮大的中国市场之份额，日本经济界一方面通过签订协议等传统方式扩大对华贸易额，保证其在中国市场的利益；另

① 张季风主编：《中日友好交流三十年·经济卷(1978—2008)》，社会科学文献出版社2008年版，第87页。

一方面继续坚持邦交正常化以来的对华行动方式，即通过组织访华团加强同中国领导人的沟通和交流。此外，日本经济界基于内外因素变化，积极调整对华合作方式，除了全面推动对华投资以拓展中日经济合作领域外，还开始了专业性的对华研究，以实现立足于现实，着眼于长远的专业、科学、系统、客观的对华认识。这些努力使1993年之后的日本在本时期保持了其作为中国最大贸易对象国的地位。

20世纪90年代，日本对华投资的第一次热潮出现，该阶段的投资集中在加工贸易领域，即从日本出口原材料或零部件，在中国组装或进一步加工后以成品或者半成品的方式再卖回日本。该贸易模式把日本对中国的贸易和投资融为一体，中国不仅是日本的经贸合作对象，还成了其产品生产线上的重要一环。这种合作模式的出现促使日本经济界调整原有中日经贸利益的对立关系认识，统筹安排与中国之间的短期利益分配，以保证其长期利益的实现。

伴随经贸规模和投资规模的扩大，本时期中日两国经济合作过程中出现了以反倾销、保障措施、限制措施等为表现形式的贸易摩擦。这虽然是双方经济界都不希望出现的情况，但在客观上起到了促使日本经济界调整自身位置，以更加公平、合理、尊重市场规律的方式推进双方经贸关系的发展。日本经济界不得不调整其建立在传统观念上的“日强中弱”的对华认识，在对华认识上更加全面，在行动选择上更加审慎。

（二）20世纪90年代中日贸易活动的新发展

1990年12月16日，中日长期贸易协议委员会在东京签订了1991—1995年度的《中日长期贸易协议》。双方在协议中商定1991—1995年双方贸易额为80亿美元左右，其中中国向日本每年出口原油880万吨至930万吨，炼焦煤为180万吨至280万吨，动力煤为250万吨至350万吨。在协议中，双方就日本向中国出口技术、成套设备和建设器材的内容作了约定：能源方面的成套设备包括发电及其相关设备，节能设备与技术，油田、煤矿的技术与设备、机械，城市煤气设备与技术；农业开发方面包括农业基础设施及相关技术、设备，农业机械、技术；运输、通信设备包括交通运输机械、设备，通信设备、技术、机械，运输车辆的制造设备与技术。此外，还有化工厂、钢铁厂、水泥厂、化肥厂等的生产设备，机械电子、大规模集成电路等电子方面的设备与技术，出口企业技术改造、重点企业技术改造和特定建设所需的建设器材。该协议的签订代表着中日贸易活动的进一步发展。

从表 3-1 可以看出,20 世纪 90 年代中日进出口总额总体保持了逐年递增的趋势,只有 1998 年较上一年有所下降,其主要原因是亚洲金融危机使日本企业对东亚国家的投资趋于谨慎,并非中日之间的内部原因。短暂调整之后,双方贸易额在 2000 年又实现了 29.5%的增长,并在 21 世纪初实现了长期的持续增长。1991—1995 年,中日贸易额每年都保持了 20%以上的增长率。从双方的进出口结构看,中国对日出口额的增加是促进中日进出口总额增长的重要因素。从 20 世纪 90 年代后期开始,中日分工体系逐步从单纯的"垂直分工"向"水平分工"方向发展。这种分工既促进了中国工业化水平的提高,也促进了日本产业结构的调整。[①] 20 世纪 90 年代的中日贸易结构也逐步发生变化。根据中国海关总署数据,1997 年,中国对日出口的初级产品由 1985 年的 74%下降为 22.5%,工业制品则上升到 77.5%,中国对日出口结构发生根本性变化。

表 3-1　1990—2000 年中日进出口情况

	1990 年	1991 年	1992 年	1993 年	1994 年	1995 年	1996 年	1997 年	1998 年	1999 年	2000 年
进出口总额(亿美元)	182	228	289	378	462	579	624	639	569	662	857
增长率(%)	−7.6	25.3	26.8	30.8	22.2	25.3	8.5	2.4	−11.0	16.3	29.5

资料来源:中国商务部。

随着日本企业对华生产性投资的大幅上升,至 20 世纪 90 年代后期,中日贸易活动中由日资企业主导的比例很高,日资企业在中国的外资企业中占绝对优势。根据中国国家统计局的统计数据,1990—1995 年对日贸易额在中国外贸总额中的比重由 14.4%上升到 20.5%,对日出口额占中国出口总额的比重也由 14.5%上升到 19.1%。1993—2000 年,日本连续 8 年保持中国第一大贸易伙伴的地位。同时,根据日本财务省的官方统计,同一时期对华贸易额在日本外贸总额中的比重也日益提高,由 1991 年的 4.1%上升到 1995 年的 7.4%,对华出口额占其出口总额的比重也由 2.7%升到 5%。与此变化相一致,在日本的贸易伙伴中,中国排名由第六位上升到第二位,其重要性仅次于美国。多数

① 参见张季风主编:《中日友好交流三十年·经济卷(1978—2008)》,社会科学文献出版社 2008 年版,第 10 页。

日资企业从事的贸易属于产业内贸易，即从日本输入企业生产所需的设备和关键零部件，使用比日本廉价的中国当地原材料补充装配后再出口到日本，或者利用中国廉价的劳动力资源优势，在中国完成零部件的制造与装配等工序，再出口到日本完成高端产品的中心部分，最后再出口到中国及其他地区。从贸易额看，此类企业的对日出口额占到中国对日出口额的 1/2 以上，进口额则占到 2/3 以上。在“出口—进口—再出口”的过程中，日本企业巧妙地利用中国的土地、原材料、劳动力资源优势降低产品的生产成本，通过在日本完成高端技术部分提高了产品的附加值，既保证了高端技术优势不外泄，又通过一进一出的贸易过程最大限度地获取了利润。

（三）20 世纪 90 年代日本企业对华投资热潮的出现

20 世纪 80 年代日本企业开始了试探性的对华投资，但是投资规模、投资地区、投资领域都非常有局限性。据统计，1979—1989 年日本对华投资合同金额仅为 25 亿美元，尚达不到 1995 年以后一个年度的投资额。中日两国为促进日本企业对华投资，采取了一系列扶助措施。而受日美贸易摩擦和“广场协议”的影响，20 世纪 90 年代日本经济陷入了长期低迷状态。在中日两国内部因素和全球经济外部因素的综合影响下，日本企业掀起第一次对华投资热潮。从表 3-2可以看出，迄今为止日本企业的对华投资大致经历了四个过程：80 年代是以小规模对华投资为主的试探性投资阶段；90 年代第一次日本对华投资热潮兴起（1992—1997 年），但受亚洲通货危机的刺激在 90 年代末出现了一次调整（1997—2000 年）；21 世纪初（2001—2005 年）第二次投资热潮出现，其后在中日政治关系趋冷[①]的影响下，也经历了两年的调整期（2006—2007 年）；2008 年以后日本企业的第三次投资热潮（2008—2013 年）出现。虽然第三次投资热潮近两年因钓鱼岛问题导致的中日政治关系困难有所降低，但源于对中国投资机遇的充分认识及风险管理经验的增强，日本企业的对华投资热情未受很大影响。中日经济合作迎来了在动荡中走向成熟的新时期。下文主要围绕 90 年代日本对华投资的内容及发展状况总结该时期日本经济界对华认识的特点。

---

① 主要原因是小泉纯一郎参拜靖国神社导致中日两国高层出现第一次互访中止，但在 2006 年以后随着新任首相安倍晋三、福田康夫访华以及温家宝、胡锦涛的访日出现转机，从而引发了 2008 年以后的日本企业第三次对华投资热潮。

表 3-2 1990—2013 年日本对华投资情况 单位:亿美元

	1990 年	1991 年	1992 年	1993 年	1994 年	1995 年	1996 年	1997 年
日本对华投资额	5	5.3	7.1	13.2	20.8	31.1	36.8	43.3
	1998 年	1999 年	2000 年	2001 年	2002 年	2003 年	2004 年	2005 年
日本对华投资额	31.6	29.7	29.2	43.5	41.9	50.5	54.5	65.3
	2006 年	2007 年	2008 年	2009 年	2010 年	2011 年	2012 年	2013 年
日本对华投资额	46	35.9	36.5	41.2	42.4	63.5	73.8	70.6

资料来源:中国商务部。

其实自 1979 年日本开始对华投资,不论是按合同数额,还是按合同金额,日本在中国技术引进来源国中长期位列榜首。1992—1997 年是日本对华直接投资出现第一次明显增长的时期。从表 3-2 可以看出,1992—1997 年日本对华投资额持续飞速增长,到 1997 年已达 43.3 亿美元,比上一年增长 17.7%,相当于 1992 年的 6.1 倍。本时期日本对华投资结构发生巨大变化:日本对华投资主要领域由服务业转向制造业,但主要集中在附加值低的零部件生产与装配、服装、食品等领域。在 20 世纪 90 年代初,日本的对华投资领域集中在劳动密集型制造业,其中主要是技术含量偏低的加工组装业。90 年代中期以后,随着我国经济水平的提高和国内投资环境的逐步改善,以及日本国内生产成本的上升,日本对华直接投资的产业结构开始升级,投资的目标行业向化学、机械、电子等资金密集型和技术密集型行业扩展。从投资地区看,20 世纪 90 年代前期日本企业的直接投资区域多在环渤海地区,特别是辽宁。[①]“大连工业基地”是当时中日合作的代表性工程,日本企业在此地实现了服装、电机、电子、基础零部件等的加工和贸易。90 年代后期,日本企业利用华南地区家电、精密机械、办公机械加工的基础,发展了电子零部件制造、塑料制品和金属加工业。[②] 从出资方式看,20 世纪 80 年代日本对华直接投资以建立中日合资企业为主要方式;随着对华投资经验的积累,进入 90 年代后,中国从政策方面放宽了对外方出资比例的限制,日本逐渐倾向于在中国建立独资企业或者出资比例 50%以上的日方

① 通商産業省通商政策局編集:「通商白書」、1994 年、106 頁。
② 通商産業省通商政策局編集:「通商白書」、1994 年、40 頁。

控股企业。从投资主体看，本时期参与对华投资的以大型商社和大型加工制造企业为主。1992 年之后日本主要综合商社如丸红、日商岩井、伊藤忠商事、住友商事等逐渐以独资或者与其他企业联合的方式进入中国，成立保税区公司，利用中国保税区优惠的税收政策、低廉的劳动力进行来料加工。例如，1992 年 5 月伊藤忠商事建立上海伊藤忠商事有限公司，1993 年 9 月又设立了伊藤忠(中国)集团有限公司，推动旗下企业的对华投资活动。1995 年住友商事投资 3000 万美元在北京设立了投资性企业住友商事(中国)有限公司，为其旗下的在华企业提供服务，全面扩大对华投资。1995 年 12 月，三井物产与武汉钢铁(集团)公司合资建成了武汉兴井钢铁加工有限公司，此后还陆续成立广州万宝井汽车部件有限公司、长春一汽鞍井钢材加工配送有限公司等。这些有限公司的成立有力推动了其旗下企业的对华投资活动。日本对华直接投资奠定了当前中日经贸格局，中国开始成为日本全球经济产业链的重要一环。

20 世纪 90 年代日本企业对华投资热的另一个表现就是投资规模的扩大。根据日本财务省公布的日本对华直接投资项目数和金额数，1990—1993 年日本对华直接投资的大中型项目中平均每个项目约为 200 万美元，1994 年达到 404 万美元，1996 年达 688 万美元，1998 年高达 946 万美元。投资项目金额的扩大带来了企业规模的扩大，意味着附加价值高和技术含量高的投资开始增多。

日本对华投资的道路也并非一帆风顺。1997—2000 年，中国经济进入了飞速发展之后的调整阶段，GDP 增长率虽然仍保持在 7.6%以上，但与前一个时期相比，经济发展速度趋缓。这对日本对华投资的热情有一定影响，但是真正对日本对华投资行为造成影响的当属亚洲金融危机及其对日本经济的冲击。在日本国内金融机构的惜贷政策下，日本企业的海外扩张能力被削弱，这直接导致了 20 世纪 90 年代后期日本对华直接投资出现减速调整的局面。

本时期日本经济界对华行动的重要改变就是第一次投资热潮的出现，除了对华投资规模不断扩大，投资区域也由北而南迅速扩张到中国多地。这是中日两国政府和日本经济界都期待已久的结果，也是日本经济界适应新的经济环境、转变对华合作方式的成功之笔。20 世纪 90 年代初，全球性对华投资热潮的出现迫使日本经济界不得不调整其原有的垂直型对华合作模式，中国作为日本之亚洲地区合作伙伴的位置逐渐得到确立。1995 年 6 月，国务院颁布《外商投资方向指导暂行规定》，发布《外商投资产业指导目录》，把 300 多种产业分成奖励、许可、限制、禁止四个种类，借以引导外资企业在华的投资方向。这表明中国政府在对外合作宏观调整方面变得更加主动和理性。这是中国在经济水平实现提高、对己方优势和对方需求有比较客观把握之后，根据中国的发展需要采取的必要行动。该行动的结果促使包括日本企业在内的对华投资者在进行对华投资规划时，不仅要考虑他们自己的经济利益，还要保证中国在其获取利益的过程中同样要获得实惠与发展。例如，《外商投资方向指导暂行规定》鼓励各行业新技术投资和节能环保投资，限制已引进技术的重复投资，禁止环境污染和大量占用耕地的投资等规定，起到了维护国家利益，规范外商投资行动的作用。日本企业不得不在进行技术投资和失去中国市场之间进行选择，其逐渐改变了抗拒"技术投资"的态度，开始了全面、广泛、正式的对华投资行动。20世纪90年代后期日本企业大中型项目单个投资规模接近1000万美元，这是日本对华投资附加价值和技术含量提高的表现。

总之，20世纪90年代是中日经济地位的重要调整时期，日本对华经贸规模和投资规模增长迅速，中日合作关系更加紧密。这个时期中日贸易摩擦的出现和经济界专业性对华研究的开展，为下一个时期更加复杂的中日政治、经济关系埋下了伏笔。如果说20世纪70年代至80年代以贸易为主要内容的中日经济关系是各取所需的"相偎取暖"模式，那么，通过有计划、大规模、持续性的对华投资，中日经济关系实际已经"你中有我，我中有你"。这种现状也促使日本经济界调整原有的经济利益对立的思维模式。这应该也是21世纪初期日本经济界热衷研究和宣传中日共赢合作模式的原因之一。

进入21世纪之后，随着中国正式加入WTO，中日经贸和投资规模进一步扩大，双方进入了在协调和竞争中寻求共赢的新时代。在这个时代里，中日贸易摩擦升级，但是合作关系也日趋紧密。与此同时，中日政治关系两次走入低谷，在日本经济界积极推动下，第一次低谷以"政冷经热"的方式跨过，并以日本政权更替为契机获得修复，对中日经贸合作发展影响不是很大。但是，2010年以来围绕钓鱼岛问题，安倍晋三内阁采取了一系列错误行动，中日关系陷入了"邦交正常化以来的最困难时期"。中日经济关系能否如21世纪初一样，在日本经济界对华认识的推动下，以某种比较理想的形式顺利实现突破？在下一章，笔者将以中国加入WTO(2001年)之后日本经济界对华认识信息来源、对华认识文本和影响为研究对象，寻找上述问题的答案。

第四章　2001—2012年日本经济界的对华认识

在前一章，本书主要从对华认识信息来源、文本解读和影响三个方面，以相对于前一时期（1972—1992年）的特点和变化为中心，对日本经济界在20世纪90年代的对华认识进行了研究。20世纪90年代日本经济界对华认识的显著特点有：信息来源渠道较之前有了明显拓展；在双方贸易规模扩大、日本第一次对华投资热潮等经济界期待的积极变化出现的同时，“中国威胁论”和“中日贸易摩擦”作为这个时期对双方经济合作起负面作用的信息出现。这促使日本经济界不仅自己开始了专业性的对华研究，还积极联合、扶持社会各界的力量研究中国及与中国之间的经济合作；在经济界的影响下，日本社会各界的对华研究取得新的进展，对华认识开始走向理性；在经济界对华认识的影响下，中日经贸关系取得较大发展，日本经济界第一次对华投资热潮出现，中日经济的相互依存关系加强。这些认识内容和特点又对2001年之后日本对华认识的生成产生影响。

中日邦交正常化以来，建立在不同经济发展水平前提下的中日双边经济关系经过20世纪90年代过渡期的调整，以中国2001年正式加入WTO为标志，在21世纪开始转变为全球视角下多边角色中的经济合作与竞争伙伴关系。这种在新环境下的新平衡之建立过程，需要当事者（中国和日本）在双方经济关系中进行客观的自我定位，还需要有对彼此的理性认识。日本政府在2002年5月8日公布的2001年贸易白皮书中首次承认，日本充当亚洲经济发展领头羊的“雁型结构”已经崩溃，取而代之的是急速发展起来的中国经济。“如果2000年称中国是‘世界工厂’之说法尚嫌过早的话，以2006年中国的工业附加值赶超日本、2010年赶超美国为标志，这个说法已被证明成了现实”[①]，在经济全球化趋势的大潮下，这个阶段的中日经济关系，已经不能只局限于关注两国之间的双边关系或者亚洲地区的区域关系。从全球经济的视角来衡量和发展中日经济关系，成为日本经济界认识中国的新出发点。日本经济界全面认识中国的愿望，也变得比任何一个时代都要迫切。除了延续前两个时期通过组织或者参加各类形式的访华团体实现与中国各界人士交流，他们还利用更加广泛、专业和脚踏实地的研究推动中日经济关系的发展。这个时期，日本经济界对华研究的文本明显比之前任何一个时期都要丰富，对中日政治关系、经济关系方面的专业研究和综合性研究大量出现。日本经济界通过研究成果的推出力图影响日本国家对华政策的研究目的十分明显。本时期还出现了“邦交正常化以来最为严峻、最为困难的局面”[②]，日本国民的对华“好感度”降到最低点。[③] 邦交正常化以来“安定”的、以经济合作为重心的中日关系受到挑战。但是，在日本社会对华“好感度”大幅降低、中日之间矛盾和摩擦日益升级的情况下，中日经济相互渗透的规模和深度却在竞争中不断加强。本章将着眼于本阶段日本经济界对华认识信息的来源变化、对华认识文本的新特点、对华认识影响的新表现三个方面，继续对日本经济界的对华认识展开研究。

第一节　立体畅通：日本经济界对华认识的信息来源

信息化作为新时代的特点之一，在日本经济界涉华信息的收集过程中发挥了拓展信息来源渠道的重要作用。同时，其也为经济界涉华信息的交流和共享提供了技术平台。随着中国经济的发展和开放程度的提高，中日两国在政治、经济、文化等各个领域广泛展开交流与合作，日本经济界了解中国信息的渠道也变得空前畅通。他们不仅通过自己的眼睛观察中国，利用自身的体验了解中国，还多方搜集中国不断公开的相关经济信息，为全面、客观认识中国服务。网络信息传播技术的发展和应用也为日本经济界从多个方面了解中国信息提供

---

① 服部健治・丸川知雄編：『日中関係史（1972—2012）Ⅱ経済』、東京大学出版会、2012年、248頁。

② 赵艳红：《中国驻日大使程永华：中日关系陷入邦交正常化以来最严峻局面》，2014年3月11日，http://lianghui.people.com.cn/2014cppcc/n/2014/0311/c376104-24605866.html。

③ 日本非营利组织日本言论NPO和中国日报社在2013年8月共同实施完成的国民相互感情和认识第九次民意调查结果显示：90.1%的日本人和92.8%的中国人对对方国家“印象不好”，分别比上年增加了5.8个和28.3个百分点。

了便利。他们一方面及时整理来自中国商务部等官方网站的公开经济信息，另一方面也通过中国的媒体等捕捉对日本有用的信息。同时，研究者们还利用中日两国经济研究方面专家在各类研讨会、论坛上交流的机会，与中国研究人员加强沟通，获得中国经济政策和研究方面的最新信息。另外，中国经济持续快速增长和中国成为世界第二大经济强国的事实都刺激着世界各国的专业研究者从不同角度研究中国经济现状、中国市场发展趋势，以及中国存在的问题，这些来自世界各国研究者的信息也是日本经济界了解中国的重要信息来源。因此，本时期日本经济界了解中国的信息来源除了日本经济界自己的努力，还包括中国自身的宣传、其他国家和地区研究者对中国的研究，信息来源变得空前广泛。

一、日本经济界的涉华信息渠道

以 2001 年中国加入 WTO 为标志，中日政治、经济、文化的交流和发展进入了一个全新阶段。以经团联在北京设立事务所为标志，日本经济界对中国的关注度空前提高，他们不断完善经济界内部的信息交流机制，利用多种渠道实现涉华信息的交流和共享，带动整个日本社会对华认识的发展和变化，为新时期日益复杂的中日经济合作服务。

（一）日本经济界驻华机构的进一步发展

本时期日本经济界各类团体的驻华机构进一步增加。除原有的日本商工会议所在北京、大连、上海、香港、台北设立的事务所之外，被称为日本“财界内阁”的日本经团联于 2012 年中日邦交正常化 40 周年之际，在北京设立事务所。在事务所设立之初，经团联会长米仓弘昌接受采访时表示，中国事务所将在筹办纪念活动、人员交流、政府首脑联络等方面发挥作用。副会长坂根正弘谈到在北京设立办事处的目的时，明确地说：“我们在北京设立办事处的目的，就是帮助日本企业家认识中国。”[①]这是经团联在 2009 年关闭设在美国华盛顿的事务所以来开设的唯一一家海外事务所。

经团联作为在日本影响力最大的经济团体，把唯一的海外事务所设在中国，不仅为日本经济界获得中国信息提供了重要平台，也是他们高度重视中国市场这一认识的具体体现。其实，2012 年经团联在中国设立事务所有迹可循：

---

① 蒋丰：《评析：日本“经团联”为何从华盛顿迁往北京》，2012 年 2 月 14 日，http://news.cntv.cn/20120214/123074.shtml。

2007年以来,中国成为日本第一大贸易伙伴,随着中日经贸合作程度的加深,中国在日本的存在感越来越强。2012年中日贸易额达到3337亿美元,而日美贸易额仅为2170亿美元,在经济领域,中国已取代美国成为名副其实的"最重要国家"。在这种情况下,经团联长期以来一直坚持的每年两次的访华行动显然不能满足其了解中国信息的需要。因此,经团联北京事务所也就应日本经济界的需求顺理成章设立。这个过程说明经团联及其他团体的海外事务所之设立与经济需求密切相关,也说明中国市场在日本经济成长中越来越重要的地位使日本经济界对获取来自中国市场信息的重视度提高。

除了由日本经团联这类经济团体直接设立的事务所之外,商工会议所、三井、三菱、住友等财团因为业务需要也在中国广泛设立办事处,带动大批经济界管理人员来到中国,这些办事处的长期或短期驻在人员成为日本经济界了解中国信息的便利渠道。同时,本时期日本经济界出现了两次对华投资高潮,伴随日本企业在华数量的激增,通过工作签证在中国长期工作和生活的日本经济界人士也大量涌现。这些企业的日籍工作人员是日本经济界了解、接触、认识中国的基层力量。

(二)日本经济界团体访华活动的规模扩大

在日本财界三大团体中,同友会是在邦交正常化之前率先与中国接触的经济团体。同友会是由经济界精英人士组成的法人团体,但其活动内容并不仅仅限于经济活动本身。从同友会历次访华的目的地看,每次访华无论时间长短、人员多少,到中国的首都北京并与中国政界高官、经济界高管及研究界精英接触并举行恳谈会是他们的固定议程。北京是中国的政治中心,同友会与中国高级官员互动的目的当然是向中国宣传日本的合作理念并影响中国的对日经济合作政策,政治目的性非常明确。通过与经济界高层管理人员的恳谈、与研究界精英的学术研讨,同友会可以了解中国政界、经济界和研究界对与日本合作的期待及程度高低。这种高层信息的获得,对于同友会形成对华研究报告、影响日本的对华经济政策、引领日本经济界的对华经济合作都是必不可少的前期工作。内容方面,历次访华团的主要活动内容有对中国经济发展现状、社会问题的调研,对两国友好协作的意义及如何促进两国友好合作关系发展的研讨。2011年同友会研究报告就指出,"在政府、学术、企业、民间等多个领域展开广泛交流,以构建中日两国间不可动摇的战略合作关系"。

日中经济协会的例行访华活动是促进日本企业与中国领导层接触,并向中国宣传日本企业界对华经营思想、合作理念的机会，也是带动日本企业通过实地考察了解中国的重要活动。2001—2013 年，日本经济界例行的年度访华活动从未终止，即便在 2012 年由于钓鱼岛问题而未能成行，他们仍然坚持在2013 年 3 月以延期的形式完成 2012 年度访华活动，并坚持在同年 11 月完成了 2013 年度的例行访华活动。

在对日中经济协会 21 世纪以来的访华活动进行梳理后，可以发现其具备以下几个特点：第一，日中经济协会历次访华的团长均由当时协会的最高领导人担任，主要是协会的会长。会长卸任后，会继续以顾问或名誉会长等身份参加访华活动。中国方面的接见人员主要是副总理以上级别的国家领导人和相关部门的领导。由此可见，日中经济协会访华活动的直接访问对象多为中国高层，此类活动在中国受到很大重视。访华规格及所受重视程度能够直接提高日中经济协会在日本社会的影响力。第二，日中经济协会在历次访华活动之前会认真对中国经济政策和发展现状进行研究。2002 年 3 月，为描绘 21 世纪日中关系的蓝图并研究实现蓝图的途径，日中经济协会成立了由各界有识之士组成的 21 世纪日中关系展望委员会，进一步加强对中国的研究活动，其研究成果简称为“意见”。除了 2003 年 6 月（第一次）和 2005 年 6 月（第二次）的提出时间较访华活动早一些，2012 年因中日关系受挫未能按期访华外，“意见”的提出时间均为历年访华之前。第三，访华中包含地方考察的内容，会见对象有地方领导。这说明日中经济协会的访华活动越来越贴近实际的对华经济活动。

除了通过设立事务所、组织访华团等比较固定的方式了解中国信息，日本经济界还根据需要拓展各类信息来源渠道。例如，利用参加在中国召开的国际性会议的机会，与各行业专家交流；进行不定期的个人或团体商务旅游、考察等也是经常采用的方式。信息来源渠道的拓展为日本经济界的对华经济研究提供了必要条件。

（三）经济界团体之间的信息和成果交流

与同行之间及时的信息交流是日本经济界对华认识信息的重要来源。日本经济界三大团体及日中经济协会等组织除了通过自身努力拓展信息来源渠道，团体与团体之间、各个团体内部也有着良好的信息交流机制。例如，经团联的会员是日本各大企业或法人，同友会是日本各大企业的领袖人物以个人身份参加的组织。在这种情况下，就可能会出现某个企业的董事长属于同友会成员，同时他所在的企业又是经团联会员的情况。各团体的负责人也会出现兼职的情形，现任经团联会长米仓弘昌同时是日中经济协会的名誉会长。这种多重交叉式的加入机制，加之近年中日经济交流程度的加深和中日关系的日趋复杂，各团体在分工合作的同时更注意加强信息的沟通与交流。

日中经济协会的一个重要任务就是加强同中国的信息沟通与交流。该协会虽然是以企业为会员的经济团体，但从成立之初得到政府的支持，其访华活动及派驻等会由政府部分买单，所以日中经济协会的研究和活动具有经济与政治的双重性。研究成果的交流方面，日中经济协会在进行《日中经济白书》的年度编写之余，灵活地通过网络、报刊等传递信息，同时根据需要增设了“21世纪日中关系展望委员会”，以向两国政府建言为目的编写“意见”，并利用到中国访问的机会把“意见”呈交给中国政府。这样就把研究推进到实际推动中日关系发展的高度。

经团联作为经济界影响力最大的经济团体，除了利用其下设的“21世纪政策研究所”“经济信息中心”“海外事业活动关联协议会”等加强对中国的研究和信息搜集、共享外，还通过举行演讲会、研讨会等形式加强宣传。例如，2013年3月5日经团联举办了名为“日中关系重构建——民间的责任”学术研讨会，在会上，米仓弘昌会长表达了要“与中日友好协会一道，通过在各个不同领域实施规划项目，加深民间的交流，以实现两国间关系的尽早恢复，创造新的发展机遇”的观点。东京大学大学院教授藤原归一在做会议总结的时候也说：“在政治和经济之间，虽然不存在通过经济关系的强化就能够实现政治安定这一定律，但是，经济合作的确有制止政治关系恶化的作用。当前中日关系之间，经济关系的强化与民间交流非常重要。”①

经济同友会的人员构成决定了其在日本社会的巨大影响力。经济同友会的成员均为日本各行各业的领袖，他们以个人身份加入经济同友会，关心当今世界所面临的问题，致力于通过他们的解决方案推动日本的发展，在产业界及社会各界具有广泛而巨大的影响力。经济同友会成员通过多种形式的活动促进日本和世界其他国家的相互理解与共同发展。在与中国的合作方面，日本经济同友会设置有专门的中国委员会，不仅坚持通过每两年一次的访华活动与中国的政界高层人物、经济界领袖与研究界精英加强交流和沟通，还通过提供具体的政策研究报告对两国政府特别是日本政府的对华政策施加影响。经济同友会成员作为商界精英的身份使他们有足够的机会和能力影响日本相关政策

① 日本经济团体联合会网站资料：http://www.keidanren.or.jp/journal/times/2013/0314_05.html。

的制定，同时因其引领日本经济发展动向、其经济活动与广大民众生活质量息息相关等特点，经济同友会在日本社会无论是对政府还是对普通民众的对华认识都具有很大影响力。

以上各大团体在各自分工范围内，通过相互之间信息的沟通与共享，构建了日本经济界内部的信息交流网络，为最新信息的交流提供了条件，是本时期日本经济界越来越重视的信息来源渠道。

二、日本经济界涉华研究的开展

除了通过经济界内部成员直接的对华行动取得第一手对华研究的信息资料，并进行专题研究和信息分享外，在涉华信息的搜集方面，日本经济界还注意广泛发动社会各界的研究力量。

（一）活用学界的研究力量开展研究活动

日本学界是重要的涉华研究力量。在日本，无论大学、公共研究机构，还是私人研究部门，都有研究中国问题的专家学者。[①] 学界的涉华研究主要包括两类。一类是个人或所属团体的自主性学术研究。因为学术研究所需经费等方面的现实需求，这类研究在当今社会变得越来越少。另一类则是政府或者财团资助下的涉华项目研究。日本很多企业或团体都把资助科学研究作为企业社会责任的一部分认真贯彻执行。这种研究资金和研究条件方面的支持使学者的研究活动能够比较顺利地进行。经济方面的资助，或者直接的项目参与，使学界的研究更加倾向于为日本经济界的现实需求服务，这无形中使学界成为经济界涉华研究的重要力量。

日本经济界还通过扶持智库的发展为日本经济界储备研究力量。日本一些著名的综合性智库，如野村综合研究所、三菱综合研究所、冈山技研等，由于有大型财团、金融机构或大型企业集团做后盾，已经发展为非常著名的巨型智库，不仅为日本政府和大型企业集团提供咨询服务，而且还为其他国家的政府部门和大型企业等提供工程、技术等方面的咨询、管理、决策顾问服务。[②]

参与日本经济界涉华研究活动的人员，除了企业或团体研究机构的专任研究员、各团体或法人的负责人外，各大学或研究机构的专业研究人员也经常被

① 参见石之瑜、何培忠等编：《战后日本的中国研究：口述知识史》，台湾大学政治学系中国大陆暨两岸关系教学与研究中心 2011 年版，第 1 页。

② 参见许共诚：《日本智库的发展概况》，《学习时报》2013 年 7 月 15 日。

聘为协力委员，成为经济界专业研究机构的重要研究力量。例如，在日中经济协会《日中经济白书》的年度编写中，立命馆大学国际关系学部教授中川凉司、龙谷大学经济学部教授村濑哲司等长期担任研究成员。日本经济界这种多重力量合作的研究机制为高质量研究成果的推出提供了重要保障。

（二）参与日本政界的涉华研究

影响政府对华经济决策的制定是日本经济界涉华研究的重要目标，所以日本经济界人士会主动参与政府相关部门主持的涉华研究或为其研究等提供协作。例如，作为政界重要智库的日本贸易振兴机构，其下属研究部门"日本经济研究所"为完成向政府提供经济政策建议和经济发展状况研究的任务，需要以企业为对象进行各类例行调查。为提高调查结果的准确度，这类调查的针对面往往非常广，均能得到对象企业的积极配合，在比较紧凑的时间内完成。2013年度，日本贸易振兴机构进行"日本企业的中国事业调查"，发送调查问卷的对象为802个公司，仅用了15天（2013年8月9—23日）就收到651份有效调查问卷，有效率达到81.2%。[①] 调查活动能够如此高效率地完成，无疑得益于日本经济界的积极配合。

2002年11月28日，日本小泉内阁"对外关系课题组"在经过一年零两个月的研究并召开了32次会议的基础之上形成了报告——《21世纪日本外交的基本战略——新时代、新理念、新外交》。该研究活动的参加人员有国际协力银行副总裁田波耕治和丰田汽车总裁张富士夫。报告在谈到中国的时候说，"与中国的关系是日本在21世纪初外交政策中最为重要的题目。今后既需要协调共存，又存在竞争摩擦"。关于中国的专题报告有两部分，一是"（日本）该如何与中国相处"，报告认为，中国的高速增长是日本"恢复元气"的重要因素。二是"新时期的对华ODA战略研究"，报告认为，日本的对华ODA战略要和其他对华政策协调配合实施。这份报告中的意见在日后的日本对华行动中均有相应体现。由此可见，协助政界的涉华研究实际上是日本经济界研究中国并对政界的对华活动施加影响的重要方式。

（三）资助中国研究人员的中国研究

随着在中国的研究日本的力量逐步加强，通过各种途径资助中国研究人员

① 日本貿易振興機構:「2013年度日本企業の中国での事業展開に関するアンケート調査」、2013年9月。

进行中日政治、经济关系的研究活动及以中国为研究对象的专题研究成为日本经济界比较关心的工作。例如，三菱、住友、三井等大的财团都有此类专项研究经费，中国研究人员可通过申请获得相应资助。这类获得资助的研究所产出的研究成果也会作为日本经济界了解中国的重要资料。

此外，邀请中国方面的专业研究人员到日本的研究机构参与共同研究，或以海外研究成员的身份参与由日本经济界主持的大型研究项目等，也逐步成为日本经济界联合中国方面研究力量的重要手段。例如，经团联在2008—2013年的中国经济研究项目，就是大量借用在日中国学者的力量完成。该研究项目的研究成果包含5部专著，即《中国的外资政策与日系企业》(2009年9月)、《国际金融危机后的中国经济——面向内需扩大与结构调整》(2010年7月)、《中国经济成长的持续性——促进因素及抑制因素的分析》(2011年7月)、《即将转变的中国经济及日系企业的作用》(2012年7月)、《中国的国家资本主义——市场？还是政府?》(2013年7月)，其编写人员中分别有7人、5人、3人、3人、2人是中日政治、经济及相互关系方面专家级的中国研究人员。这些人员参与日本经济界团体的对华研究活动，不仅壮大了日本经济界的对华研究力量，而且在研究方法、研究思路、研究观点方面，客观上促进了双方研究人员之间的意见交流，是本时期日本经济界对华研究中出现的新现象。

综上所述，日本经济界通过国内外不同层次的渠道获取与中国相关的信息，并在与专业机构、国内外研究人员的信息和成果交流中研究中国和中日经济关系，形成相对客观、真实的对华认识与评价，并最终影响整个社会的对华认识。

三、日本国内对华研究的发展

在日本经济界加强对华研究的同时，日本国内的对华研究力量不断变得强大。本时期比较有代表性的研究是学界的综合性课题“现代中国区域研究”和政界日本贸易振兴机构的涉华研究。

(一)学界的综合性中国研究课题

现代中国区域研究项目是由日本人间文化研究机构资助的研究项目，于2007年8月正式启动。项目由早稻田大学亚洲研究机构现代中国研究所、京都大学人文科学研究所、庆应义塾大学东亚研究所、东京大学社会科学研究所、人间文化研究机构综合地球环境学研究所、东洋文库承担。从项目介绍可以看出，该项目的一个重要目标就是在各研究机构之间建立起松散的横向网络，整合日本各地的研究机构及研究人员，提高有关当代中国研究的各种文献、信息、数据的透明度以利于相互利用。

在研究过程中，项目组加强跨学科研究，同时建立中国研究核心基地，有意识地系统推动与中国研究人员、研究机构的联合研究活动。项目组整合日本多个研究机构，建立起一个有机的中国研究网络，通过互相沟通和交流，提高中国研究的整体水准，并通过召开联合研究会构建信息网络，培养具有国际水平的年轻一代中国研究人才。作为本项目的研究成果，项目组出版了《日本当代中国研究》(2009—2011 年每年一卷)，并由早稻田大学教授刘杰组织了中文版的出版，为全日本乃至世界各国的中国研究专家和关心中国问题的读者提供日本当代中国研究最新、最具有代表性的研究成果。该项目第一期完成之后，第二期(2012—2016 年)研究继续开展。对经济界来说，把对中国经济的研究与政治、社会、文化、历史、国际关系放在一个综合的课题之下进行，有利于开展客观而全面的研究。因此，日本学界的此类研究对日本经济界获取涉华信息具有很高的实用价值。

(二)政界专门机构的中国研究

随着中日关系越来越复杂，日本政界也加大了对华研究的力度，其最重要的研究机构为日本贸易振兴机构。与经济同友会、日中经济协会等相比，日本贸易振兴机构是一个完全由政府出资设立、依靠政府资金运转的经济研究机构。涉华研究一直是日本贸易振兴机构的重要工作内容，政府背景及强大的资金支持使日本贸易振兴机构的研究在研究目标、内容和深度方面均足以对社会认识产生重要影响。邦交正常化以来，特别是进入 21 世纪以来，日本贸易振兴机构(前身为“日本贸易振兴会”)的对华研究规模、深度与影响力不断扩大。研究内容方面，日本贸易振兴机构与经济同友会、日中经济协会既有相通之处，又有其鲜明的特点与独特的影响力。

日本贸易振兴机构致力于促进日本中小企业国际业务开展，吸引国外对日投资，扩大日本与外国贸易规模。研究团队由东京本部、大阪本部、亚洲经济研究所、36 处国内经贸信息中心、73 处海外事务所的人员组成。日本贸易振兴机构的前身是成立于 1958 年的“日本贸易振兴会”。1998 年，日本贸易振兴会与亚洲经济研究所合并为特殊法人。根据《独立行政法人日本贸易振兴机构法》第 3 条，在 2003 年 10 月，该机构正式设立独立行政法人日本贸易振兴机构，由经济产业大臣担任主管，现任理事长为曾在日本经济产业省任经济产业审计官的石毛博行。按照2002年12月13日通过的第172号法律《独立行政法人日本贸易振兴机构法》，日本贸易振兴机构是其实施机构，设立目的是：综合、高效促进日本国家的贸易振兴事业之实施，通过从基础到综合性的调查研究和成果普及推动在亚洲地区的经济及相关事业，促进在该地区的贸易扩大与经济协作。具体工作内容包括：进行与贸易相关的调查并提供该调查结果；向国外介绍、宣传日本的产业及商品；进行商贸斡旋；发行与贸易有关的出版物，颁布其他与贸易相关的公报；举办博览会及展示会，参加类似活动及促成此类活动的举行；收集亚洲地区其他国家的经济信息资料；对亚洲地区其他国家的经济信息资料进行调查研究或者进行相应的田野调查；根据企业需求提供前述研究成果；与国内外同行共享研究资料等。日本贸易振兴机构以全面振兴日本贸易为宗旨，随着日本贸易盈余扩大和与欧美各国之间经济摩擦的增多，其工作重心由战后为获得外汇的"振兴出口"变为"促进进口"。他们通过开拓出口渠道、支援海外对口国家、提供国外商务信息等为日本企业，特别是中小企业的海外业务拓展提供支援。随着时代的发展，该机构当前的工作内容又变成了"开展针对发展中国家的经济合作研究"。他们通过对各国、地区的经济、贸易投资、产业动向、法制制度等进行调查、分析，提供给日本企业作为开展全球化经营的判断依据，也为日本的通商政策制定提供参考。日本贸易振兴机构的中国研究活动的主要承担者为其下属的亚洲经济研究所。

1.亚洲经济研究所的中国研究及服务

日本贸易振兴机构亚洲经济研究所是由成立于1958年的财团法人亚洲经济研究所发展而来，根据《亚洲经济研究所法》，该所在1960年作为日本通商产业省的特殊法人正式成立，后并入日本贸易振兴会并依法成立独立行政法人日本贸易振兴机构，成为其旗下的附属研究机构。亚洲经济研究所作为以发展中国家和地区为研究对象的专门研究机构，工作内容包括对发展中国家、地区的政治、经济、社会的基础研究和综合研究，他们通过搜集研究对象国家或地区的信息，向社会提供关于这些国家或地区的发展状况和研究课题成果，促进全社会对这些国家或地区的深层理解，加强日本社会的国际认识，实现日本与国际社会的协作。亚洲经济研究所遵循田野主义、实证主义的研究理念展开调查研究，为社会收集并提供这些国家或地区的经济相关资料与信息，并通过调查研究成果的普及活动促进全社会对这些地区的关注。亚洲经济研究所以"立足现实需要"的"即时性研究"为目标，在研究内容与研究方法的确定、研究成果的推广等方面，均形成了一定规模。①

亚洲经济研究所根据日本政府、企业、学界及合作机构的研究要求，每年设定约50个左右的研究课题，其研究内容包括三个方面：第一是政策方面的提案研究；第二是政策提案的辅助分析研究；第三是通过政策提案的基础性、综合性研究，促进对这些国家和地区的全面了解。以2013年为例，为实现"为强化与亚洲国家的经济合作做贡献"的目的，亚洲经济研究所开展对政府的潜在及中期政策需求、社会需求等的前期研究，把第三期中期计划的重点课题设定为"东亚经济圈的形成与课题""新兴国家的市场、产业分析""发展中国家的比较政治分析、国际关系"三个课题。其中，又对新兴国家成长中必须面对的问题，特别是正逐渐成为中高收入的国家（主要是中国）所面临的环境、能源、就业、社会保障、社会开发、老龄化等问题进行重点研究。同时，配合政府、产业界、学界等的需求，对国内外比较关心的突发性事件进行机动性研究。

该所以各种研究会为平台，既进行共同研究，也展开个别研究。共同研究的参与者既包括研究所的职员，也有大学、政府、研究机构的专家。其研究成果通过研究所或者委托外部出版社正式出版。除了研究所成员的研究活动之外，亚洲经济研究所还联合国内外研究者和研究机构进行共同研究，扩大日本对发展中国家研究的影响力。自1990年开始，其工作又增加了培养该领域的新生代研究人才这一内容。同时，研究所还通过联合海外的研修生、派遣职员到国外参加国际会议、学会召开研究发表会等多种途径构建国际性的研究网络。

亚洲经济研究所的研究成果通过《研究双书》（该所专门整理发展中国家研究基础成果的专业书籍）、《亚洲经济》（该所用来刊登关于发展中国家研究成果，包括论文、研究报告、资料、现场报道、书评等的日文月刊杂志）等出版物及国际学术研讨会、官方网页、电视、报纸、大学等平台进行推广和普及。为鼓励对发展中国家问题的研究，亚洲经济研究所自1963年始制定对发展中国家经济问题进行研究的优秀图书、论文的表彰制度，1980年正式设立"发展中国家研究奖励"项目，表彰对象扩大为对发展中国家的社会科学及相关领域调查研究的优秀成果，以促进该领域研究水平的提升。

亚洲经济研究所官方网站数据库和研究所图书馆已经成为日本社会了解和利用研究所成果的最重要平台。《亚洲动向年报》是亚洲经济研究所为公众提供服务的重要信息资料。该年报自1970年以来，以研究成果"马上产生效

① 参见亚洲经济研究所网站资料：http://www.ide.go.jp/Japanese/Research/Policy/index.html。

用"为宗旨，聚焦"人才培养""亚洲国家关联数据资料的搜集与整理""调查研究"几个方面，持续介绍亚洲各国的政治、经济、社会情况，尽可能为社会提供关于亚洲的最新信息资料。[①] 在整合亚洲各地几十种报纸报道内容的基础上，结合各类统计资料和田野调查数据提供及时的信息是该年报的重要特色。如今，该机构已把其近40年来的研究资料电子版以"亚洲动向数据库"的形式公开提供给社会各界使用。需要利用资料的人只需点击链接下面的国家名称，就能够得到该国家在各个年度(1969年以来)的"重要日志""年度动向分析报告""内容""主要统计数据"等。为保证数据库资料的实用性，该数据库每年2月都会进行更新，便于为研究者和有投资意向的人们提供最新资料。

"加强对经济成长迅速，与日本具备战略伙伴关系的新兴国家的研究，提供对这些国家的经济动向的研究"[②]的同时，帮助中小企业了解与这些国家之间经济合作的风险是亚洲经济研究所的重要研究内容之一。随着中国经济的迅速成长，对近邻中国的信息搜集及研究自然成为其一段时间非常重要的研究课题。在数据库点击"亚洲动向数据库一览[中国]"，就能马上得到对中国各年度的动向分析报告列表。根据需要，可以得到各年度报告具体内容，以及与报告内容相对应的中国当年报道的日文翻译及主要统计数据。继而可以查找到具体到每天的中国重要报道，包括中国当年的国家机构设置及人员名单、当年出台的法律法规。通过"主要经济指标检索"可以检索中国政府历年的人口、GDP统计数据及国家财政、贸易、国际收支等方面的统计指标。通过其网页链接，可以直接到中国各部委网站、主要官方媒体网站、重要科研院所网站等。

《亚洲动向年报》之外，亚洲经济研究所还提供"亚洲经济地理数据库"，这是在2011—2012年度亚洲经济研究所"东亚经济地理数据库制作分析研究会"上完成的针对东盟国家和日本、中国、韩国、印度、孟加拉国等在2005年的分产业GDP及人口、面积数据库；《亚洲国家·地区最新经济统计》是由亚洲经济研究所研究支援部研究信息体系课编写的关于亚洲12个国家和地区(中国大陆、中国香港、中国台湾、韩国、泰国、新加坡、马来西亚、印度尼西亚、菲律宾、越南、缅甸、印度)的人口、汇率、GDP、人均GDP、货币供应、消费者物价指数、出口、进口、外汇储备等过去5年间的数据资料，资料每月都会更新。其定期出版物在出版一年后都会全文公开，对涉华信息的更新和查询都是一种促进和贡献。

① 小倉武一:「発刊の辞」、『アジア動向年報』、1970年3月创刊号。
② 亚洲经济研究所网站资料：http://www.ide.go.jp/Japanese/Info/Profile/outline.html。

2.日本贸易振兴机构的中国研究及服务

与亚洲经济研究所的研究互为补充，日本贸易振兴机构以经济方面的调查和统计为主要着眼点，开展信息及报告的搜集与整理，为日本以中小企业为中心的经济界海外业务开展提供帮助。

经过多年的研究及积累，日本贸易振兴机构已经具备根据各国基础数据、贸易投资制度、基础经济指标所揭示的投资状况提供比较服务的能力。有调查需求的人员只要选择想要比较的国家、地区和希望比较的项目如国家概况、投资制度、基础经济指标、比较年度等，系统就会自动把比较结果显示出来，甚至可以根据需要选择用当地货币还是使用美元进行比较。

该系统所依据的信息根据现实情况不断更新和细化，其中“贸易制度”又细分为是否加入WTO等协定、贸易管理制度、关税制度、外汇管理制度、进出口手续；“投资制度”细分为投资推进机构，外资管制，外资奖励，税收，外国人就业及在留许可、招聘管理制度，技术、工业及知识产权保护制度，外国企业的设立手续、需提供的资料等；基础经济指标包括实际GDP增长率、名义GDP总额、人均GDP、消费者物价上升比率、消费者物价指数、贸易收支、对日出口额、直接投资接受额，以及农、林、矿产、制造业等生产指数和成长率等25项指标；目前可以提供2010—2012年的比较数据。

该机构还能够提供世界主要城市的投资成本比较，操作者只要把希望比较的城市名称选中，系统就能够把工资、地价、办公场所租赁费用、通信费、水电气等公共费用、税金、运输、汇兑等海外投资所必需的基本成本根据客户需求用美元或者当地货币表示出来，供有海外投资意向的企业进行投资分析。对占日本企业总数99.6%以上的中小企业来说，这项服务的现实意义显得更加重大：中小企业在选择海外投资地时，不能像大企业一样自己进行详尽的投资调查。因此，日本贸易振兴机构的这项工作可以理解为日本政府扶持中小企业海外投资的具体举措。

日本贸易振兴机构高度关注中日之间的经济贸易合作进展状况，通过不断推出针对日本企业在华经济状况的调查统计数据和分析报告，向日本企业及时介绍中国的投资政策、市场状况、经贸活动动向等信息。中日经贸依存关系加强的同时，中日关系的摩擦与纷争一定程度上影响了双方经贸活动的正常进行，对中日经贸发展的促进与支持是近年日本贸易振兴机构的重要工作内容。该机构在中国的北京、上海、大连、广州、青岛、武汉、香港均设有代表处，为日本企业在中国的发展提供有参考价值的调查资料，支持日本企业的在华事业发展。根据该机构的官方网页资料，截至2013年12月31日，日本贸易振兴机构仅在2013年度所做的与中国有关的比较重要的研究报告就有63项。研究对象既包括两国的政治关系、政策法规、商务合作、企业管理策略、市场发展预测等宏观方面，也涉及金融、养老、流通、环境、医药等具体领域。研究方法既有连续性的研究报告，也有基于不同领域调查问卷的现状分析。

日本贸易振兴机构的这些数量庞大、领域广泛、方法多样的研究报告和中国相关信息的推出，为日本经济界认识中国提供了重要的基础资料，为大多数企业全面了解中国，开展对华贸易与投资活动，提供了重要的信息，在本时期逐渐成为日本经济界了解中国、研究中国的重要信息来源。

第二节　领域广拓：日本经济界对华认识的文本研究

在整合来自不同渠道信息的基础上，日本经济界内部加强了对中日经济关系、政治关系和中国市场等的专题性和综合性研究，为在新时期更加理性、成熟地认识中国创造了条件。

一、日本经济界对中国国情的认识

日本经济界的研究比其他各界的研究更加注重立足于现实需求，其研究内容也更加与经济界的活动相契合。中国在日本经济天平上的分量是日本经济界进行中国研究的最根本动力。本时期，对日本经济界来说，中国市场所蕴含的触手可及的商机则是最具吸引力的存在。2007年以来，中国取代美国成为日本最大的贸易对象国，贸易额度的提高加上地理方面的优势，使中国作为重要经贸对象国的地位越发突出。对中国经济发展过程中日本经济界机遇的探讨成为日本经济界的研究重心，他们所关注的汽车、环保、节能、养老等，都是日本具有经验、技术优势而中国正在大力发展的领域。

针对中国国情方面的认识，可以从21世纪政策研究所“中小企业的中国进出情况报告”中体现出来。该报告完成于2002年6月。当时的背景是：21世纪初，日本国内出现了“中国威胁论”“日本国内产业空洞化论”等论调，媒体高度关注索尼、本田、优衣库等名企的动向，却对占日本企业总数99.6%的中小企业置之不理。这种选择性报道不利于国内经济界把握日本企业的发展动向，因此，21世纪政策研究所承担了填补这一空白的任务。

通过对日本山阴、东北、东大阪3个地区5个城市10家企业的访谈，研究人员发现，这些中小企业早已越过争论"中国威胁论"虚实之阶段，大胆地把有限的资金和人才投入到在中国的投资和生产。这些企业在中国的发展类型分为三类：第一类是以降低成本为目的的单纯委托加工型企业，第二类是既有投资又有生产的合资型企业，第三类是完全由日本人自己投资和管理的独资型企业。这些投资方式各有利弊，但都有效利用了中国的廉价劳动力、水费、电费等成本方面的优势。对在华中小日资企业的发展问题，报告提出要注意两个问题：第一，是否具有技术开发能力；第二，是否具有随时进行自我创新的能力。报告认为，随着中国自身制造业实力的提升，单纯的委托加工型企业逐渐向合资和独资型企业发展的可能性很大。对在中国投资可能遇到的风险问题，报告列举了日本大型电机企业在明知存在风险的情况下，仍旧把总公司研究开发部门的一部分设置在中国的实际案例，借此呼吁日本企业要有放眼于未来的勇气，积极发展对华投资。

该报告体现了日本经济界对中国国情方面的部分认识：第一，从企业的生产成本看，由于中国的水、电、劳动力价格都比日本国内低得多，在华企业的生产成本能够有效降低；第二，中国的劳动力具有劳动素质较高、资源丰富的特点，能够保证生产效率和产品质量；第三，对于在日本国内颇有市场的"中国风险"问题，报告用现有企业的实际行动阐明了自己的观点，即应该了解风险的内容，提高风险管理能力，大胆进入中国市场。该报告所体现出的对中国国情的认识，在本时期具有代表性，能够在一定程度上解释中日关系"政冷经热"现象出现的原因。

对于日本来说，当前的中国是原料价格相对低廉的原料供应地、基础设施比较完备的产品生产地、正在不断发展的拥有十几亿人口的消费市场。因此，结合对中国国情的认识，本时期日本经济界对华合作方面有三个共同关注点：一是配合中国的城镇化进程，日本在城市化过程中的经验和教训可以作为与中国进行合作的切入点；二是在中国当前越来越受到重视的环保、节能领域，日本所拥有的世界领先的技术具有他国竞争者无法比拟的优势，可谓日本企业获得与中国合作机会的重要利器；三是随着中国人口老龄化时代的到来，中国在养老产业方面的欠缺为日本相关企业加入提供了机遇。

二、日本经济界对中国体制的认识

本时期日本经济界对中国体制的认识，可以从经团联下属的 21 世纪政策研究所为期 5 年的中国经济研究项目及其成果看出。

2008年起，由21世纪政策研究所发起的为期5年的中国经济研究项目开始运行，该项目由拓殖大学校长、开发经济学者渡边利夫担任顾问。研究所召集在日本从事中国经济研究的专家们，以每月到东京举行一次共同研究会的形式推进研究。作为研究成果，自2009年始每年出版一部专著，内容契合中国经济发展的现状，对日本企业的对华经济活动起到了重要的指导作用。下面具体介绍已出版的五部研究专著。

《中国的外资政策与日系企业》(2009年9月)叙述了中国从依靠出口获取外资的出口主导型经济发展模式到成为世界上最大的外资输入地，成为“世界工厂”，再到以发展民族企业为中心的内需主导型发展战略的转变过程。该书指出，以2008年中国《企业所得税法》和《劳动合同法》的施行为契机，中国开始了象征性的政策转变，当前是进行细心而大胆对华投资的好时机。该书由拓殖大学教授杜进主编，执笔者包括在日从事研究的7名中国研究者。该书出版后，日本企业又掀起了一次对华投资的高潮。

《国际金融危机后的中国经济——面向内需扩大与结构调整》(2010年7月)由9名研究者负责。该书对在2008年金融危机后，中国如何利用政府资金率先走出危机并带动世界经济走向恢复之路的过程进行了探析，对中国克服危机的方法和今后的成长战略进行了专业研究，对日本经济界了解中国的经济结构调整有重要参考作用。

《中国经济成长的持续性——促进因素及抑制因素的分析》(2011年7月)对中国改革开放以来经济的持续高成长、2006年3月通过的“十一五”规划开始推动的发展模式转换、中国应对2008年金融危机的对策和“十二五”规划的制定过程进行了研究。7名研究者分别对促进中国经济长期高速增长的促进因素和抑制因素进行了考察，研究了中国增长方式转换的可行性和中国高速增长持续的可能性。具体内容涉及人口动态、收入差距、地区差距、环保和能源问题、社会保障、对外关系等多个方面。

《即将转变的中国经济及日系企业的作用》(2012年7月)指出，中国经济成长虽然放缓，但仍然保持着比周围国家高的成长势头。在这个高成长过程中，中国经济结构也在不断发生变化。例如，劳动者工资水平的上升压力势必动摇中国作为“世界工厂”的地位，中国需要发展附加值更高的产业和探索贸易结构的转变。在这样一个背景下，该书对劳动力市场、消费者市场和企业构造变化进行多角度分析的同时，探讨了日本企业今后在中国的战略问题。

《中国的国家资本主义——市场？还是政府？》(2013年7月)认为，中国在进入21世纪后，就开始由市场经济化转向国家资本主义。那么，中国的国家资本主义之内容是什么？有多大程度的持续性呢？围绕这些问题，同时作为历时5年的中国经济研究项目之总结，该书从国营企业、民营企业、地方分权、社会差距、对外关系、政治体制等比较综合的角度分析、评价“中国模式”的内容，并对中国今后的发展道路进行展望。

以上研究成果，总体表现出对中国体制和中国市场状况变化的关注，论证了当前日本企业与中国之间经济往来存在的必然性，其对中国的认识可以归纳为以下三点：第一，通过对中国当前的外资政策、宏观国家经济政策等的分析，认为当前是日本企业发展对华投资的良好时机；第二，通过对中国经济成长过程中各个时期经济政策、金融政策的实行情况，以及在发展过程中所出现问题的研究，对中国今后的经济成长趋势做出预测，认为了解中国存在的问题有助于日本企业在中国的发展；第三，对中国经济构造，包括劳动力市场、消费者市场和企业构造的变化进行分析，认为日本企业的中国战略与日本经济发展状况有很大关联。

三、日本经济界对中日关系的认识

2001—2012年是中日邦交正常化以来双方关系最为复杂的时期。本时期对双方关系负面影响较大的事件当属靖国神社参拜问题、中日钓鱼岛争端。这些表面与经济无关的事件，因日本企业的对华投资和贸易行为，不可避免地对日本经济界的在华利益产生不同程度的影响，中日关系研究成为日本经济界在本时期不得不关注的重点议题。

（一）研究报告：《思考21世纪的日中关系》

经团联及其下属的专门研究机构21世纪政策研究所对中日关系的发展动向非常关注。21世纪之初，他们推出了研究报告《思考21世纪的日中关系》（2001年2月20日）。报告在前言中对研究缘起进行了简单叙述，内容包括：经过中国实行改革开放之后多年的经贸交流，中日两国在经济上实现了高度互补。但是，政治方面的问题如历史认识、安全保障等的互不信任成为阻碍经济交流的主要原因。中日两国的关系好坏，是关系到亚洲地区繁荣和稳定大局的重要因素，因此在世纪之交，经团联决定在回顾双方历史的基础上，以规划今后两国经济交流的愿景为目标提出了建议。

报告首先对新中国成立以来所取得的成就进行了充分肯定，在分析了中国发展对亚洲及全球的影响之后，笔锋回到中日两国国民及政府之间的相互认识上。

针对中日关系，报告认为：历史问题不能无视，中日两国人民皆需认真对待，并进行基于相互理解基础上的真诚对话；老一代人推动实现的邦交正常化，是实现当前中日经济合作良好成果的基础和前提，如今日本已经连续8年成为中国的最大贸易对象国，中国也是日本仅次于美国的贸易伙伴，在中国的日本企业已达到2万多家，创造了100万个以上的就业岗位。但是，近年日本的经济、技术在中国的地位正逐渐落后于欧美国家。为促进中日国民之间的相互信赖，扩大经济交流范围，日本经济界应该积极思考对策。

报告指出：相互信赖是实现良好中日政治、经济关系的前提。在历史问题上，双方要以1995年“村山谈话”和2000年朱镕基访日发言为基准，避免不适当言论伤害对方国民的感情；就引起摩擦的教科书问题，建议两国政府召集双方专家进行“教科书对话”，通过共同研究达成共识；台湾问题属中国内政，日本应该尊重《日中联合声明》和《日中和平友好条约》的内容；要建立两国之间从政府首脑的定期互访到友好城市交流、商务交流和民间等多层次交流的渠道。

如何拓展中日经济交流是该报告的中心内容。报告对当前在中国贸易和投资中存在的问题，如外国企业的国民待遇问题、法律制度的透明性操作问题、知识产权保护问题、销售款回收问题、物流问题等提出了改良的建议；金融方面对中国存在的不良债权问题、日本保险公司的在华营业许可问题、外资企业的债券发行问题等也提出了改进的希望；对日本企业在中国的基础设施配套建设和西部大开发过程中发挥作用提出建议；对于如何推进中日两国在IT领域和能源与环境方面的协作、对华ODA资金的应用领域问题，都一一向日本政府方面提出建议。报告最后呼吁，中日关系是今后日本国家产业发展和外交政策规划的重要课题。中日两国政府不能只局限于狭小的双边关系，要放眼于世界，在共同为国际社会做出贡献的过程中发展作为邻人的友情，建立相互之间的信赖关系。

（二）研究报告：《关于今后日中关系的提案》

《关于今后日中关系的提案》完成于2006年，其当时的背景为：2001—2005年日本经济界第二次对华投资热潮的出现；2001—2006年日本首相小泉纯一郎六次参拜靖国神社，中日政治关系陷入低谷。在这样一种政治、经济背景下，日本经济界第一次以“中日关系”为主题的研究报告——《关于今后日中关系的提案》产生。

1.报告地位:经济界的首次中日关系政策提案

《关于今后日中关系的提案》是同友会作为日本主要经济团体之一,首次就日中关系向两国政府提交的研究报告,反映了日本经济界迫切希望改善两国关系,促进经济合作的强烈愿望。报告强调,日中两国政府与国民之间的相互信赖与尊重对亚洲及世界安定与繁荣有重要意义;中日两国政治上和平友好、经济上合作发展,不仅能促进两国彼此间的利益,对亚洲与世界的和平与繁荣发展也是一个福音。但是,日本同友会成员认识到尽管两国之间的经贸关系不断深化,政治方面与国民感情方面却堪忧,已经到了必须加以影响的地步。该报告所体现的就是在这样一种背景和认识下,日本经济界对中日关系发展方向的理念和意见。

2.报告内容:从背景、意义到具体措施的翔实报告

该报告主要由两大部分组成,第一部分叙述了日本经济界对中日关系的基本理念,第二部分围绕促进两国的相互理解推出了四项提案。

在第一部分,报告表达了希望两国政府能够在实现东亚经济共同体的构想、东亚的可持续性发展方面,加强两国之间的协作、建立与亚洲各国共发展的中日双边关系,采取面向新型日中关系发展的行动。报告总结了在中日关系方面的基本理念:第一,要构筑建立在对历史反省和相互理解基础上的"面向未来的崭新伙伴关系"。第二,要深化相互信赖与尊重,实现从传统"日中友好"关系向"全面战略伙伴关系"的转变。第三,面对纷繁复杂的世界问题及东亚的持续性发展课题,中日两国要积极与世界各国协同发展,共同进步。

报告认识到,今后的日中关系必须建立在对"过去"的相互理解和对"未来"新型关系的重新构架的思想认识之上。对日本方面来说,积极回应中国方面传来的友好信息非常重要,要时刻牢记不要有招致中国及其他亚洲国家误会、使日本战后的和平努力功亏一篑的言行,这对于日本来说绝对百利而无一害。同时也希望中国能够继续坚持"中日关系是最重要的双边关系"这一立场,对两国之间的纠纷,希望能够站在国际法的立场解决问题,并秉承诚实守信、坦诚相待的原则。对当前无法解决的问题,两国领导人如无搁置争议、求同存异的思维,"未来志向"也只能流于空谈。在媒体宣传方面,提请双方媒体注意以大局为重,站在公平、中立的立场客观报道事实,切忌发布那种煽动民族情绪与狭隘民族主义的倾向性报道。

报告认为,为保证日本在21世纪的安全保障与经济繁荣,维持和发展与以

中国为首的东亚诸国的良好合作关系，同日美关系一样是不可或缺的。日本要确保在东亚诸国中的地位，必须与在世界经济和国际政治方面影响力巨大的中国保持良好的关系。但当前的日中政治关系现状却处于对日本国益非常不利的非正常状态。日本政府必须清楚认识、广泛宣传“维持和发展与以中国为首的东亚诸国的良好合作关系，同日美关系一样是不可或缺的”，因此要保持两国首脑之间的正常对话。具体应该做到以下几点：首先，要尽快恢复首脑层次的交流与对话；其次，要拓展广泛而多层次的交流渠道。在实现首脑交流方面最大的障碍就是时任日本首相小泉纯一郎的靖国神社参拜问题。针对这个问题，作为行动主体的日本必须采取积极的改善措施。这是日本政府对中国政府表明立场原则、避免误会、面向未来的不可缺少的工作之一。在拓展广泛而多层次的交流渠道方面，报告认为要实现包括官民在内的多层次的、保质保量的交流，以增进相互理解。实现从政府首脑到一般民众的多层次、广范围的相互交流，要特别注意加强两国年轻一代的交流。

报告指出，今后日中两国关系应该从传统的“友好、合作伙伴”关系向更高层次的双边关系发展，在两国之间建立不追求霸权、和平共存、共同繁荣、相互协作、不干涉内政的平等伙伴关系，一方面有利于推动两国的国家利益实现，另一方面有利于国际社会的安宁。报告进一步指出，日中两国要在知识产权保护、商务活动的全球化等方面加强合作，在新能源的共同开发与商业化、东海天然资源的共同开发方面建立两国政府之间的战略沟通渠道，在环境保护、节约能源等方面把日本的经验和策略介绍给中国，强化两国的协作机制。另外，报告还希望在帮助中国企业走出国门、接收来日观光客人方面开展更广泛领域的经济合作，深化经济合作关系。

报告第二部分围绕推进两国相互理解，提出了四项提案：

第一，促进相互理解。(1)由日本政府出资建立“不战纪念碑”，既方便日本人民纪念战争牺牲者，也可以让全世界人民参观。(2)在日本学校的历史教育方面，从古代到明治维新阶段的内容翔实、近现代史教育缺乏是一个事实，提议充实日本初、高中及大学教育方面的近现代史教育内容。(3)建议以日韩历史共同研究为模板，围绕历史问题、教科书问题开展有第三国有识之士参与的日中历史共同研究，并把成果体现在两国的中学及高校近现代史教育中。

第二，加强相互交流。报告认为，建立从政府首脑到一般民众的多层次广泛交流非常重要。(1)提请两国政府首脑尽快恢复双边对话，并实现首脑会谈的常态化，努力实现两国政府间热线交流机制的建立。(2)建立由两国安全保卫机关参与的安全保障对话并深化实务层次的交流，增进相互理解与协作。(3)围绕日中两国之间共同的政策目标与课题，建立政府相关部门、企业经营者、大学研究人员、新闻媒体共同参与的定期研讨机制。(4)实现以年轻人为中心的平民交流。内容可以包括日中大学生、高中生和留学生之间的定期交流；招聘中国教师到日本高中和大学开设汉语教育课程，增进日本学生对中国的理解；扩大奖学金制度，由日本官方和民界共同设立奖学金，以保证优秀留学生专心于学业研究并提供给这些学生与日本政府、民界等直接交流的机会；提高对中国研修生的签证审查效率。(5)促进文化交流。参照2002年邦交正常化30周年纪念活动，发展两国人民之间的文化交流，把《日中和平友好条约》缔结30周年(2008年)作为“日中文化交流年”，推动各界文化、体育交流。交流内容应当有：包括动漫在内的电影、电视剧交流，音乐、出版产业交流，在中国的日语普及教育和在日本的汉语普及教育，中日传统文化的相互介绍，体育交流。

第三，深化日中经济关系。具体包括：(1)投资、贸易方面的双边合作。包括政府层面为深化两国经济关系而进行的投资协定商谈、条约缔结，推进日中韩三国之间的合作商谈，进一步推进日中自贸协定研究会的举行。企业方面，结合两国企业间协作的发展，继续推进研究开发领域的知识产权保护及执行措施。敦促企业遵守商业规则，加强与WTO规则的协调一致。(2)关于东亚经济共同体构想的推进及通用货币方面的协作。建议参考欧盟经验，推进以日本与中国为牵头国的东亚经济共同体构想的实现，同时推进日中之间的自贸协定、日本与东南亚各国之间的经济合作协定的签订，推进财政和服务的自由化、人口移动的自由化、货币和金融制度的统一。(3)能源政策方面的合作。两国政府应该关注全球能源情况，立足于两国政府的战略性视角，推进新能源的共同开发与商业化、东海天然资源的共同开发、原油的共同进口及运输、实现对远东和西伯利亚天然资源的共同开发等，设立当事国共同参加的研究会。(4)在保护环境和节省能源领域的日中合作。报告认为中国的环境公害问题会给日本带来直接或者间接的影响，从这个角度来说，帮助中国解决环境问题也是日本的国家利益所在。日本政府应该通过把日本在这两方面的先进经验介绍给中国，加强两国之间的合作。能源方面，希望两国政府能够支持在节能领域的技术合作及商业化合作、发展资源再生型经济，建议推动在钢铁、化学、电力、汽车、电子等各个领域的信息交换与技术交流。同时，虽然日本政府已经决定在2008年停止对华日元借款，但是强烈希望今后以环境保护、节省能源为中心，继续对中国提供技术帮助和无偿援助。(5)希望日本政府配合中国企业的“走出去"政策，把日本企业在国外运作的成功经验与当前中国的低成本、劳动力结合起来，通过在第三国的业务展开，实现双方的互利共赢。(6)为中国旅游观光客人来日创造便利。目前拥有中国赴日团体观光的签证审批权只有北京大使馆、上海和广州的总领事馆。希望日本政府把签证审批权扩大到中国国内全部使领馆。希望增加日中间的定期短距离的往返航班。

第四，日本企业和经济团体的行动。(1)随着中国经济的发展，需要大量制造业方面的高技术人才及服务行业的经营管理人员。日本的企业和业界可以考虑利用自身的退休技术人员支援中国。(2)日本企业应该关注中国经济发展带来的贫富差距，关注中国内在的经济问题和社会问题，并采取相应对策。(3)相信通过企业和业界团体的积极活动，能够改善中国人对日本人、日本企业、团体的印象，希望同友会推动与中国有贸易往来的企业开设汉语网页。(4)迄今为止，在留学生支援企业协会的努力推动下，实现了接收部分留学生到民间企业的员工宿舍居住，促进了留学生与日本社会的交流，这其中70%的学生是中国留学生。通过这种活动可以减轻留学生的租房负担，为他们提供集中精力求学的条件。强烈希望各企业能够把此类活动作为社会贡献的重要一环，展开行动。(5)提议日本政府通过与中国的高校合作，通过实现相互学分认定促进学术、文化交流，深化年轻一代的相互理解。

在报告最后，同友会中国委员会强调：中日两国在国家意识方面的相互碰撞对双方毫无利益可言，希望两国在平等、协调的精神下处理双方存在的问题和不同意见，在趋同存异、广泛交流意见的基础上，以面向未来的态度追求双方的共同利益、扩大相互协作，推动"全面战略伙伴关系"的实现。作为民间的企业经营人员，不应该把所有的希望都寄托在政府身上，应该从当前能够做到的地方入手，积极推动提案的实施。

3.该报告所体现的中国认识及对中日关系的影响

该报告具备同友会报告比较典型的特点：真诚、务实、每一份提案都有具体的推进措施，具可行性。报告围绕当时日中关系的基本理念，提出了解决中日关系困境的四项具体措施，态度积极、中立，充分表达了企业人期盼中日友好的真诚愿望，其在处理两国关系方面的建言如"不要有招致中国及其他亚洲国家误会、使日本战后的和平努力功亏一篑的言行，这对于日本来说绝对百利而无一害"，"对当前无法解决的问题，两国领导人如无搁置争议、求同存异的思维，'未来志向'也只能流于空谈"等建议，即便是到今天仍然具有重要的意义。该报告所体现出的中国认识可以从以下四个方面解读。

第一，在中日关系的处理方式方面。报告引用时任中国政府总理温家宝的话，指出“中日关系是当前最重要的双边关系之一”，两国之间的意识形态之争对双方毫无利益可言，应该促进相互理解，“求大同，存小异”，暂时不能解决的问题可以搁置，并指出了具体的解决措施。例如，针对围绕因首相靖国神社参拜问题而导致的两国政治困难，报告建议由国家牵头建立“不战纪念碑”；针对历史问题，报告提出了进行日中历史共同研究并把成果应用于两国教科书的建议。

第二，对于增进相互理解的具体措施。报告提出要实现从首相到平民之间的多层次交流，这种交流包括官方的对话与交流、以年轻人为中心的平民交流、文化交流等多个方面。特别是对年轻人之间的交流从意义到具体措施都有比较具体可行的建议。以上认识都是具有长远目光的智者观点，值得中日政府和研究界广为关注。

第三，在深化经济合作方面。既有对当前合作内容的建议，又有对长远合作的展望，特别是在能源政策和环境保护方面的合作，把帮助中国的行动放在了日本自身国家利益和地区发展共同利益的角度进行了较为客观的考量。

第四，站在企业人自身的角度，指出深化两国关系方面企业人应该尽到的责任。例如，在技术方面的援助和支持，参与中国的“希望工程”建设，通过开设中文网页增加中国人了解日本的渠道，通过帮助留学生实现对日本的正面宣传等。

该报告形成的时间是2006年，其中的很多建议在之后的日本对华政策中得到不少应用。例如，在该报告推出的2006年底，中日双方在北京实现了第一次关于历史共同研究问题的会谈；2008年5月，中日两国签署《中日关于全面推进战略互惠关系的联合声明》[①]，实现了从“友好合作伙伴关系”到“战略互惠关系”的转变。这些政府方面的行动，与提案内容密切相关，至少成为了政府制定对华政策的重要参考资料。

（三）研究报告：《具实效性的日中“战略互惠关系”之构建》

2011年对中日关系来说是非常有意义的年份。据2010年度的公开统计结

① 2008年5月6—10日，国家主席胡锦涛对日本进行国事访问，被称为“暖春之旅”。双方签署《中日关于全面推进战略互惠关系的联合声明》，这是中日第四个政治文件。双方还发表了《中日两国政府关于加强交流与合作的联合新闻公报》，确定了当前落实联合声明的70项具体举措。双方就增进政治互信、促进人文交流、深化互利合作、共同致力于振兴亚洲及应对全球性挑战达成广泛共识。

果,中国GDP超过日本成为仅次于美国的世界第二大经济强国。这让二战以后在亚洲长期位居第一经济强国之位的日本内心感情极为复杂。他们从政府到民间都需要一个心理方面的调适,才能适应与中国平起平坐,一起分享亚洲经济荣光的现实。这一点对务实且长期与中国打交道,了解中国经济发展状况,知道这一天肯定到来的经济界人士来说,并不是一个难以跨越的心理门槛。研究报告《具实效性的日中"战略互惠关系"之构建》就是在这样的背景之下形成的。

1.该报告的形成缘起及前期准备工作

从全球视角看,为了世界的永久和平与繁荣,日中两国应该继续维持并不断发展"战略互惠关系"。该报告指出"战略互惠关系"的内涵:两国能够立足于长远发展,站在世界的视野下实现本国的国家利益,在认识到己方责任与义务的前提下,提出自己的主张与见解,为亚洲及世界的和平、安定、发展贡献力量。报告认为作为邻国,中日均应充分认识到今后产生摩擦与纷争存在之可能性,但是不管在何种情况下,两国都应该有建立"战略互惠关系"的思想意识,积极采取适当的方式迅速解决纷争。报告提出为避免因一时之争影响中日关系大局,需要在平时加强交流,增进相互理解与信赖,深化在各个领域的互惠关系,建立两国正常关系的基础。

2.该报告内容之解读

报告先对中日关系的现状与中日两国今后该发挥的作用进行了分析:中国方面,自1978年改革开放以来,中国取得了经济方面的显著成果,并于2010年GDP超过日本成为世界第二大经济强国;日本方面,自2000年之后的10年间,日本长期处于GDP年均增长率仅为1.1%的低迷状态;中日贸易方面,在本时期中国成为日本最大的贸易对象国,可以预测今后日本对中国市场的依赖度还会不断提高。综合以上情况,日本应该利用与中国的经济合作关系,尽快实行新的经济成长战略,重新返回经济腾飞的轨道。

作为具体行动,中日两国应该在促进亚洲地区自由贸易协作扩大的同时,为朝鲜半岛局势的安定化、亚洲及世界的和平发展贡献力量。日本应该把己方在食品卫生、交通安全、防震、核能发电等领域的先进技术和经验提供给各国,为其他国家建立综合性安全生活管理系统贡献力量;中国也应该认识到中国在资源、粮食等方面的动向与周边国家及全球之间的关系,坚持和平发展路线,发挥相应的大国责任。报告特别提到,在中国的"十二五"规划实行方面,日本有很多能够参与或提供协作的部分,如在铁路及高速公路建设、环境对策、社会保障制度等方面可以利用日本的现有技术、经验,实现中日两国的互利共赢。

在对现状进行分析的基础上,报告提出了"构建具实效性的日中'战略互惠关系'"的具体提案。

第一,要积极推动两国之间的深度交流。把今后10年放在"人员积极交流之10年"的位置上,通过两国之间多层次人员之交流,增进相互理解。当然,当前的首要任务是修复政府之间的相互信赖关系;两国要在文化、观光等方面积极实现信息交换,创造对对方国家的兴趣点;青少年是未来两国关系的承担者,为实现将来中日之间互信关系的建立,要积极推动当前两国青少年间的交流。具体措施可以包括:签订协议设立开放性航空路线,以应对可能出现的人数往来增加状况;通过取消访日观光签证的限制,创造能够使中国人自由来日的环境;为留住来日的优秀中国留学人才,应降低工作签证的取得要求;对有到日本投资意向的中国企业家,应设置专门的投资签证;为满足来日中国观光客人的需求,强烈要求日本政府提高旅行社的素质,早日建立汉语导游的培养制度,同时,期待中国政府尽早允许日本旅行社承接中国人的海外旅行业务。

第二,在环境、资源方面深化合作。两国可以通过协商,把日本在环保、节能技术方面的先进经验,应用于双方在此领域的合作。具体合作领域包括:(1)大气污染和水污染的预防与改善;(2)开发核电,减少二氧化碳排放;(3)商品用水开发,环境绿化;(4)城区金属资源的再利用。与此同时,要帮助中国建立走向环境先进国的体制。为解决环境问题,需要由政府牵头带动全民自觉行动。中国应该做到:(1)完善相关环境关联法制建设;(2)对国民进行环境保护教育;(3)建立环境保护示范区。报告指出,全球所有的国家、人们都应该在平等互惠的立场上实现环境改善并享受良好环境所带来的福祉,中日两国应该认识到各自立场的不同,并跨越价值观差异,携手建立共同应对环境问题、共享保护环境果实的合作机制。

第三,强化在经济方面的协作。面对经济全球化大潮,中日两国要尽快从可能的领域开始经济合作协定谈判。例如,鉴于目前的《日中投资协定》之目的主要是保护投资者的权利,缺乏在投资自由化等方面的规定,建议尽早签订新的《日中投资协定》;希望中国政府为保证日本企业在中国放心投入技术或者转让技术,能够完善知识产权保护措施;把实现"亚洲共同货币"纳入目标之一。在日中贸易过程中,实现日元决算、人民币决算。同时,日本应该响应中国的"十二五"规划,在都市开发、物流等方面积极支持中国发展,实现日本的技术、经验与中国的生产、销售之结合。

3.该报告中的中国认识

报告在结尾处重申中日两国作为一衣带水的邻国，不仅具有分享共同的水资源与空气资源的天然地理关系，更是当今世界第二和第三大经济强国，中日关系的稳定发展不仅是两国人们的现实需求，也是维护亚洲地区甚至全球和平与发展的历史使命。报告指出，今后中日两国必须有自身作为大国的意识与责任感，共同携手为世界人民的和平共存与经济繁荣贡献力量。与以往报告相同，该报告表达了作为企业人，不能仅指望政府采取措施，自己也要有积极行动的愿望。该报告所表现出的中国认识，与之前的同类报告既有相通之处，又有着鲜明的时代特点。

第一，对中日关系的认识方面。该报告形成的背景是中国经济飞速发展，日本经济却陷入长期低迷，终于在2010年中国GDP超过日本成为世界第二大经济强国。日本企业界人士长期观察中国，在与中国越来越密切的经济交往中不断调适着对中国的态度，已经完全由过去的强国对弱国的心理变成对一个发展起来、已经超越日本的经济大国的忧惧心理。此时的中国，在日本企业界人士的心中，是充满活力的竞争对手、良好的投资目的地和具有诱惑力的成长起来的巨大市场。因此，期盼尽快修复中日关系，深化与中国的经济合作，是企业界人士非常真诚的愿望。

第二，环境保护、节约能源方面。该报告站在负责任的经济大国的立场，希望与中国一起实现保护环境、节约能源的目的。其表现出了对中国环境方面的担忧，表达了期待利用其先进的技术帮助中国提高该领域的技术水平的愿望。我们应该充分理解日本方面的善意，今天中国的环境保护就如同改革开放初期的基础设施建设一样，虽然主要受益者是中国人，但是从长远看，通过环境保护创造更好的生产条件，应用节能产品和技术等，也是日本企业在华生产所必需的"基础设施"建设。用报告中的话说，"可以预测今后日本对中国市场的依赖度还会不断提高"。对缺少资源、能源与劳动力的日本来说，近邻中国在一个很长的时期仍然是其最好的投资对象国，而日本在华企业的健康发展、产品和服务质量的提高是离不开中国包括环保和节能在内的基础设施建设水平的不断提高的。

第三，经济合作。日本特别是经济界对中国研究的最终目的当然是为达到与中国的最佳利益结合，为其经济复苏注入新的动力。但是，面对不断成熟的中国市场和日益稳健的中国企业发展步伐，日本企业界开始认识到：今日之中国已经不是改革开放初期百废待兴、来者不拒的状态，为实现与中国的合作，日本必须拿出足够的诚意，利用其技术与经验方面先行一步的优势，吸引中国在众多的投资者中选择其作为合作对象，这也许就是在该报告中，日本企业第一次提出双赢目标的最主要原因。也正是基于这个原因，日本才会主动迎合中国的“十二五”规划，主张为促进该规划的实现，注入日本的力量。

该报告是日本经济同友会在接受被中国超越的现实之后，思想上首次清楚认识到需要与中国在对等前提下进行合作、竞争，以实现共赢为目的的涉华经济合作研究，比2006年的预测性研究更贴近中日关系的现实，是中国研究日本经济界对华认识过程中不可忽略的代表性资料。

（四）日中经济协会21世纪日中关系展望委员会的中日关系研究

2002年，日中经济协会成立了21世纪日中关系展望委员会。该委员会成立的背景是：日本发现冷战结束后的世界格局并没有沿着“政治和平、经济协作”的预定目标发展，西方发达国家出现了美国为中心的一极化和世界经济的衰退，但是亚洲地区却迎来了新的发展机遇，特别是中国通过成功实施改革开放政策成为世界第六大经济强国、世界第五大贸易大国，在世界格局中的地位和作用越来越受到重视。中日两国之间随着双方交流的多层次化和多样化，合作深度和广度不断加强，两国之间的经济依赖程度不断上升。但是，政治方面的摩擦和纷争对经济的影响浮上水面，中日关系逐渐从21世纪初的“政冷经热”朝着令日本经济界担忧的“政冷经凉”方向发展。为研究21世纪中日关系发展的方向，并制定切实可行的展望计划，日中经济协会在2002年成立了21世纪日中关系展望委员会，其使命就是作为中日关系的专门研究部门，提出结合时事的意见，为日中经济协会的对华行动提供参考。

2003年6月，该委员会提出了成立以来的第一份意见——《谋求日中关系新发展——理念与课题》。到2013年11月提出《追求牢固的日中关系》为止，日中经济协会21世纪日中关系展望委员会已经提出了10份关于中日关系发展情况及展望的意见。这中间包括2012年9月提出的《构建贡献于世界的新型日中关系——尽早缔结日中韩三国FTA、深化战略性互惠关系》。此后中日钓鱼岛争端愈演愈烈，为推动两国政府尽快恢复关系，该委员会推出一份紧急提言——《从日中友好的大局出发尽早打破不正常的局面》。21世纪日中关系展望委员会的每份意见均以中日双语的形式推出，以提交两国政府决策层、影响两国政治关系为经济发展服务为目标。其历年推出的意见如表4-1所示。

表 4-1　日中经济协会 21 世纪日中关系展望委员会历年提交的意见

提出时间	题目	备注
2003 年 6 月	日文题目:日中関係の進化を求めて—その理念と課題 中文题目:谋求日中关系新发展——理念与课题	—
2005 年 6 月	日文题目:未来に向けて日中経済の連帯を発展させよう 中文题目:面向未来发展日中经济的相互连带	—
2006 年 9 月	日文题目:新内閣の発足にあたり、日中関係の進化を望む 中文题目:在新内阁组建之际,期望继续发展日中关系	—
2007 年 6 月	日文题目:日中関係—調和と革新への針路 中文题目:日中关系——实现和谐与革新的方向	—
2008 年 9 月	日文题目:日中関係新次元への展開 中文题目:跨入日中关系的新境界	—
2009 年 9 月	日文题目:世界新時代を拓く日中協力 中文题目:开拓世界新时代的日中合作	—
2011 年 9 月	日文题目:相互信頼に基づく日中経済連携の創新 中文题目:增强相互信任,共谋日中经济合作的创新	—
2012 年 9 月	日文题目:世界に貢献する新たな日中関係の構築 中文题目:构建贡献于世界的新型日中关系	—
2012 年 11 月	日文题目:日中友好の大局に立ち不正常な事態の早期打開を 中文题目:从日中友好的大局出发尽早打破不正常的局面	专门针对钓鱼岛争端的紧急提言
2013 年 11 月	日文题目:揺るぎない日中関係を目指して 中文题目:追求牢固的日中关系	—

资料来源:根据日中经济协会网站公开资料整理。

通读 21 世纪日中关系展望委员会完成的 10 次意见,可以发现其研究课题随当年的中日政治、经济关系现状不断调整。从内容对比可以看出,2003 年第 1 次意见尚停留在宏观角度的意义探索,但以后历次意见则紧紧结合当年的中日关系情况,提出有具体实践内容的改善或合作建议。当两国政治关系比较紧张时,意见的中心议题是阐述中日关系的现实意义,呼吁改善双方关系。例如,当中日两国关系因时任首相小泉纯一郎参拜靖国神社陷入低谷时,其内容就以推动中日关系朝正确方向发展为主:“日中关系如今发展成为世界上最重要的双边国家关系”(2005 年第 2 次意见:7);“日中两国首脑尽早重新开始已中断

5 年的互访，并坦诚交换意见”，“我们衷心期望，从现在开始彼此倾听相互的主张，恢复相互的信赖，通过共同努力发展日中关系”（2006 年第 3 次意见：1）。当中日两国因钓鱼岛争端陷入僵局，他们呼吁“我们对日中关系的现状深感忧虑，强烈期望两国政府和有关各界早日实现建议的内容，基于‘求同存异’的基本思路，努力推动友好和交流”（2012 年第 9 次意见：2）；“我们深切要求在日中和平友好条约的基础上，两国政治领导人能早日恢复对话和交流”（2013 年第 10 次意见：9）。

当两国政治关系出现转机，意见内容则变得充满希望，建议的重点转向经济方面的具体合作内容。例如，“有必要建立政治上相互信赖，经济上相互合作，文化上相互激励，技术上相互切磋，相互培养优秀人才，各层次相互密切交流，这样一种既和谐又富于革新精神的关系”（2007 年第 4 次意见：10）；“本委员会从民间的立场出发，决心为推进高质量水准的两国关系和战略互惠关系的具体化而努力”（2008 年第 5 次意见：3）；“作为世界上最重要的双边关系之一的日中关系，也必须顺应这种变化，朝着以相互信赖、创新未来、世界共荣为方向的新时代进化”（2009 年第 6 次意见：8）；“希望日中两国的政治领导通过扩大多层次的相互交流来确立政治外交上的牢固信赖关系，在充实和强化战略互惠关系的同时，携手合作为亚洲乃至世界的安定与发展做出贡献”（2011 年第 7 次意见：2）；“日中两国随着相互依存关系的加深，时而也会产生摩擦，今后最为重要的是要更加夯实相互理解的基础，建立能够得到世界信赖的日中关系。”（2012 年第 8 次意见：3）

2013 年该委员会提出的第 10 次意见为“追求牢固的日中关系”。该意见在日中经济协会访华团访华前夕完成，作为访华过程的一环，由访华团呈交给中国领导人。其完成人员包括委员长福川伸次（原通商产业省事务次官、一般财团法人地球产业文化研究所顾问）为首的 23 名成员，既有大企业的社长、董事、顾问（池田道雄、入山幸、荻田伍、梶原谦治、盐田诚、濑户山贵则等），又有大学校长、教授、研究机构的负责人（国分良成、射手矢好雄、高原明生、藤野文晤、丸川知雄、关志雄等），还有原驻中国特命全权大使、一般财团法人国际协力推进协会理事长、佐藤嘉恭和近藤公认会计师事务所所长近藤义雄，是一个由经济界牵头，包括政界、经济界、学界专业人士的研究团队，其研究成果的理论性和实践性得到有效保障。

从内容看，该意见由五部分构成，前言题目“国际社会期待日中关系尽早改善”，可谓旗帜鲜明，文中首先回顾当前的中日关系现状及对两国和世界经济发展的影响。意见指出,“当前两国关系因围绕钓鱼岛问题的纷争陷入邦交正常化以来最严峻的局面……这不仅对日中两国,对世界各国来说也极为不幸”,“世界经济要恢复稳定发展,离不开日中两国的密切协调和积极贡献”,因此“日中两国迅速恢复互信和正常的外交关系,加深交流和协作迫在眉睫”。意见在对中国经济成长和结构改革包括经济增长方式、公共投资、民间投资、技术创新、金融改革等进行详尽分析的前提下,提出今后建立中日两国关系新局面的期待。意见从宏观的基本立场开始综合叙述,继而转向具体的经济交流项目,如开展与中国产业升级相对应的日中产业合作,实现在中国市场及全球市场的双赢;开展可持续性的研究开发投资,培养理解中国文化、掌握中国语言的高端技术人才;针对中国的大气污染、水污染、土壤问题、老龄化等社会问题,指出提供日本已有经验进行合作的思路;注意到中国“新型城镇化”建设中中国地方政府的主导作用,提出日本经济界与中国各地政府进行商务合作的机会很多;尽快恢复双向游客数量有助于增进两国国民层次的相互理解;中国的对日直接投资对本地就业和地区经济发展影响巨大,还能通过与扩大中的中国市场相连接,给日本企业带来重建和发展的机遇,应积极加大引资力度;经济交流只有在两国广泛的舆论理解和支持下才有发展空间,日中双方需要在平时不断积累深层次的交流,实现政治、经济、文化交流同步进行。

意见最后从中日经济合作对亚洲地区的影响与现实意义出发,指出当前两国政治关系对国民及经济交流的负面影响,日中之间相互扩大和深化合作的领域及可能性非常远大,希望两国政治领导人以《中日和平友好条约》为基础,早日恢复对话和交流,同时扩大两国各层各界国民间的交流,构建贡献于世界的、深远的日中关系。

作为主要由经济界成员组成的法人组织,日中经济协会的主要任务当然是两国之间的经济信息交流与沟通,但是21世纪日中关系展望委员会的成立如同其母体日中经济协会的成立一样,恰是源于对中国在其经济发展过程中重要地位和日中政治现状及“中日政经不可分”事实的清醒认识。如果说日中经济协会的成立属于“未雨绸缪”,那么21世纪日中关系展望委员会的设立则是“临雨张伞”,其意见内容直接针对中日关系,从“以史为鉴,抑制不必要的摩擦,发展面向未来的日中关系正是我们应该追求的目标”(2003年第1次意见:12)开始,到“日中两国迅速恢复互信和正常的外交关系,加深交流和协作是迫在眉睫”(2013年第10次意见:1),其呼吁声音越来越高。2007年到2012年初,虽然中日摩擦依然存在,但是,随着高层对话的恢复,日中经济协会的研究中心转到了具体的经济合作领域。但 2012 年钓鱼岛争端导致两国关系陷入僵局，使持续近 40 年的访华活动首次被迫延期，日中经济协会 21 世纪日中关系展望委员会意识到当前中日关系的严峻程度，马上推出“紧急提言”，呼吁双方大局为重。可以说，21 世纪日中关系展望委员会每个意见都表现出对中日关系发展方向的高度关注。

以上由经济界不同层次团体完成的文件，其共同研究背景是邦交正常化以来促进经济关系发展的安定政治关系发生动摇，经济界人士希望借助研究报告的形式，实现对中日政治关系的影响。不同团体的研究角度虽然不同，但其对中日关系的认识基本可以归纳为：良好的政治、经济合作关系是中日两国人民和世界和平发展的需求，为此中日两国人民应该努力消除误解，加强沟通，特别是日本政府要正确认识历史，避免因在历史问题、台湾问题方面的不当言论伤害中国人民的感情，要求日本经济界认识到自己在推动中日关系发展方面负有责任，呼吁社会各阶层人士促进中日关系的健康发展。

第三节　理性合作：日本经济界对华认识的影响

在中日经济合作不断发展和变化的过程中，日本经济界也在调整着其对中国政治、经济、文化、社会等各方面的认识，从而指导其不同时期的对华行动。中国加入 WTO 之后，面对不断发展和壮大的中国市场，日本经济界代表性团体通过系统而专业的研究整合整个系统内部的对华认识，又通过组织企业团体访华、邀请中国经济界精英访日等活动实现与中国政界、经济界和研究界精英的信息交流及意见沟通。在这种内部交流与对华外部交流相结合的过程中，日本经济界逐步形成了本时期对中国市场相对统一的认识：把日本的繁荣富强与中国的生机与活力系于一体，可使日本在全球经济中取得更好的竞争地位。正是在这种认识推动下，日本经济界克服各方面困难，实现了对华贸易额的持续增长和对华投资额的持续上升，创造了本时期的两次对华投资热潮。

一、对华认识文本的社会传播

日本经济界不同团体从各个角度进行的对华认识研究一方面为日本经济界对华经济活动提供重要指导材料，影响着日本各界的对华具体行动；另一方面通过日本经济界长期形成的特有途径进入政府决策部门，从长远角度影响并改变着中日政治关系的发展方向。与此同时，日本经济界还通过各种方式，如演讲会、宣传会、研究资料的发布和销售、无偿公布等把经济界的对华认识尽可能广泛地传达到日本社会各阶层，在整个社会对华认识的发展走向上起到重要引领作用。

2001 年 8 月 13 日，时任首相小泉纯一郎参拜供奉二战甲级战犯牌位的靖国神社。中国对此提出抗议，但是从大局出发，对长期以来积极推动中日交流的日中经济协会定于 2001 年 9 月的访华行动还是表示了欢迎，时任国家主席江泽民也出面接见团员并与日本经济团体联合会会长今井敬、日中经济协会会长渡里杉一郎会谈。在会谈中，江泽民表达了希望日本方面能够“以史为鉴，面向未来”，“希望日本经济界的朋友们也能本着这一基本精神，和我们一道，推动中日关系健康稳定向前发展，并共同致力于亚洲地区的振兴和繁荣”。今井敬表示，“日中两国在经济上的相互依存日益加深，日本经济界将本着正确对待历史的精神，与中方一起开辟日中友好合作的未来”[①]。作为与这种思维相配合的行动，在 2002 年，日中经济协会成立了 21 世纪日中关系展望委员会，专门负责对中日关系问题的研究，研究成果统称为“意见”，有日文和中文两种版本，其研究目的就是汇集经济界人士对中日关系的意见，通过协会呈交到中日双方领导人手中，让双方政府了解经济界人士的意见，实现更好的理解与沟通。2012 年日中经济协会的访华活动因为中日钓鱼岛争端被中断。协会对中日政治关系对经济的影响非常担忧，在 2012 年 11 月推出了题为《从日中友好的大局出发尽早打破不正常的局面》的意见，呼吁“我们对日中关系的现状深感忧虑，强烈期望两国政府和有关各界早日实现建议的内容，基于‘求同存异’的基本思路，努力推动友好和交流，为日中关系的下一个 40 年开辟一个充满希望的前景”。2013 年的意见再次呼吁中日要“重建信赖关系”，甚至把 1979 年大平正芳首相在北京作的题为《迈向新世纪的日中关系——寻求深度和广度》的演讲拿出来鼓舞人们的斗志，并且指出“经济领域是奠定日中战略互惠关系的基础，其相互依赖相互完善的基调丝毫没有改变”。其引导中日经济界保持信心，促进经济交流的愿望，通过这些文本传播到上至政府，下至经济界各个团体，进而对整个日本社会的对华认识产生引导作用。

同样的态度也表现在同友会的研究报告中。同友会的报告固然是以发展日本经济为最终目标，但因为参与报告撰写的人员都是企业的高级经营管理人

---

① 车玉明：《江泽民会见日本日中经济协会访华团欢迎日本经济界专门组团考察中国西部大开发》，《人民日报》2001 年 9 月 15 日。

员，故报告内容并不局限于表层的经济行动本身，最为明显的证明就是其高度关注中日关系的发展状况，详述中日友好合作的现实意义和迫切需求。2006年的报告和2011年的报告都是以如何建立新型中日关系为中心展开论述，每一个报告都反复强调中日合作对于双方、亚洲及世界的现实意义和长远意义，表达了希望中日实现“友好合作”，发展“战略伙伴关系”的真诚愿望。其中有大量篇幅在论述深化新型中日关系的具体途径，特别强调日本应该做出的努力，这既是对政府的建议，也可以理解为经济界通过研究报告向中国释放的友好声音，更是对日本社会对华认识的引导。

同友会的工作宗旨决定了其为政府部门制定各个时期的对华政策提出有调查依据和实施可行性的建议这一作用。建议的直接提出者皆为日本各大企业的经营者，有着对华投资合作的常识与同中国政府、企业打交道的经验，加之日本政经两界的密切合作惯例，这些建议会通过不同渠道到达政策的直接制定者手中，其应用性极强。例如，本书所解读的不同时期的建议都提到了与中国在环境与能源方面的合作问题，且一次比一次细化，实施措施更加可行。其结果则是日本政府在实际对华工作中采纳了这些建议，积极推进与中国在该领域的合作，其工作也的确看到了成效。例如，在2013年财新网对时任驻华大使木寺昌人采访时，该大使对记者关于今后如何发展中日经济关系的提问之回答，关于经济合作、企业之间技术交流、环保方面的合作、人员交流特别是青少年交流、对媒体正面报道的期待等与同友会2006年和2011年报告中的内容高度一致①，不难发现日本政府决策层和木寺大使对同友会的报告不仅进行了认真研究，而且高度赞同并在实际工作中进行了应用。2013年9月25日，中国大企业代表团访日时，团长常振明就表示，“希望在环境等领域深化合作”②，中国方面释放的合作意向不能不说与日本长期以来的积极宣传与沟通努力有一定关系。

对于中日两国当前的困境及未来在中国的发展问题，2013年计划在中国发展到100家店铺的良品计划株式会社会长松井忠三说：“要想在现实世界里找到一个能够取代中国市场的国家，那是不可能的。”③松井忠三表示要继续在中国发展，计划10年以内使中国的销售额与日本销售额水平相当。持有相同观

① 参见黄山：《木寺昌人：中日关系改善没有魔法》，2013年1月31日，http://special.caixin.com/2013-01-31/100488029.html。

② 《中国企业访日团与经团联米仓会长等人士相继会谈》，2013年9月25日，http://mainichi.jp/select/news/20130926k0000m020070000c.html。

③ 蒋丰：《没有任何国家的市场能够取代中国市场》，《日本新华侨报》2013年7月22日。

点的还有2012年10月1日就任日中经济交流协会会长的正田纮。正田会长1993年到中国担任索尼公司驻华总代表，后又历任索尼(中国)有限公司董事长、索尼大中华及韩国地区总代表等，在中国生活了11年时间，全面领导了索尼的在华业务，是一个地地道道的“中国通”。他对日本企业今后在亚洲的发展方向及部分企业的“中国+1”战略有自己独特的见解。正田纮指出，“我从来就不在意媒体说什么‘中国风险’‘中国+1’的，我们日中经济交流协会将一如既往地致力于将日本的优质产品带入中国市场”，“只有七八千万人的缅甸市场，是无法同三四亿人(注：指日本企业在中国的目标销售对象)的中国市场相比的”，“从产品流通方面考虑，中国依旧是最重要市场”。[①] 这些在中国有过多年工作经验的日本经济界不同层次人士的公开发言，对日本社会对华认识的引导作用不容忽视。

以2000年就开始的农产品贸易摩擦为起点，加之小泉首相的六次靖国神社参拜，在前期虽然没有对中日经贸发展造成明显影响，但对两国人民之间的相互认识和感情均产生了伤害，中日国民好感度不断降低。2010年钓鱼岛撞船事件及其后围绕钓鱼岛争端旷日持久的政治摩擦使中日关系陷入低谷。这些都让日本经济界认识到，采取积极措施影响中日政治关系发展是日本经济界的当务之急。因此，日本经济界团体在报告中以较长篇幅陈述建立良好政治关系之必要性，并给出了“进行日中历史共同研究”“求大同、存小异”等意见。针对靖国神社参拜问题，日本经济界不仅提出批评，而且还给出了建立“不战纪念碑”等解决方案。

以上日本经济界不同团体、个人对华认识在社会上的传播，对于引导日本社会从经济合作的角度理性认识中日关系，推动有利于地区发展和世界和平的、健康的中日关系，有非常重要的现实意义。

二、对政府涉华政策的影响

长期的对华交往使日本经济界认识到，在中日关系方面完全“政经分离”的愿望不太现实。就如上层建筑是为经济基础服务一样，中日安定的经济合作需要作为上层建筑的良好政治关系提供保障。邦交正常化到21世纪之前的交往过程中，中日虽然在20世纪80年代和90年代出现过诸如教科书问题、东海油

① 蒋丰：《日中两国关系不影响日企关注中国——访日中经济交流协会会长正田纮》，《日本新华侨报》2014年1月。

气田问题、反倾销问题等摩擦，但都以双方的自我克制和相互理解为前提获得解决，未对经济发展进程造成大的影响。但是进入21世纪以来，政治、经济方面的摩擦和变化却以与以往完全不同的程度表现出来。这促使日本经济界一方面加强对中日关系的研究，向政府提出有针对性的政策提案；另一方面也注意结合新时期中日经济合作的国际环境，以积极的态度正确面对在中国面临的风险和问题，呼吁社会各界从不同领域加强与中国的沟通和交流，以民间力量消弭不良政治关系对经济合作所造成的负面影响。

(一)第六次签订中日长期贸易协议

日本经济界对中日经济关系及潜在合作领域的研究，推动了中日在节能、环保领域的协作发展。2005年，中国商务部部长助理、中国中日长期贸易协议委员会主任陈健和日本日中长期贸易协议委员会委员长千速晃在东京签署了中日长期贸易协议，为2006—2010年两国之间的贸易往来提供框架。这是中日两国自1978年首次签订中日长期贸易协议以来，第六次签署类似协议。该协议提出，中日两国要在节能、环保领域的技术、设备方面加强合作，双方就中国向日本出口煤炭，中国从日本进口节能及环保设备、引进相关技术等事宜达成一致。

(二)中日农产品贸易摩擦的解决

2000年12月23日，日本农林水产省以保护日本农民的利益为借口，宣布对从中国进口的大葱、蘑菇、蔺草席三种农产品实施设限调查。在日本毛巾工业联合会的呼吁下，2001年4月17日，日本经济产业省开始对中国出口到日本的毛巾进行设限调查。2001年4月10日，日本政府部门宣布，依据世界贸易组织有关规则和日本国内的关税率法，从2001年4月23日至11月8日对来自中国的大葱、鲜香菇和蔺草席等农产品实施一般紧急进口限制措施。其内容主要为：从2001年4月23日起的200天内，对从中国进口的大葱、鲜香菇、蔺草席三种产品在限制数量内(这个数量指的是过去200天的平均进口量，即大葱5383吨、鲜香菇8003吨和蔺草席7949吨)的产品按现行的3%—6%征税，超过部分最高将课以266%的高关税。这三种产品特别是蔺草席是中国农民专门面向日本市场生产的产品，一旦受限，农民几乎别无销路，因此中国就此问题多次与日方磋商希望妥善解决，但日方拒不接受中方提出的解决方案。中国外经贸部于2001年6月18日宣布，决定近期对原产于日本的汽车、手持和车载无线电话、空气调节器三种产品加征特别关税；6月22日，中国政府决定对以上三种商品加征 100%的特别关税。

"在日本对华采取的为数不多的紧急进口限制项目之一的毛巾进口问题,那与其说是日本生产者与中国生产者之间的竞争,不如说是获得在中国投资设厂机会的大型毛巾厂家与不得不留在日本的小厂家之间的'日—日摩擦'。中日贸易摩擦充其量也不过是农产品之间的摩擦。"[①]中日贸易是双赢的,但占有技术优势和资本优势的日方是更大的赢家。中日之间的贸易摩擦实质上多为"日—日摩擦"。一旦出现贸易摩擦,特别是那些"人为的贸易摩擦",中日双方都将受到损失,而日方损失更大,特别是日资企业首当其冲。[②] 在中国加入 WTO 已成定局,世界各国抓紧排兵布阵占领中国市场的关键时期,日本政府却因数额不大的农产品问题,以及在华日资企业生产的毛巾的进口问题挑起与中国之间的贸易摩擦,日本经济界人士表示了高度关注。时任丰田汽车会长奥田硕(2002 年起担任经团联会长、日中经济协会名誉会长)公开表示,"从长远角度来考虑,制裁措施将带来不小的影响",希望能够尽快妥善解决贸易争端。对日本经济界来说,暂时汽车销售数量的减少并不是最担心的问题。但在争端中失去的中国份额会在入世之际被其他国家占领,以后要寻找夺回的机会则非常困难,这才是他们最担心的。因此,他们通过多种方式发表言论,敦促日本政府抓紧解决中日农产品贸易争端。这种情况下,两国有关部门开始进行磋商,最终于 2001 年 12 月 21 日,双方就有关贸易争端问题达成了和解。日方决定不再对中国的三种农产品实行正式的进口限制,中方则撤销对日本三种工业品加征特别关税。

(三)对中日经济合作内容的影响

对于能源缺乏的日本来说,中国对日能源出口贸易特别是石油出口,是具有经济和政治双重意义的经贸行动,在某种程度上被看作中日友好的标志。进入 21 世纪以来,随着生活质量的提高和家用轿车数量的激增,中国逐渐成为石油消费大国。实际上,在 1993 年中国从石油出口国转变为净进口国后,中国就开始调整对日本的原油出口数量。1999 年 2 月,中国的对日原油出口一度中止。但是作为邦交正常化以来中日长期贸易协议的重要内容之一,坚持"原油进口渠道多元化"战略的日本不愿改变中国作为其石油进口国之一的现状。

---

① 服部健治・丸川知雄:『日中関係史(1972—2012)Ⅱ経済』、東京大学出版会、2012 年、336 頁。

② 参见张季风主编:《中日友好交流三十年・经济卷(1978—2008)》,社会科学文献出版社 2008 年版,第 11 页。

2000年12月，经过中日双方多次协商，还是决定在2001年至2003年，中国每年向日本出口300万吨至400万吨的大庆原油。但从2003年底开始，为补偿原油出口企业的损失，中方将出口日本的原油价格在国际结算价格的基础上每桶上调6美元。到2004年1月，中国不再对日出口原油，中国对日原油出口正式停止。这种中日贸易内容的重大调整与日本经济界的对华认识现状产生互动，影响着日本的对华经济政策，最明显的就是日本对华ODA贷款政策的调整。

日本政府对华提供ODA贷款是中日经济合作的重要内容。从1979年至2007年12月，日本政府累计向中国政府承诺提供日元贷款协议金额33164.86亿日元。20世纪80年代日本对华ODA贷款以解决中日贸易中的中方资金短缺问题为主，为中国在改革开放初期于外汇短缺的情况下顺利完成与日本之间的大型设备贸易创造了条件。同时，日本对中国基础设施、交通、能源、环保、扶贫等领域多个项目的建设提供了必要的资金支持。对华ODA贷款对早期中日经济的促进作用非常明显，例如，在20世纪80年代末中国由于外汇资金不足决定停止大部分设备合同，该项资金的注入对与日本之间合同的恢复起到了决定性作用。20世纪90年代以后，日本开始为对华ODA贷款附加政治条件。例如，日本政府提出ODA四原则，试图将对华ODA贷款与中国的军费开支、核武器开发、民主、人权等相关联，由此导致中日多次围绕日元贷款产生摩擦。2001年，日本政府把对华日元贷款总额削减24.7%，2002年在这一数额基础上再减少24.9%，2003年比上一年又减少20%，约为970亿日元。2003年日本政府的对华日元贷款已经减少到不足2000年(2144亿日元)的一半。

日本政府连续削减对华日元贷款的主要原因在于ODA贷款的原则是在战略上必须有利于日本。而在能源方面，日本与中国已经从进出口国关系变为国际上能源进口和开发的竞争对手。用ODA贷款支援在能源方面作为竞争对象的中国，与日本ODA贷款的原则相悖，日本经济界自然开始支持逐步削减并最终停止对华ODA贷款。日方2005年宣布在2008年终止新的对华日元贷款项目并从2004年开始逐年减少对华日元贷款额度。2007年中日两国政府就日本对华日元贷款换文，这是日本最后一次对华提供低息长期贷款。2007年对华日元贷款金额为460亿日元，将用于中国6个环保项目的建设。

进入21世纪以来，日本经济界在对华研究报告中多次提出建议：要实现在环保、节能领域，利用日本现有的经验、技术与中国加强合作。2007年日本政府对华ODA贷款涉及的项目与此建议完全一致。

三、对中日经济合作内容和方式的影响

日本经济界作为中日经济关系建构的主体，其对华认识影响着双方经济关系的发展方向。尽管中日政治关系的低迷让日本经济界感到非常困难，但日本经济界对中国市场的期待依然很高。他们一方面通过对华研究和对政府对华政策的影响推动中日关系的改善；另一方面通过实际行动跨越政治关系方面的困难，谱写本时期中日经济合作的新篇章。

(一)对中日经贸合作情况的影响

日本经济界的中国研究，实际是把经济界精英的对华认识进行整理和综合的过程。这些经济界精英基于长期的对华合作经验和谋求己方经济利益的需要，其对华认识比其他人更具现实性。从前面对几个典型研究文本的研究，可以发现其对中日经济合作于日本经济发展意义之肯定。这种肯定源于对中国市场存在的机遇之深刻了解。

从本时期的中日经贸额变化情况看，虽然 2009 年受到前一年全球金融危机影响增长率为－12.8％，但 2001－2011 年的年均增长率仍保持在 14.5％左右。受钓鱼岛争端影响，2012 年(－3.3％)和 2013 年(－6.4％)的增长率为负，但 2013 年中日贸易额仍然超过 2001—2010 年的最高值(见表 4-2)。

表 4-2　2001—2013 年中日贸易额变化

	2001年	2002年	2003年	2004年	2005年	2006年	2007年	2008年	2009年	2010年	2011年	2012年	2013年
贸易额(亿美元)	892	1016	1324	1680	1894	2114	2367	2664	2322	3019	3450	3337	3125
增长率(％)	4.1	13.9	30.3	26.9	12.7	11.6	12.0	12.5	－12.8	30.0	14.3	－3.3	－6.4

资料来源：中国商务部。

(二)对日本对华投资活动的影响

中国在加入 WTO 后，经过短暂调整，就开始了新一轮的高速经济增长，对内直接投资也继续保持较快发展的态势。与此同时，日本经济在 2002 年初出现景气迹象，表现在日本对华直接投资上就是在调整中出现了新发展。从日本经济界对华投资额看，2001 年以来，日本企业界迎来了对华投资的两次高潮。一次是 2001—2005 年的日本经济界第二次投资高潮，另一次是 2008—2012 年

的第三次投资高潮。这两次高潮的出现与日本经济界对中日两国经济发展状况、世界经济发展态势的认识有一定关联。

从日本经济界的第二次投资高潮看，日本经济界认为，中国加入WTO对外国企业对华投资活动的直接意义在于：有WTO相关条款的约束力作保障，外国企业一直担心的对华投资资产保障问题得到解决，他们不必再局限在投资少、收益快、风险小的加工组装业。对包括日本企业在内的外国企业来说，中国从此不仅是“世界工厂”，还可以是富有魅力的“世界市场”，日本对华投资迎来了以产销一体化为目标的第二次热潮。这次投资热潮与20世纪90年代的第一次投资热潮有很多不同之处，其特色大致可以概括为七点：第一，由20世纪90年代以加工企业为主的投资模式，逐步转向以在中国当地销售（内销性企业）为主的投资模式；第二，开始进入投资回收期比较长的领域，如大型化学设备等的投资；第三，在进行汽车、手机生产等大型投资的过程中，带动日本配套零部件厂家投资的一体化投资趋势出现；第四，开始利用中国大学的优秀理科毕业生，在北京、上海等地投资设立研究开发机构；第五，保险和流通服务行业的对外开放实现，日本企业获得在该领域展开投资的机会；第六，与在家电、IT等领域飞速发展起来的中国民营企业实现合资经营；第七，投资区域从沿海地带逐步深入内陆。

2001—2005年，日本对华投资额持续攀升，在2005年达到最高值后迅速下降，进入2006—2007年持续2年的调整期。日本对华投资出现调整的原因，一是2005年中国出现反日游行和中国对外商投资领域进行调整，促使日本企业开始对中国所存在的风险进行评估；二是“汽车、电气机器、钢铁等大型投资告一段落后，日本企业对华战略进行了阶段性调整”①。随着在金融危机后迅速恢复活力，中国迅速发展为世界第一大汽车消费市场。日本对华于2008—2012年迎来了对华投资的又一轮高潮。在金融危机影响下，2010年日本对外直接投资比上年下降23.3%，但对华直接投资却出现了逆势上升的局面，这与中国经济在金融危机之后率先复苏并拉动世界经济发展，对日本经济界产生的激励有关。受钓鱼岛争端影响，2013年日本对华投资略有下降，但没有出现类似2005年反日游行之后的大幅度下降。这说明随着对华研究的深入和对华交流经验的积累，日本经济界对“中国风险”的认识、管理和应对能力加强，在经济界对华认识的指引下，中日经贸活动正逐步走向成熟和稳定。

① 刘昌黎：《日本对华直接投资的新发展、新特点及其对策》，《现代日本经济》2012年第1期。

日本经济学家大桥英夫对中国的投资环境与亚洲其他国家进行了非常认真的比较，他通过对市场规模和成长性、配套产业、基础设施、劳动力、知识产权保护等的实际调查，得出结论："虽然中国的经营环境业已发生变化，但是对于日本企业来说，中国依然是非常有希望的投资选择地，这一点不会改变。"具体来说，他有以下论述：

参考大量数据，并结合笔者自身的田野调查和访谈，可以得出以下结论：印度在经济成长状况和市场规模的扩大方面有潜力，但是基础设施和配套产业较弱；越南的优势是工资水平低，但是劳动力资源缺乏保障，基础设施和配套产业存在问题；菲律宾基本能够提供优质的劳动力资源，但基础设施和配套产业薄弱；印度尼西亚在市场和劳动力方面存在优势，但是基础设施和配套产业薄弱；泰国的产业集中化是最大优势，但工资水准太高，而且在 2011 年洪水的影响下，对日本的供应链产生很大打击。

综合分析中国内陆地区的经营环境，加之与其他亚洲国家的比较，会发现中国内陆明显居于优势地位。在劳动力资源方面，中国内陆比沿海要占优势；在市场、配套产业、基础设施等方面，中国明显优于其他国家。因此，日本在海外投资设厂，从中国沿海往内陆转移是最佳选择，从中国市场退出是非常不现实的。①

本时期日本经济界对华认识与前面两个时期的不同有以下表现。21 世纪之前，源于中日两国发展程度的差异，作为西方发达国家一员的日本以发达国家对发展中国家的立场，强调日本作为"先进"国家，应该发挥"大国责任"。在地位和感情方面，日本与中国的关系是援助国与被援助国的关系，日本对中国的感情是强者对弱者的感情。随着改革开放后中国经济的持续飞速发展，中日之间传统的、以感性为主的、心照不宣的"友好合作关系"之"不平等前提下之平衡"逐渐被打破。中日双方在 20 世纪末逐渐出现了一些小的经济、政治摩擦，但都在习惯性的克制下得以解决。进入 21 世纪，特别是 2008 年金融危机后中国迅速恢复活力并对世界经济产生巨大拉动力，2010 年中国 GDP 首次超过日本，中日经济合作方式必须重新探索的问题已经摆在双方面前。这对从长期对华经贸合作中走过来的日本经济界人士来说，虽然不好接受，但是能够通过理智的思考明白其势在必行。对长期以来在亚洲以领导者自居的日本政界人士

① 大橋英夫编：『変貌する中国経済と日系企業の役割』、勁草書房、2012 年、212－213 頁。

来说，这种心理方面的适应需要一个斗争和调适的过程。在这个过程中，出现了小泉纯一郎和安倍晋三等为迎合一部分激进的右倾主义分子的喜好，以参拜靖国神社的形式引发国内外关注的政治幼稚化表演；由石原慎太郎挑起，在时任首相野田佳彦不成熟的处理方式下上演的政府“购岛”闹剧。日本参议院议员浜田和幸说：“日中两国还是彼此最大的贸易伙伴，每年也都有留学生和实习生相互往来，交流学习，再加上日中两国的关系，是建立在三千多年的历史基础上的。只是现如今，彼此都忽略了这些。”①

与日本政界的不适应相对照，日本经济界表现出其一贯的务实作风。面对日本经济对中国市场的依赖度不断提高的现实，他们在政治关系发展与经济发展需求的双边配合越来越不协调的情况下，敦促两国尽快恢复高层对话，消除政治隔阂、增进互信以实现长远的中日合作。不仅如此，他们还通过多种场合呼吁：改善同中国的关系不能只依靠政府，作为民间人士，也要发挥自己的力量，创造更多的交流渠道，加强同中国的沟通与交流。在他们的研究报告中，20 世纪 90 年代谈的多是“中日友好合作”，进入 21 世纪则更加关注“平等、互利”的正常国家关系的建立和“战略互惠关系”的实现。日本的对华态度从原来的理解、宽容，开始转向希望中日作为亚洲大国能“共同承担责任和义务”。日本经济界对中日关系的认识由原来的“上对下、强对弱、援助国对被援助国”变成了“平等、竞争、共同承担责任”，具体到文字表述方面，由最初的“友好伙伴关系”过渡到 2006 年的“面向未来的崭新伙伴关系”，再到 2011 年正式提出“战略互惠关系”与实现“合作、共赢”等。当然，随着中日政治、经济关系的日趋复杂，特别是在国际能源领域竞争的加剧，日本经济界内部的对华认识也变得多样化，各种不同的声音开始出现。这是日本经济界对华认识开始向新的方向发展的表现，应该引起研究界的注意。

综上所述，把中国与日本放在同一水平线的高度考量两国的双边关系，是本时期日本经济界对华认识的重大转变。这种转变的根据来自多个渠道对中日两国实力、市场依赖程度、发展前景等的综合评价。在这样一种基础认识下，日本经济界的对华认识影响着社会各界的对华认识。

---

① 蒋丰：《日中都要树立不战而胜的战略目标》，《日本新华侨报》2014 年 2 月 12 日。

第五章　日本经济界对华认识的特点分析(1972—2012)

“人类预测未来的能力是有限的。假如想使我们对未来的看法尽可能有效的话,那么应当记住我们的任务只能是通过描述和归纳发生在我们身边的一些重要事情来得出某种趋势,而不是对遥远的将来做出预言。”[①]本书的任务就是从理论上明确一定历史时期内日本经济界对华认识研究在整个日本对华认识研究中地位的重要性,把本书的研究对象——日本经济界的对华认识放于整个日本对华认识研究重要组成部分的位置;在此基础上,结合历史学、社会学和国际关系学理论,把1972—2012年日本经济界对华认识变迁的历史,按照中日经济关系的发展历程和双方经济合作的进展分为1972—1992年、1992—2001年和2001—2012年三个时期展开研究。本书的研究内容则包括三个时期日本经济界对华认识的信息来源、对华认识文本及认识产生的影响。在对日本经济界信息来源进行研究时,着重从日本经济界涉华信息的交流渠道、日本经济界涉华研究的发展、日本社会其他阶层的涉华研究信息交流情况几个方面展开;在对认识文本进行研究时,从日本经济界对中国国情的认识、中国体制的认识和对中日关系的认识研究三个方面,按照文本的类型、内容和影响力,着重选取每个阶段不同于前一个阶段的、不同层次的文本展开分析;通过对经济界对华认识与每个阶段中日经贸发展情况、日本对华政策及中日关系的关联,研究不同时期日本经济界对华认识的社会影响。

① 尚会鹏:《全球化形势下东亚社会面临的挑战》,林振江、梁云祥主编:《全球化与中国、日本》,新华出版社2000年版,第325页。

第一节 日本经济界对华认识的信息生成特点

在邦交正常化以来的三个不同时期，随着中日经济合作的深入，日本经济界对华认识的信息来源渠道不断增加，对华认识研究文本的内容逐渐丰富、影响力逐步扩大，不同时期日本经济界对华认识的信息来源也具有不同的特点。第一阶段，属于信息渠道的逐步建立阶段，日本经济界为了发展对华贸易，通过在中国设立办事处、成立各类涉华经济团体、创建例行的团体访华制度等加强与中国的沟通与交流；第二阶段，主要在第一阶段所形成的信息渠道基础上，在发展对华贸易和投资的过程中，通过增加在华长期和短期驻留人员，建立涉华信息的多方输入渠道；第三阶段，随着中国经济的发展和开放程度的提高，日本经济界了解中国信息的渠道变得更加畅通。日本经济界人士通过自己的眼睛观察中国，通过亲身的体验了解中国，中国有关政府部门的公开经济信息也为日本经济界了解中国市场提供了便利。除了具有信息来源渠道不断增加的特点，日本经济界所发布的涉华信息之所以在日本社会的影响巨大，与其信息来源的客观性、对华认识研究的连续性和对华认识内容的现实性等密切相关。这些特点使日本经济界的对华认识信息有着其他界别对华认识所不能比拟的实用性。

一、客观性特点

信息化时代的特点是大量信息的快速传播。中国作为在世界上影响力最大的国家之一、日本最重要的邻国和经贸合作伙伴，在当今日本社会并不缺乏经由网络、媒体发布的中国信息。但由于各媒体在接受传播信息时多多少少存在一定政治倾向，这些信息的客观性、真实性和代表性备受质疑。日本经团联副会长、小松制作所会长坂根正弘在接受采访时曾说："凭我个人的经验，研究中国的经济问题，或者讨论在中国的市场投资，都不能过多地相信日本媒体。我过去就说过，如果总是看日本报纸对中国的介绍，那就根本不可能去中国投资。我曾经担任小松制作所第九任社长，也是第一个到中国考察的小松制作所的社长。结果，我们在中国投资办厂，取得很好的效益。所以，我一直主张日本的企业家自己到中国去看看，一定要用自己的'脚'去看中国。"[①]笔者通过对日本经济界对华认识信息来源渠道的研究，发现日本人了解中国客观信息的最重要渠道非经济界莫属。

1972年以来日本经济界的涉华信息渠道主要有四种。第一，日本各涉华经济团体、商社的长期驻华工作人员。这些工作人员大多精通汉语、了解中国文化，他们除了帮助企业完成与中国方面的业务洽谈，往往还负责搜集涉华信息、整理相关数据，并定期提交研究报告。第二，日本经济团体组织的各类短期访华团。以日本经团联为代表的经济界三大团体、日中经济协会等团体都有定期的访华制度，这些团体的访华活动在20世纪70—80年代是日本经济界与中国高层接触，获取中国政策信息的重要手段；90年代以后，带领企业界考察中国，寻找合适的投资领域，拓展对华贸易渠道成为新的访华目的。第三，日本国内的对华研究工作。20世纪90年代以后，日本国内的对华研究取得新的进展。以经济研究学者和政府部门的专业研究机构为代表，日本国内的对华研究不断走向深入，研究内容包括中日关系、中国市场的机遇及存在问题等。近年来有的研究机构承接了一些大型的包括经济研究在内的综合性研究课题，相关研究成果为日本经济界了解中国提供了重要信息。第四，日本经济界的专业性对华研究。随着中日经济关系的发展，日本经济界对中国的研究越来越走向细化。三大经济团体、日中经济协会、各个综合性商社都有自己专门的研究机构和专业研究人员。他们一方面从中国的媒体报道中及时捕捉对日本有用的信息，另一方面通过与中国研究人员的交流、参加各类国际性会议等，获得多方面的对华研究信息。

综合来看，通过经济界相关人员的具体对华活动获取第一手资料是日本经济界了解中国的重要手段。这种方式有效避免了二手信息的倾向性问题，有利于日本经济界建立客观的对华认识，并促使其制定理性的对华经济决策，指导其具体的对华经济行动。信息来源的客观性特点也使日本经济界对华政策建议在日本政界的受重视度提高，在日本社会各界赢得很高的可信度。

二、连续性特点

日本经济界对华认识信息的生成和传播基本沿用以下程序：日本经济界不

---

① 蒋丰：《评析：日本"经团联"为何从华盛顿迁往北京》，2012年2月13日，https://world.huanqiu.com/article/9CaKrnJucqg。

同层次的研究人员整合来自各个渠道的涉华信息，形成不同专题的研究材料或政策意见，继而按照既定程序在内部进行反复研讨，在形成具有说服力的提案之后，通过经济界的组织机构或精英人物，以各种有效的方式直接送达日本政界的政策决策人员。在政经两界的反复沟通下，某个时期的对华认识框架得以形成。这类认识框架具有指引日本媒体涉华宣传和学界涉华研究方向的功能，并在他们的参与下使该认识作为一种倾向在日本社会得到传播。其包括经济界、政界人士的直接涉华谈话经由媒体宣传，经济界、学界、政界的涉华研究文本通过网络、实体销售等方式在社会上扩散等。在这样一个过程中，日本社会各个阶层相对统一的对华认识逐步生成。例如，邦交正常化之初以发展对华贸易为目的的"中日友好"框架，20 世纪 90 年代以推动对华投资为目的的"合作与发展"认识，21 世纪以占据中国市场为目标的"竞争性合作"认识的建立，都经历了这么一个过程。在不同时期对华认识的指引下，日本经济界推动政府协调与中国的关系，通过签订相关政策协议，为其对华经贸活动铺平道路。1972 年通过发表《中日联合声明》实现邦交正常化，1978 年签订《中日和平友好条约》为以后实务性经济协定的签订铺平道路，1979—2007 年的日本对华 ODA 贷款政策推动了日本大型设备的对华出口，2008 年《中日关于全面推进战略互惠关系的联合声明》对新时期中日经济关系的定位，以及六次《中日长期贸易协议》的签订等均属此类。

邦交正常化以来，在各个时期重点不同的政策保障下，中日贸易额和日本对华投资取得了程度不同的发展，其整体趋势是中日合作的不断深入。日本经济界对华认识信息的来源渠道随着人员、物资往来的增加益发畅通，经济合作的现实需要也使日本经济界更加注意对华研究的持续性。例如，日中经济协会历年发布的《日中经济产业白书》和年度访华报告、经团联历年的访华报告、21 世纪亚洲经济研究所的专题对华研究成果等，不仅为日本经济界，也为整个社会了解中国提供了重要的连续性信息。日本经济界这种对华研究持之以恒的做法，与其对华经贸活动的持续性、长期发展对华经贸关系的现实需求密切相关，对于了解中日两国的经济发展脉络、对华认识的发展变迁等都具有重要意义。

三、现实性特点

通过对不同时期日本经济界对华认识信息及其内容的考察，可以发现，现实的经济利益是指引日本经济界不同时期对华认识发展的根本原则。日本经济界对华认识的内容、倾向性等变化与否，都与其现实的经济需求相关。基于中国在日本经济发展中的定位，日本经济界在不同历史时期，适应其经济发展需求，研究中国的对内对外经济政策，并促使日本政府调整与国际社会和中国的关系，坚定不移地发展对华贸易与投资合作。

有过40多年驻华工作经验的日本国际贸易促进协会工作人员片寄浩纪在其回忆录《日中经济交流现场40年》中写道："随着中国市场的持续扩大，日本的制造业如今已经到了离开中国就无以为继的地步。"日本经济学家大桥英夫对中国的投资环境与亚洲其他国家进行了非常认真的比较后得出结论："虽然中国的经营环境业已发生变化，但是对于日本企业来说，中国依然是非常有希望的投资选择地，这一点不会改变。"①同样的观点也体现在《日本新华侨报》记者蒋丰对良品计划株式会社会长松井忠三和日中经济交流协会会长正田纮的访谈中。② 在笔者本人对八木通商株式会社（邦交正常化之前就同中国进行贸易活动，在中国现在投资有六家工厂）常务北田干人的访谈中，针对部分日本业界人员宣扬的"中国＋1"问题，北田干人非常明确地回答"未曾考虑"，原因是"经济活动是与风险并存的事业。无论在哪个国家投资，都存在这样那样的问题。目前亚洲没有能与中国投资条件相媲美的其他选择"。

这些来自中日经济交流第一线的经营管理者的对华认识，其信息来源主要是自身的对华工作实践。他们对中国市场状况和发展潜力有非常敏锐的感知，其认识的客观性和准确性是其他任何阶层都无法相比的，具有这个阶层认识特有的现实性特点。他们在长期的对华交往中积累着对中国、中国市场和中国人的看法，在与其他地区的实际对比中认识中国，并把这种认识传达到日本社会的各个阶层。正因这些特点，日本经济界的对华认识在推动日本社会对华认识的发展和行动选择方面具有明显的优势。

第二节　日本经济界对华认识的文本发展特点

日本经济界的对华认识文本主要包括经济界不同阶层团体和人物所公开发表的涉华言论记录、涉华研究成果、访华行动报告等。根据不同时期中日经济合作的内容、中日关系的发展，其文本的内容和影响力在不同时期都具有鲜

① 大橋英夫編：『変貌する中国経済と日系企業の役割』、勁草書房、2012年、212－213頁。

② 详细访谈内容参见本书第四章，第160－161页。

明的时代特点。回顾邦交正常化以来不同时期的中日经济合作进程，中国在日本经济界认识中的定位逐渐从能源和原料的提供国与大件设备的出口地，到原材料和劳动力低廉的产品生产基地与技术出口地，继而到21世纪逐渐从“世界工厂”变为“世界市场”。每一个时期的合作都为日本经济的发展带来了巨大利益。这种利益推动日本经济界的主流阶层克服意识形态差异，积极面对不断变化的中日政治、经济关系，整合多种力量研究中国和中国市场，提高对中日经贸合作中所出现的各类风险与摩擦的处理能力，并采取多种可能的方式推动中日合作走向新的发展。

一、在逐步发展的双边经贸活动中了解中国

1972—1992年是中日以双边贸易为中心发展经济合作的第一阶段。在这一阶段，中日邦交正常化和《中日和平友好条约》的签订，为中日经济合作创造了良好的政治、经济、文化环境。这是一个政治关系为经济合作铺路的时代。良好的政治氛围为日本经济界全力以赴发展对华经济合作创造了条件。这个时期日本经济界的对华认识研究和思考主要以两国之间的合作为中心展开。以《中日长期贸易协议》等促进双边贸易发展的协议为支撑，日本经济界人士通过访华、拜会中国领导人等方式加深双方的了解，构筑了以相互信任为基础的双边合作关系。这个时期的合作内容以双边贸易为主，方式相对简单。中国在20世纪80年代还处于改革开放初期，对外合作的对象以日本为主，双边贸易中出现的问题及原因等都显而易见，偶尔出现的问题也在双方协商下得到圆满解决。中日经济界在促进贸易、解决问题的过程中加强了互信。这个时期日本经济界对华认识的信息渠道主要是现实的对华经济交往、与中国领导层和决策者的直接交流，参与者主要是直接作为合同或协议签订者的一线人员。

在这种良好的政治氛围与合作条件下，日本经济界的对华认识文本所表现出的内容主要有：非常珍惜来之不易的对华经贸机会，通过从中国进口能源实现其“能源进口多元化”战略；尊重中国方面“政经不可分”的主张；理解中国在台湾问题、民族问题、领土问题等方面政策；把中国的改革开放和经济发展看作日本发展对华经贸的新机遇；把通过对华ODA贷款帮助中国发展视为日本拓展对华经贸领域和促进双方关系发展的重要途径。日本经济界就是在这样一种认识的指导下，推动与中国方面的沟通，加强双方互信，中日关系的“蜜月期”之说法也在这个时期产生。

由于合作经验的不足、对中国国情和文化缺乏深入了解，20世纪80年代日

本经济界的对华认识文本对中国改革开放政策及中国体制方面存在“问题”的解读不够深入，对中国招商引资政策的稳定性存有疑问。受其影响，尽管日本有很多企业希望到中国投资，对中日经贸发展的期待很高，但是多数企业还是采取了观望和谨慎行动的态度。“日本企业家的主要思想障碍仍然是中国是一个社会主义国家，同日本的社会体制不同，可以进行一般交易，但是不好搞经济合作，特别是合资设厂。”[①]因此，尽管中国在1979年就推出了招商引资政策，日本企业在这个时期的对华投资仍以试探性的小规模投资为主，并没有取得理想的进展。

二、在日趋复杂的地区关系中认识中国

1992—2001年是日本经济界对华认识逐步走向成熟的阶段。随着日本经济界对中国国情和中国体制等的了解逐步走向深入，中日之间相关投资政策的健全，日本出现了经济界的第一次对华投资热潮。这个时期的中日经贸合作逐渐从双边合作走向亚洲区域内多边合作，双方贸易额不断提高，日本成为中国最大的贸易对象国；合作领域不断扩大，由单纯的对华贸易逐渐扩展到投资领域。这个时期中日两国政府间良好的协作为经济合作提供了重要保障。在日本经济界的推动下，中日双方政府签订了《中日税收协定》《中日投资协定》，日本设立了日中投资推进机构，中国也设立中日投资促进委员会。这样一来，日本经济界对华投资由之前存在疑问的审慎态度转变为鼓励企业界积极投资。1992年中国共产党第十四次全国代表大会作出建立社会主义市场经济体制的重大决策，日本企业终于迈开了大胆对华投资的步伐。

随着经贸合作规模的扩大和中国经济发展水平的提高，中日之间不再仅是20世纪70年代至80年代那种缺乏竞争的简单的互补性贸易。一部分来自中国的价格低廉的农产品和针织品对日本国内相关企业产生冲击。在日本国内企业的压力下，日本政府决定实施限制进口措施，最终以中国实施出口配额管理和日方实施进口商申报管理而结束。在反倾销方面，中国对日本企业生产的不锈钢冷轧薄板、丙烯酸酯产品，日本对来自中国的硅锰合金都采取了一定的反倾销措施。这些小规模贸易摩擦虽然对双方合作大局没有产生明显影响，但成为中日经贸合作进入新阶段的标志性事件。

中日经贸合作方式的增加、合作范围的扩大、合作形势的复杂化，促使日本

① 林连德编著：《当代中日贸易关系史》，中国对外经济贸易出版社1990年版，第172页。

经济界主导的专业性对华研究在本时期被提上日程。本时期日本经济界的对华认识就是在这样一个逐步发生变化的时代里，表现出20世纪90年代的过渡期特征：从信息来源渠道看，随着经贸活动的发展，日本经济界对华认识的信息来源范围不断扩大。除了日本代表性经济团体驻华办事处、代表性研究机构中国事务所的工作人员外，随着对华投资的正式展开，日本大型商社的中国事务所、办事处也不断增多，日本企业的驻华工作人员频繁来往于两国之间，这都为日本经济界从多方面了解中国提供了可能。随着研究机构对这些信息的综合、整理和发表，日本经济界内部对华商业研究的信息交流日益增多，为日本经济界对华经贸活动提供了必要参考。在经济界人士对华经贸体验的基础上配合有意识的对华研究，加之20世纪90年代日本经济遭遇"失去的十年"的事实与中国高达两位数的经济增长状况之反差，日本经济界逐步改变了20世纪70年代至80年代所秉持的"强对弱，大对小"的对华经济合作认识。经济界的这种基于对华合作优越感消失的中国认识之积累，以及相关对华言论和文本的传播，使日本社会"中国威胁论""日本经济空洞化论"等观点出现一定市场，并在一定程度上影响到整个日本社会的对华认识，日本社会的对华好感度开始降低。体现在对日本对华政策的影响方面，就是当20世纪90年代日本政界新生代政治家逐渐登上舞台，其对华政策逐渐变得强硬。

正如日本经济学家井植薫所说："在经历崇尚'友好'的时期之后，日本出现的'中国热'终于沉寂下来，开始扎扎实实地寻求发展两国经贸关系的途径。"①该时期日本经济界对中国的研究还包括对中国政治体制和经济政策、对中国投资环境中存在问题的研究。这些从不同角度对中国的研究，促使日本社会的对华认识不断走向深入。

三、在竞争与合作并行的全球环境中研究中国

2001年中国加入WTO之后，中日经济关系变为在全球环境下的竞争与合作关系。这是一个双方政治关系和经贸关系建设的新时期。这个时期中日关系与以往最大的不同在于经济合作的进展与政治关系发展的不对称。经济方面，中日经贸关系继续飞速发展，中国在2007年首次成为日本最大的贸易对象国，日本也成为中国的第二大贸易对象国。日本对华投资在本时期迎来了两次投资高潮。无论是从投资看还是经贸看，中日经济依存程度都是越来越高，形

---

① ［日］井植薫：《望日本企业的对华投资有较大增长》，许梅译，《国际贸易》1986年第2期。

成了“你中有我，我中有你”的态势。进入21世纪以来，中日政治关系出现了两次低谷，其主要原因为在任首相参拜靖国神社导致双方高层交往中止。第一次在日本首相轮换之后迎来新的转机，没对双方合作造成很大影响。第二次使中日关系陷入“邦交正常化以来的最困难时期”。虽然时任首相安倍晋三一直对外宣称“对话的大门一直敞开着”，但在实际行动上对中日关系的破坏已经使“建立良好政治关系为经济合作服务”的想法仅仅变成一种美好的愿望。

在安定的政治关系被打破之后，日本经济界结合中日政治、经济关系的现状，加强了以“中日关系”为主题的研究，这是本时期日本经济界对华认识研究主题方面的重大转变。同时，日本经济界越来越注重与中国学术界、研究界之间的信息与成果交流。从其研究报告等可以发现，日本经济界对中国潜力巨大的消费者市场有着清醒的认识，在与其他投资国情况进行对比之后，中国被认为是日本在亚洲地区的首选投资地。经济界对中日关系发展变化高度关注的原因在于两国之间政治关系对经济交往活动的影响。面对中日政治关系对经济合作产生的障碍，经济界认识到发展中日经济合作不能完全指望政府去建立良好的政治关系，呼吁由经济界等民间力量发展与中国的多方面交流，弥补政府方面工作的不足。源自不同统计机构的统计资料均在说明一个现状：日本对华经济合作具有地位重要、资金数额大、经营范围广、参与地区多的特点。这些特点导致日本经济界不能不为了其自身经济利益高度关注中日关系的发展状况。钓鱼岛争端作为历史遗留问题，表面属于政治问题，但在纷争中首先受到影响的却是经济界。无论官方还是民间的统计数据，都已经表明了这个事实。

通过对不同时期日本经济界对华认识文本的研究，笔者认为日本经济界对华认识的内容与中日双方的经济发展水平、中国在日本经济链条上的重要性关系密切。当中日经济发展水平差距较大时，双方比较容易建立稳定的互补性经济合作关系。反之，当一方的发展打破这种平衡，中日关系就会出现摩擦。就当前双方摩擦的根本原因来说，可以归结为原来在中日经济合作中明显占主导地位的日本已不能适应中日经济合作关系由双边互补到在全球环境下的竞争与合作的变化。但是，日本经济界在长期的对华经济合作中不断积累经验，加之中国作为消费市场的巨大潜力成为日本经济界的共识，日本经济界在变化的对华经济合作中不断提高管理能力，正确面对在中国存在的市场风险，对华认识越来越走向理性和成熟。

第三节　日本经济界对华认识对日本涉华政策影响的变化特点

当今世界，科学技术突飞猛进，深刻改变着世界经济和社会生活的面貌。各国经济的相互联系和共同发展已成为不可逆转的时代潮流。中日两国在全球特别是在亚洲地区的特殊地位使双方的友好与合作成为关系亚洲及世界和平与发展的重要因素。中日最先开展合作的领域和最重要的合作领域就是经济。特别是邦交正常化以来，在中日双方共同努力下，两国经济合作拓展到交通、能源、通信、教育、医疗、农业水利、环保、社会保障、社会基础设施等方面，项目遍布我国31个省、自治区和直辖市；中日两国互为重要的经贸合作伙伴，优势互补、形式多样、稳定发展的合作框架已初步形成。经济合作为两国带来巨大利益，也对巩固和发展双方政治关系发挥了积极作用。日本经济界作为具有代表性的压力集团，利用其在日本社会的特殊地位对上影响国家政策的形成，对下引导日本国民的对华认识。随着中日政治、经济关系的不断发展，在经济全球化的影响下，经济界内部的对华认识呈现多样化的特点。在日本经济界内部对华认识多样化的影响下，政治界和其他界别人士对华认识也呈现多样化的特点。此外，日本经济界的对华认识对日本对华政策的影响也具有鲜明的时代特征。

一、“友好合作”时期政经两界的成功协作

中日两国之间的关系包括政治关系、经济关系和文化关系三个方面。一直以来，日本经济界在对华合作中的利益谋求是影响中日关系走向的重要因素。在20世纪70—80年代多项中日双边政治、经济协议的签订过程中，日本政府扮演了为经济界的对华经济合作铺路的角色。该时期成为日本政经两界在对华政策制定方面成功协作的黄金时期。日本经济界对华认识在日本社会对华认识发展中的强大影响力也成为一种共识。

经济界作为日本的利益集团在政治决策过程中的影响力最大，这不仅因为经济界团体拥有雄厚的资金，更重要的是经济界在现代工业化国家中的地位和政治对于经济的依赖——政府只有通过企业正常履行其建筑住宅、加工食品、运输人员与货物、提供就业、发展对外贸易与投资等职能，才能正常发挥职能，否则社会将发生混乱，政府也只能随之垮台。庆应义塾大学综合政策学部教授草野厚在他的著作《历代首相的经济政策全数据》中写道：“正如经济是政党选

举竞争中最大的亮点一样，其也是执政者和国民都普遍关心的事情。”[①]第二次世界大战以后，日本政府潜心于经济的恢复与发展，到20世纪60年代，日本一跃成为仅次于美国的世界第二大经济强国，日本经济界在整个日本社会的地位和影响力不断提高。无论日本政局如何变化，执政者都具备一个共识：制定和延续促进日本国家经济发展的政策，最大限度地尊重经济界代表性的意见和要求。这在中日实现邦交正常化的过程中，以及邦交正常化以来中日双边关系发展中都有体现。

日本经济界对华认识对国家政策的影响主要体现在通过经济界的认识传达，促使政府发展同中国的良好政治关系，为两国经济合作提供政治方面的支持和保障。本书通过研究发现：第一，邦交正常化的实现结束了二战结束以来中日23年的无邦交状态，使两国的经济交流方式从“民间贸易”转为“官民并举”。为早日推动实现邦交正常化，其他民间团体的呼吁也起到了一定作用，但论及最主要的推动力量非经济界莫属。第二，《中日和平友好条约》及一系列实务性协议的签订，为经济界在多个领域同中国开展经贸交流铺平了道路，中日贸易额增长显著。在条约和协议的签订过程中，经济界往往是采取直接参与的方式，政经两界携手发展对华贸易的宗旨得到充分体现。第三，1991年日本首相海部俊树访华，率先打破西方国家对中国的“封锁”。这大大促进了日本企业对华贸易的恢复和对华投资的发展。在海部俊树的访华过程中，经济界的推动作用功不可没，这是众所周知的事实。

二、“过渡”时期经济界对华认识的分化及影响

随着社会主义市场经济体制的逐步确立和完善，中国与日本经济发展水平差距逐步缩小。在中日经济合作规模和范围进一步扩大的背景下，日本经济界的对华认识发生一定分化。一方面，在政经两界的协调努力下，双方贸易额不断提高，日本在1993年之后连续11年成为中国最大的贸易对象国；另一方面，日本企业的对华投资也迅速掀起热潮。本时期，在日本经济界主体力量大力发展对华经贸、投资的推动下，日本政界注意加强同中国的交流和沟通，中日两国高层的互访、日本天皇访华的实现、日本在中国加入WTO过程中的坚决的支持态度等都是具体的行动体现。

---

① 草野厚：『歴代首相の経済政策全データ』、角川書店、2005年、11－12頁。

日本经济在经历了飞速发展后陷入长期低迷,20 世纪 90 年代成为日本经济“失去的十年”。中国旺盛的经济发展势头对日本的对华直接投资与产业转移产生了强烈吸引,日本企业开始将主要生产和经营基地往中国转移,这使日本国内的投资和就业相对减少,导致失业及其他问题日趋严重。考虑到成本问题,日本企业在增加在华企业生产量的同时,减小了其在日企业的生产规模,导致日本对华贸易逆差不断扩大,以致成为“日本产业空心化”“中国威胁论”之类言论出现的诱导因素。宣传“中国威胁论”等观点的人员,主要是一部分没有对华合作经验、对中国市场和中日经济合作意义缺乏了解的经济界人士。日本国内企业的此类认识倾向对日本的对华政策也产生一定影响。20 世纪 90 年代末以来的中日农产品贸易摩擦、日本对出口自中国的针织品设限等就是此类认识对日本的对华政策产生负面影响的具体体现。通过对中日贸易摩擦内容和原因的分析,本书发现包括 21 世纪初出现的中日贸易摩擦实际上主要是获得在中国投资机会的企业与日本国内企业竞争的结果。在经团联会长等日本经济界高层人士的协调和呼吁下,中日贸易摩擦以双方比较克制的方式得到解决。

20 世纪 90 年代,虽然日本经济界内部的对华认识出现分化,小规模的中日贸易摩擦也开始出现,但是中日经济合作规模和范围迅速扩大。这是一个中日经济合作由单纯的互补型贸易逐步走向合作和竞争的过渡时期,日本经济界的对华认识也表现出过渡期特有的矛盾特征。但从总的发展趋势看,日本经济界在不断变化的中日经济关系中认识中国,其对华合作的感情逐渐走向平淡和理性。这些都为他们在新时期日益复杂的中日经济交往中,提高管理水平,抓住合作机遇,发展与中国之间的竞争性合作积累了必需的经验。

三、21 世纪经济界认识对中日关系未来发展的影响

进入 21 世纪,中日政治、经济关系发展的不平衡成为两国关系的新特点。长期以来,中日经济关系在相对安定的政治关系保障下,取得了显著成果。但是,进入 21 世纪,小泉纯一郎在 2001 年上台后连续参拜靖国神社激起中国政府和人民的强烈愤慨;2010 年以来,中日钓鱼岛争端愈演愈烈;日本首相安倍晋三不顾国内外舆论的强烈反对,坚持在 2013 年底参拜靖国神社等。这一系列的不安定因素导致中日两国国民之间的好感度急速下降。中日高层互访在本时期因为在任首相的靖国神社参拜两度中断。在小泉纯一郎当政时期,中日关系发展的特色是“政冷经热”。日本经济界高层人士一方面通过积极的访华展开与中国政府的沟通,另一方面通过引导国内舆论给政府以压力,推动政府以

积极的姿态修复中日关系。2010年钓鱼岛问题激化之后，日本经济界一方面通过传统的方式对政府施加压力；另一方面通过各种方式，团结民间人士加强与中国的沟通和交流，呼吁建立不依靠政府的中日民间交流渠道。这些努力的结果是受中日钓鱼岛争端影响，2013年度日本对华投资有所下降，但下降幅度并不太大。

进入21世纪以来，中日贸易依存度不断提高，中国加入WTO和中国企业走出国门加入世界经济市场等行动使市场调节机制在两国经济合作中的地位逐渐提升。在该时期，随着中国生产力水平的提高，中日经贸合作的内容开始发生变化。随着中国经济的发展，国内不断增长的对能源的需求使中国的对日能源输出变得越来越不现实，中国作为日本能源进口多元化渠道之一的作用减小。不仅如此，以中日围绕俄罗斯太平洋输油管道之争为标志，两国在国际能源市场的竞争日益激烈。资金合作方面，日本对华ODA贷款在本时期画上了句号。今后，市场因素在中日双方经济合作中的调节作用逐渐增强。其实中日石油贸易和日本对华ODA贷款的终止，对中日两国的经济合作来说并非完全没有好处。因为中国对日本的石油出口也好，日本对华ODA贷款也罢，都包含着某些心照不宣的政治衡量或者历史方面的情感因素。当双方站在同一水平线上开始技术和能力方面的竞争，市场需要将变成最为公正的评判者。在这样的裁判面前，竞争的任何一方都不可能完全不考虑对方的利益，只有尊重市场规律，在自他双方共同的利益衡量下的合作才会更加持久、稳定。

中日经济合作符合两国人民的现实利益，存在长期的需求，这是中日经济界从实践中得来的客观认识。日本经济界面对摩擦和纷争不断的中日政治关系，一方面通过加强对中日政治、经济关系的研究，加强对政府涉华政策的影响；另一方面，他们也通过总结21世纪初中日“政冷经热”现象出现的原因，重新认识经营风险，提高风险管理能力。最明显的表现就是21世纪以来，虽然因为钓鱼岛问题、安倍晋三参拜靖国神社问题等的影响，有过“当前中日关系陷入了邦交正常化以来最为严峻、最为困难的局面”[①]之类的论调，但是日本的对华投资和贸易热潮并未受到很大影响。这是中日经贸合作关系走向成熟，市场对双方政治关系的依赖度降低的结果。同时，这也是日本经济界了解中国市场和相关经济政策，重视中国市场机遇的表现。这些都说明在日本经济界对华认识

① 《中国驻日大使：目前中日两国高层对话基本中断》，2014年3月12日，http://japan.people.com.cn/n/2014/0312/c35469-24611524.html。

的指引下，中日经济合作正逐步走向成熟和稳定。

从本书对中日邦交正常化到中共十八大之前日本经济界对华认识的来源渠道、文本分析和对日本国家政策方面的影响的研究可以看出，日本经济界对华认识的变迁对整个日本社会对华认识的发展方向有着深远的影响，很大程度上左右着日本的对华政策走向。就中日双方政治和经济的关系来说，21 世纪之前中日经济合作对政治关系的依赖性很强，双方很多合作项目都是在政府层面协商的前提下展开的。随着中国加入 WTO 和社会主义市场经济体制的逐渐确立和完善，市场机制在两国经济合作中的作用越来越强。面对中日摩擦不断的事实，经济界一方面加强面向双方政府的工作，另一方面呼吁民间人士建立不依靠政府的民间交流与合作。近几年尽管中日双方政治关系比较紧张，但是日本对华投资在 2012 年继续提高，日本成为中国最大的投资国。这说明日本经济界在长期的对华经济合作中不断积累经验，对华经济合作的管理能力、对风险的认识和应对能力越来越强，日本经济界的对华认识越来越走向理性和成熟。当前，在中美贸易争端以及新冠肺炎疫情影响下，中日双方的经济合作密切程度受到一定影响，中日政治关系也似乎遇到一些障碍。通过审视邦交正常化以来中日政治经济关系的发展过程，以及美国因素在中日关系发展进程中的影响，我们可以看出，中日关系出现短时期的困难甚至倒退只是双方合作进程中的插曲。日本一小部分暂时拥有决策权的政界人士逆历史潮流而采取的短视行为，并不能真正影响中日经济、人文等各个领域的长期合作。在这种情况下，日本经济界的对华认识和行动走向显得愈加重要。随着中日经济合作的日趋紧密，日本经济界对中国和中国市场的认识与研究越来越走向客观、深入，这有利于带动整个日本社会形成客观、理性的中国认识。

参考文献

(一)中文图书

陈绮龄、邵轩磊:《加加美光行的中国认识及其学思历程》,台湾大学政治学系中国大陆暨两岸关系教学与研究中心 2011 年版。

程永明、石其宝:《中日经济关系 60 年》,天津社会科学院出版社 2006 年版。

程永明:《裕仁天皇传》,天津社会科学院出版社 2011 年版。

黄大慧、周颖昕主编:《中日友好交流三十年·文化教育与民间交流卷(1978—2008)》,社会科学文献出版社 2008 年版。

黄大慧:《日本大国化趋势与中日关系》,社会科学文献出版社 2008 年版。

黄大慧:《日本对华政策与国内政治——中日复交政治过程分析》,当代世界出版社 2006 年版。

黄佳甯、石之瑜:《不是东方:日本中国认识中的自我与欧洲性》,台湾大学政治学系中国大陆暨两岸关系教学与研究中心 2009 年版。

蒋立峰编:《中日两国的相互认识》,世界知识出版社 2003 年版。

蒋立峰主编:《当代日本社会思潮》,世界知识出版社 2001 年版。

金熙德:《21 世纪初的日本政治与外交》,世界知识出版社 2006 年版。

李佳徽:《知己?异己?港台知识人——李万居与李南雄父子的中国认识》,台湾大学政治学系中国大陆暨两岸关系教学与研究中心 2011 年版。

李廷江:《日本财界与辛亥革命》,中国社会科学出版社 1994 年版。

廉德瑰:《“大国”日本与中日关系》,上海人民出版社 2010 年版。

林连德编著:《当代中日贸易关系史》,中国对外经济贸易出版社 1990 年版。

刘江永主编:《跨世纪的日本——政治、经济、外交新趋势》,时事出版社 1995 年版。

刘江永:《中国与日本:变化中的"政冷经热"关系》,人民出版社 2007 年版。

漆侠:《历史研究法》,河北大学出版社 2003 年版。

邵轩磊:《战后日本之中国研究系谱》,台湾大学政治学系中国大陆暨两岸关系教学与研究中心 1998 年版。

史桂芳:《近代日本人的中国观与中日关系》,社会科学文献出版社 2009 年版。

史桂芳:《战后中日关系(1945—2003)》,当代世界出版社 2005 年版。

宋成有等:《战后日本外交史(1945—1994)》,世界知识出版社 1995 年版。

孙乃民:《中日关系史》,社会科学文献出版社 2006 年版。

田桓主编:《战后中日关系史年表(1945—1993)》,中国社会科学出版社 1994 年版。

田桓主编:《战后中日关系文献集(1971—1995)》,中国社会科学出版社 1997 年版。

田庆立、程永明:《近代以来日本的中国观:第六卷(1972—2010)》,江苏人民出版 2012 年版。

王屏:《近代日本的亚细亚主义》,商务印书馆 2004 年版。

王新生主编:《中日友好交流三十年·政治卷(1978—2008)》,社会科学文献出版社 2008 年版。

吴学文、林连德、徐之先:《当代中日关系(1945—1994)》,时事出版社 1995 年版。

严绍璗:《日本的中国学家》,中国社会科学出版社 1981 年版。

翟新:《战后日本的对外观》,上海交通大学出版社 2012 年版。

张季风主编:《中日友好交流三十年·经济卷(1978—2008)》,社会科学文献出版社 2008 年版。

张雅意:《实用主义与日本对华政策研究》,中国经济出版社 2012 年版。

张芝瑾:《石原莞尔的中国认识与亚洲性》,台湾大学政治学系中国大陆暨两岸关系教学与研究中心 2010 年版。

卓南生:《日本的亚洲报道与亚洲外交》,世界知识出版社 2008 年版。

[日]池田大作:《我的中国观》,卞立强译,四川人民出版社 2009 年版。

[日]福田赳夫:《回顾九十年——福田赳夫回忆录》,谢秦译,东方出版社 2008 年版。

[日]毛里和子:《中日关系——从战后走向新时代》,徐显芬译,社会科学文献出版社 2009 年版。

[日]若宫启文:《和解与民族主义》,吴寄南译,上海译文出版社 2008 年版。

[日]天儿慧:《日本人眼里的中国》,范力译,社会科学文献出版社 2006 年版。

[日]五百旗头真:《战后日本外交史(1945—2005)》,吴万虹译,世界知识出版社 2006 年版。

[日]野村浩一:《近代日本的中国认识:走向亚洲的航迹》,张学锋译,中央编译出版社 1998 年版。

[日]中曽根康弘:《日本二十一世纪的国家战略》,联慧译,海南出版社、三环出版社 2004 年版。

(二)日文图书

安彦藤太郎:『日本人の中国観』、劲草書房、1971 年。

草野厚:『歴代首相の経済政策全データ』、角川書店、2005 年。

大嶽秀夫・鴨武彦・曽根泰教:『政治学』、有斐閣、1996 年。

稲山嘉寛:『私の鉄鋼昭和史』、東京経済新報社、1986 年。

渡辺昭夫編:『戦後日本の対外政策』、有斐阁、1991 年。

服部健治・丸川知雄编:『日中関係史(1972—2012)Ⅱ经济』、東京大学出版会、2012 年

岡崎嘉平太:『私の記録——飛雪、春の到るを迎う』、東方書店、1979 年。

岡崎嘉平太:『終りなき日中の旅』、原書房、1984 年。

高原明生・服部龙二编:『日中関係史(1972—2012)Ⅰ政治』、東京大学出版会、2012 年。

国分良成:『現代中国の政治と官僚制』、慶応義塾大学出版社、2004 年。

国際協力事業団:『中国工場近代化計画予備調査報告書』、国際協力事業団鉱工業開発調査部、1998 年。

吉村道男監修:『日本外交秘録』、ゆまに书房、2002年。

李廷江:『日本財界と近代中国——辛亥革命を中心に』、御茶の水書房、2003年。

馬場公彦:『戦後日本人の中国像:日本敗戦から文化大革命・日中復交まで』、新曜社、2010年。

毛里和子・加藤千洋・美根庆树:『21世紀の中国政治・社会編』、朝日新聞出版社、2012年。

茅原郁生・美根庆树:『21世纪の中国军事・外交编』、朝日新聞出版社、2012年。

内田樹:『街場の中国論』、ミシマ社、2007年。

平井博二:『日中贸易の基礎知識』、田畑書店、1971年。

琴秉洞:『朝鮮人の日本観——歴史認識の共有は可能か』、総和社、2002年。

日高六郎:『日本と中国若者たちの歴史認識』、梨の木舎、1995年。

山田辰雄編:『日中関係の150年』、東方書店、1994年。

杉本信行:『大地の咆哮——元上海総領事が見た中国』、PHP研究所、2006年。

杉野定嘉:『対日宣伝と新聞の中国報道』、学文社、2007年。

石射猪太郎:『外交官の一生』、中央公論社、1989年。

松本三之介:『近代日本の中国認識——徳川期儒学から東亜協同体論まで』、以文社、2011年。

田中明彦:『日中関係(1945—1990)』、東京大学出版会、1991年。

外務省亚洲局中国課監修:『日中関係基本资料集(1970—1992年)』、霞山会、1993年。

小島晋治・大里浩秋・並木頼寿編:『20世紀の中国研究——その遺産どういかすか』、研文出版、2001年。

小島晋治主編:『大正时期中国見聞録集成』、ゆまに书房、1991年。

小島晋治主編:『幕末明治中国見聞録集成』、ゆまに书房、1997年。

野村浩一:『近代日本の中国認識——アジアへの航跡』、研文出版、1981年。

永野信利:『天皇と鄧小平の握手実録・日中交渉秘史』、行政問題研究所、1983年。

有賀貞等編:『国際政治講座4:日本の外交』、東京大学出版会、1989年。

園田茂人编:『日中関係史(1972—2012)Ⅲ社会・文化』、東京大学出版会、2012年。

原荣吉:『戦後日本の外交史潮』、慶応通信株式会社、1984年。

園田英弘:『流動化する日本の「文化」——グローバル時代の自己認識』、日本経済評論社、2001年。

竹内実:『日本人にとっての中国像』、岩波書店、1992年。

(三)学位论文(中文)

李千晴:《新世纪以来日本媒体的的中国形象构建——以2006—2010年〈朝日新闻〉为中心》,复旦大学硕士学位论文,2012年。

李雪:《日本产经新闻网涉华报道中的中国形象研究》,大连理工大学硕士学位论文,2011年。

田庆立:《中日复交后日本政界中国观的演变(1972—2006年)》,南开大学博士学位论文,2009年。

(四)期刊论文(中文)

安善花:《近代日本中国观的变迁及其东亚强国地位的确立》,《日本学论坛》2008年第3期。

程永明:《复交以来日本经济界的对华认识》,《东北亚学刊》2013年第1期。

崔世广:《中日相互认识的现状、特征与课题》,《日本学刊》2011年第6期。

高尔平:《日本人的"中国观"——日本所见所思系列终结篇》,《华声月报》1998年第5期。

高增杰:《福泽谕吉与近代日本人的中国观——思想史和国际关系的接点》,《日本学刊》1993年第1期。

郝秉键:《日本人中国观的一次转换》,《阴山学刊》(社会科学版)1994年4月。

何培忠:《战后日本的中国研究(1945—1976)》,《国外社会科学》2002年第4期。

江小蕙:《日本高中生的中国观与鲁迅观》,《鲁迅研究动态》1986年第8期。

康庆:《沟口雄三的中国学方法研究》,《武汉大学学报》(人文科学版)2003年第2期。

李恩民:《论日本经济界与中日邦交正常化》,《山西师大学报》(社会科学版)1997 年第 4 期。

李子平:《日本人的"中国情结"》,《海内与海外》1996 年第 10 期。

牛建科:《试析日本国学家的中国观》,《延边大学学报》(社会科学版)2007 年第 4 期。

祁建民:《近代日本的中国研究与共同体理念》,《中国大陆研究教学通讯》2005 年第 70 期。

屈彩云:《从〈中央公论〉看中日邦交正常化前后日本人的中国观》,《中共山西省委党校学报》2008 年第 1 期。

屈亚娟:《福泽谕吉的中国观》,《解放军外国语学院学报》2003 年第 3 期。

石岩:《近代日本对华团体的中国观及其在华活动》,《重庆教育学院学报》2011 年第 4 期。

石之瑜:《回到亚洲?——日本认识中国崛起的思想基础》,《世界经济与政治》2006 年第 4 期。

史桂芳:《简论近代日本人中国观的演变及其影响》,《首都师范大学学报》(社会科学版)2007 年第 4 期。

苏明:《"诗意"的幻灭:中国游记与近代日本人中国观之建立》,《学术月刊》2008 年第 8 期。

田庆立:《大平正芳的中国观及外交实践》,《北华大学学报》(社会科学版)2010 年第 3 期。

田庆立:《二战后日本政界的中国观》,《日本问题研究》2009 年第 4 期。

田庆立:《田中角荣的中国观》,《日本问题研究》2008 年第 2 期。

王明星:《锁国时代日本漂民的中国观》,《日本问题研究》1998 年第 3 期。

王屏:《论日本人"中国观"的历史变迁》,《日本学刊》2003 年第 2 期。

王运祥:《日本社会对华心态析论》,《东南亚研究》2005 年第 1 期。

王卓宇:《浅议日本人中国观的变迁及其原因》,《陇东学院学报》2009 年第 3 期。

吴怀中:《"文明史观"在近代日本对华认识及关系中的影响——从思想史与国际关系的接点出发》,《日本学刊》1998 年第 5 期。

邢丽雅:《近代以来日本人的中国观》,《社会科学家》2011 年第 5 期。

徐志成、刘宁:《日本人的"中国观"》,《东疆学刊》2008 年第 1 期。

严绍璗:《20世纪日本人的中国观》,《岱宗学刊》1999年第2期。

严绍璗:《对海外中国学研究的反思》,《探索与争鸣》2007年第2期。

严绍璗:《战后60年日本人的中国观》,《粤海风》2006年第5期。

臧世俊:《福泽谕吉的中国观》,《日本学刊》1995年第1期。

翟新:《日本政治家古井喜实对华友好观及其活动》,《郑州大学学报》(哲学社会科学版)2010年第1期。

翟新:《日本政治家藤山爱一郎的对华认识及其实践》,《深圳大学学报》(人文社会科学版)2009年第4期。

翟新:《战后日本"亲华"保守政治家的对华政策观——以自民党顾问松村谦三众议员为例》,《淮阴师范学院学报》(哲学社会科学版)2010年第1期。

张敬进:《浅论近代以前日本人中国观的变迁》,《考试周刊》2009年第5期。

张静之:《从「新興国」到「中国脅威論」——浅谈新时期日本人"中国观"的特点》,《青年文学家》2011年第11期。

张雅晶:《日本人的中国观——以"文化大革命"时期为中心》,《辅仁历史学报》2001年第12期。

张耀武:《吉田茂的"中国观"》,《内蒙古师范大学学报》(哲学社会科学版)2010年第1期。

张跃斌:《文化上的敌对——一个日本主流史学家的中国观》,《世界博览》2005年第8期。

周维宏:《近代以来日本对华认识研究现状分析》,《日本研究》2009年第3期。

诸葛蔚东:《战后日本知识界与中国》,《北京大学学报》(哲学社会科学版)2004年第1期。

诸葛蔚东:《作为方法的"中国"——评马场公彦〈战后日本人的中国观:1945—1972〉》,《开放时代》2011年第5期。

[德]托马斯·沙尔平:《作为社会科学的中国研究:历史与展望》,关山译,《国外社会科学》2004年第2期。

[日]国分良成:《日本的当代中国研究:需要改进的四个矛盾》,罗燕明译,《当代中国史研究》2005年第3期。

[日]马场公彦:《战后日本论坛的中国观变迁——从〈世界〉杂志的相关报道中所看到的》,陈都伟译,《开放时代》2002年第5期。

(五)期刊论文(日文)

村松祐次:「戦後日本の近代中国研究の動向」、『一橋論叢』1950 年第 1 期。

国分良成:「建国五十年——中国研究と中国近代史の再検討」、『北大法学論集』2000 年第 4 期。

藤田勇夫:「米中新時代下の日本財界」、『中央公論経営問題』第 10 巻 5 号、1971 年。

藤原定:「中国研究の課題性と大衆の思想」、『中国研究』1947 年第 1 期。